高速公路隧道施工安全技术

肖智安　张琴光　戴安婵　著

吉林科学技术出版社

图书在版编目（CIP）数据

高速公路隧道施工安全技术 / 肖智安，张琴光，戴
安婵著 . -- 长春：吉林科学技术出版社，2020.9
　　ISBN 978-7-5578-7516-9

　　Ⅰ．①高… Ⅱ．①肖… ②张… ③戴… Ⅲ．①高速公
路－公路隧道－隧道施工－安全技术 Ⅳ．① U459.2

　　中国版本图书馆 CIP 数据核字（2020）第 174008 号

高速公路隧道施工安全技术

GAOSU GONGLU SUIDAO SHIGONG ANQUAN JISHU

著　　者	肖智安　张琴光　戴安婵
出 版 人	宛　霞
责任编辑	朱　萌
封面设计	李　宝
制　　版	张　凤
幅面尺寸	185mm×260mm
开　　本	16
字　　数	280 千字
页　　数	204
印　　张	12.75
版　　次	2020 年 9 月第 1 版
印　　次	2020 年 9 月第 1 次印刷
出　　版	吉林科学技术出版社
发　　行	吉林科学技术出版社
地　　址	长春市福祉大路 5788 号
邮　　编	130118

发行部电话 / 传真　0431—81629529　　81629530　　81629531
　　　　　　　　　　 81629532　　81629533　　81629534

储运部电话　0431—86059116

编辑部电话　0431—81629520

印　　刷	北京宝莲鸿图科技有限公司
书　　号	ISBN 978-7-5578-7516-9
定　　价	89.00 元

前　言

改革开放后，我国经济技术得到快速发展，其中高速公路的建设规模和数量也呈现一个不断上涨的趋势。大量公路以及公路隧道的建设，既能减少行车的距离，也能提升行车速度，从而节省人们的出行时间。但是我国国土面积较大，且地理环境很复杂，而隧道工程也因为地质构造太过复杂化，以及工作面的狭小，其施工的事故率比起别的工程更严重。就高速公路隧道施工技术展开探讨和浅要分析，以做参考。

比起在公路、房屋的建造时对地质的勘察，隧道施工之前通常很难全面掌握地质情况，也难以预见像泥石流、地下水、瓦斯地层等这些不良的地质状况，地质条件的不可预见性，给隧道施工增加了不少难度。

因为隧道工程施工的特殊性，无法在施工过程中对地质变化状况做精确的预测和准备，潜在的安全隐患很大，极容易发生塌方事故。因隧道本身的结构特点以及隧道工程的时效性，再加上隧道属于地下工程，使得隧道施工中，其后面一道工序的进行皆是在施工的前一道工序完成的基础之上，如此便会造成隐蔽工序较多，在检验时很难发现工序存在的质量问题，最终影响整个隧道工程的质量。隧道施工地水文条件通常较为复杂，且在隧道施工进程中，围岩经常会发生各种变化，因此，在隧道工程开挖实施后，为了增强整个施工过程的时效性，必须立刻采取相应处理措施。隧道施工场地多半比较狭小，且施工时工序比较多，各工种经常性相互交叉作业，施工人员在如此狭隘的空间内进行隧道施工，不仅施工难度大，安全隐患也非常大。并且隧道工程施工建设很多情况下都是处于一个半封闭状态，就比如，其中施工中的开挖工序会造成比较严重的污染，即使施工阶段会采取通风等相应解决措施，却还是很难改变施工环境的恶劣情况。

综上所述，随着我国经济和社会的迅速发展，高速公路隧道也在一路增多，期间不断发展出施工的新技术以及新工艺，但是高速公路隧道工程地形地质条件通常较为复杂，隧道结构的安全与否和施工技术有很大关系，这就需要隧道施工人员及时运用新工艺，结合工程所在地形条件进行科学性强、效率性高的施工。当然，在施工过程中，除了通过运用科学的施工技术，来提升施工效率和确保工程建设的质量外，还要加强对施工现场环境和施工人员的管理，对工程技术和质量做好全面监督，做好施工人员的安全培训工作，提高施工人员的整体素质水平，这一点也是至关重要的。

目　录

第一章　高速公路隧道安全设计

第一节　高速公路隧道监控系统设计

本节通过查阅大量的资料，对隧道监控管理所设备及软件系统、隧道内现场光纤环网、视频事件检测系统、火灾报警系统、多线制手动直接控制系统、照明控制系统、隧道有线广播系统等隧道监控系统的组成部分进行设计，并对高速公路隧道监控系统实现进行了分析，以保证高速公路隧道的行车安全性。

一、高速公路隧道监控系统的概述

某高速公路隧道全长 3450 米，设计为双向六车道、时速 100KM/h，该隧道交通量巨大且多为集装箱半挂车、交通安全形势严峻。为了充分发挥隧道"安全、舒适、高效"的功能特性，保证较高的服务水平，实现对交通运行的宏观管理和调度而建立了包括：隧道现场光纤环网系统、视频监控系统、火灾报警系统、视频事件检测系统、隧道有线广播系统、多线制手动控制系统、照明控制系统等相对较完善的隧道监控体系。

二、隧道监控系统的设计

该隧道监控系统包括隧道监控管理所设备、软件系统、隧道内的现场光纤环网、照明控制系统、视频监控系统、火灾报警系统、视频事件检测系统、隧道有线广播系统等。通过上述设备监视沿线交通运行状况，采集交通、气象参数、监控隧道内环境、火灾情况，形成一个良好的行车环境、保证行车和人身的安全健康，一旦隧道发生火灾，监控系统能迅速做出反应，调整信号显示、疏导交通、维持车辆的正常运行达到平滑交通流、控制车速减少交通拥挤和阻塞及时处理交通事故，减少二次事故的发生，保证服务水平、提高通行能力、减少车辆延误。

隧道监控管理所设备及软件系统。隧道管理所配置相应的存储服务器、流媒体服务器、监控工作站交换机、电视墙、拼接器、广播主机、激光打印机等设备，负责隧道的交通运营管理，及时对辖区内道路情况进行参数检测、异常情况处理、视频监视、交通信息发布以及系统日常运行操作,对路段的交通数据及其他各种参数进行汇总、统计、打印;向监控分中心传输图像和数据,并接受其指挥控制。同时与消防救援、沿路医疗机构、交警、路政、养护部门实现互联,在紧急情况下获得相关部门单位的帮助和支援。

隧道内现场光纤环网。隧道现场光纤环网主要由PLC及隧道区段外场设备及现场工业以太网交换机组成。隧道区段外场监控设备(除摄像机外)分别挂接在就近的本地控制器上,本地控制器与现场工业以太网交换机相连,然后由现场工业以太网交换机组成的现场光纤环网与隧道管理所计算机系统进行通信。该隧道入口变电所、隧道出口变电所、各设置2台主LC(放置于隧道洞口变电所内),各隧道现场光纤环网通过主LC处的现场工业以太网交换机与管理所工业以太网交换机相连,进行数据交换。隧道现场光纤环网占用4芯光缆进行连接,左、右洞各一根,光缆在隧道洞口变电所处,与主干光缆熔接后,通过主干光缆上传,减少对主干光缆的损耗。可有效防止单个设备断路影响整个系统通信,有效保障隧道监控设备的运行通畅。

视频事件检测系统。在管理所设置一套视频事件检测系统。视频事件检测系统由视频事件检测器、事件检测工作站、输入视频及全套检测软件和管理软件组成。其中,视频事件检测器、事件检测工作站设置在隧道管理站内。该隧道左右洞共设置48套固定摄像机,其中44套用于视频事件检测及实时监控录像。视频图像上传至管理所后,经交换机分出接入CITILOG视频事件检测器,视频事件检测器与事件检测工作站通过网口与隧道管理站内的以太网交换机相连,与隧道管理站内其他工作站、服务器共同构成区域监控中心计算机网络系统。实时监测交通事故、交通拥堵、遗弃物、车辆停驶、烟雾、行人、车辆逆行、火灾、重大灾难等。并且系统具有联动功能,当系统检测到交通事件、事故时,系统能够快速自动报警和自动录像并自动弹出事故画面在主显示器上进行实时显示;值班人员可根据画面对现场进行临时调度,并及时改变可变信息标志、交通信号灯、车道控制标志等的显示。为辅助洞内的交通安全管理和交通异常实时检测提供帮助。

火灾报警系统。本次工程在该隧道设置1套火灾自动检测报警系统和手动报警系统。隧道自动探测器选用光纤光栅火灾探测器和三波长火焰探测器,火灾报警信号通过总线由转换中继器传达至隧道洞口设备机房的火灾报警控制器,再通过LC光纤环网上传到监控管理所。能及时、准确地反映出隧道内火灾发生的地点,报警信号经火灾报警控制器、光纤检测主机传至隧道管理站,并在火灾检测计算机上显示相应位置报警信息,同时可经摄像机图像进行确认,隧道管理站内的计算机系统制定出相应的控制交通的方案,包括启动照明、通风、灭火系统、调整各外场设备的信息等,以便快速、有序的疏导隧道内的车辆和人员,保证隧道的安全运营。

多线制手动直接控制系统。多线制手动直接控制系统由多线制控制按钮面板、开关量光端机、8芯单模光纤及多线制控制软件等构成。在隧道管理所通过多线制手动控制直接对消防水泵、风机进行控制,并可实时显示水泵、风机的当前运行状态。

照明控制系统。该隧道照明控制系统的控制由设置在隧道内的PLC本地控制器接入隧道管理所监控管理软件，根据光强监测数据、CO/VI 监测数据实现远程控制，合理设置照明设施的点亮数量、时间、亮度，并且设置不间断电源以保证断电事故之后的正常照明及车辆在隧道的安全通行。

隧道有线广播系统。在监控管理所设置 1 套有线广播控制台，控制和管辖该隧道的有线广播。有线广播信号通过光纤传输到各个隧道功放，信号通过外接扬声器进行广播。当隧道内发生交通阻塞、交通事故或火灾等紧急情况时，值班人员可通过本系统对隧道洞内外进行广播，指挥调度、疏导交通和组织救援等。

三、高速公路隧道监控系统实现

在高速公路大规模建设阶段，国内的隧道监控系统主要采用 PLC 为本地控制器对照明系统、消防灭火系统、通风系统、光强、CO/VI 进行监测控制。总结以往经验和教训，该隧道在 PLC 对通风、照明、消防等进行控制的同时，加装了一套多线制手动控制系统在事故发生时给事故响应提供了更多的操作选择，为安全行车、隧道安全建立了双保险。同时随着科技进步、社会发展、人民对道路舒适程度要求的提高，相信不久的将来会有更多的性价比更高的智能交通设备及产品进入交通领域。

此外，高速公路隧道监控系统实现需要从各个角度来分析，例如，对于高速公路隧道监控系统中的照明系统来说，采用 PLC 组态软件采集相关数据有利于对隧道实施监控。由于系统控制主要经历三个阶段：数据采集，数据分析和调光控制。数据采集是实时采集现场数据。数据分析主要用来对现场数据进行计算，得出照明模式的理论值。调光控制则根据理论情况和现场数据调整照明，达到最佳照明模式为止。运用 plc 组态软件进行数据采集的相关步骤及计算如下：

现场设备与现场控制器 PLC 直接连接，上位机中的系统采用串口通信的方法与现场控制器进行通信，可以读取现场的实时数据。在本系统中，设置每秒钟读取一次。根据国家出台的隧道通风照明设计规范，需要把隧道分为入口段、过渡段、中间段和出口段。各段的长度和亮度都有一定的标准。根据标准各行车段应满足条件如下：（1）入口段的亮度公式 $L_{th}=k*L_{20}(S)$，其中亮度折减系数 k 由隧道的类型，车流量以及车速来决定，$L_{20}(S)$ 为隧道外亮度，单位为 cd/m^2；（2）过渡段由 tr1，tr2，tr3 三个照明段组成，与之对应的亮度分别为：$L_{tr1}=0.3L_{th}$，$L_{tr2}=0.1L_{th}$，$L_{tr3}=0.035L_{th}$。

中间段、出口段及夜间亮度根据车速和车流量查表来得到。由此可见，需要检测的主要参数就是隧道外的亮度、隧道内各路段的亮度、车流量和车速。在这里车流量和车速的采集主要是采用取平均值的方法，在每条车道的入口，出口和中间段各设置一个环形线圈，取三者的平均值作为现场数据进行处理。

综上所述，目前我国公路隧道监控系统正朝着智能化、一体化、集成化的方向发展，将来隧道监控系统的设计将更加合理、设备将更加先进可靠、施工安装工艺将更加规范。

我们要不断地研究新问题、新设备、新工艺、新技术，为我国公路隧道的安全可靠运行提供强有力的保障，保证人民群众的行车安全，提高行车服务水平。

第二节　高速公路隧道机电设计

改革开放以来，随着我国经济社会的发展，交通运输业作为重要的基础型产业发展十分迅速，遍布全国的高速公路网络已经成为连接中国的重要通道。在部分山区地形中，为了减少高速公路的长度，提高高速公路的建设和通行效率，隧道已经成为不可或缺的重要组成部分，发挥着重要的积极作用。为了保证隧道内的通行安全，通常配置有隧道综合机电系统对隧道内的情况进行实时监测，本节主要针对高速公路隧道机电系统的设计进行了分析与研究，并对其进行了简要的阐述。

近年来，随着我国综合国力的不断增强，对基础设施建设的投资也不断增多，高速公路作为国民经济发展的重要基础产业得到了先行发展。为了减少社会物流时间，提高社会物流效率，我国高速公路里程持续高速增长，已经形成了全国性的高速公路网络，实现了全国各地区的快速连接。在高速公路的建设过程中，有时需要穿过山地丘陵地区，为了提高高速公路的建设及通行效率，在绕行建设的经济性较差时就需要通过隧道穿行，隧道已经成为高速公路中的重要组成部分。

由于隧道内光照条件不好，通行空间较为狭小，空气质量也明显差于外部环境，容易诱发交通事故，而一旦发生交通事故将导致严重的交通堵塞，并且外部救援短时间内难以进行救助和交通疏导，直接影响高速公路的正常运行，因此设计配置高速公路隧道机电系统，保障隧道内良好的车辆通行环境，对隧道内的车辆通行情况进行实时监测十分必要。本节主要针对高速公路隧道机电设计进行了分析与研究，并对其进行了简要的阐述。

一、高速公路隧道机电系统的设计

（一）隧道供配电系统

隧道电源设计。为了保证隧道内的通行安全，需要确保 24 小时不间断的供电，因此隧道电源除了来自当地电网的 10kV 配电线路外，还配置有柴油发电机组作为备用电源。为了保证电源切换期间的不间断供电，一般隧道内还配置有 EPS 电源用于照明系统的供电以及 UPS 电源用于其他机电系统的供电。

隧道配电方式设计。隧道照明系统与通风系统是隧道内电能消耗较大的两大机电系统。通风系统一般多使用射流风机，采用放射式的配电方式，并且为了便于风机动力配电箱的维护与检修，多采用双电源配电方式。照明系统不同于通风系统，需要根据隧道内的照明需求配置不同的回路，同时考虑到便于照明电源的维护与检修，通常将检修插座安装于照明配电箱中。

在隧道配电系统中，一般配电电缆多采用电缆沟敷设的方式，接近风机吊挂处时可以采用预埋管将电缆引至风机电机处。为了提高配电安全性，考虑到其防灾需求，一般隧道配电电缆多采用阻燃耐火电缆。

隧道接地系统设计。为了保证隧道内机电系统的用电安全，所有不带电的金属外壳都需要进行可靠的接地处理，同时接地点做好相应的防腐处理。为了简化隧道内的接地操作，一般可以直接利用隧道工程中的各类扁钢、钢筋网、钢管等实现自然接地。对于隧道内电缆桥架、电缆沟支架与电缆沟底的接地网一般直接进行焊接处理，并做好防腐处理，保证其接地的可靠性。

（二）隧道照明系统

隧道照明系统设置。隧道内光照条件明显差于外部环境，为了保证隧道内的行车安全，需要设计科学合理的照明系统保证隧道内的照明质量。同时考虑到隧道内外光照方式的不同，车辆在进入或离开隧道时司机可能需要较短的时间适应新的光照环境，这就容易导致交通事故的发生，因此在隧道光照系统设计时，要充分考虑到隧道内外的光照变化情况，根据外部光照情况及时调整隧道内的光照强度，同时在隧道入口及出口处可以设置光照强度渐变的光照方式，帮助车辆司机尽快适应新的光照环境，避免因为光照环境突变导致的交通事故。

基于这一考虑，一般在隧道照明系统中分别设置入口照明段，过渡照明段、中间照明段以及出口照明段等几个部分，根据隧道设计需要还有可能设置横洞照明以及紧急停车带照明等。

隧道照明控制系统设计。为了保证隧道内照明情况与外部环境亮度相适应，需要根据隧道外亮度变化情况以及交通流量情况实时调整隧道内的照明亮度，分级对入口段、过渡段、出口段的照明亮度进行调整。一般来说为了简化照明控制逻辑，可以将天气情况分为晴天、多云、阴天、严重阴天、夜间以及深夜六种不同等级进行控制，综合考虑天气预报信息以及隧道外部实时天气信息判断天气情况，并按照预设的控制逻辑调整隧道内的照明亮度。

为了提高隧道内照明系统控制方式的灵活性，一般采用自动控制与手动控制及远程监控控制相结合的综合控制方式，通常情况下自动控制即可满足隧道的照明情况，但当自动控制出现偏差导致隧道内照明情况不满足车辆通行需求时，可以进一步通过就地手动控制或远程监控控制将照明亮度调整到位。

（三）隧道火灾监视系统

隧道火灾报警系统。为了保证隧道内的通车安全，一般配置有火灾报警系统，通过分布式的火焰探测器、烟雾探测器等对隧道内的情况进行实时的监测。除此之外感温探测光缆一般也在隧道中得到应用，通常在隧道顶部连续布设，用于监测隧道内的温度变化情况，及时发现隧道内的异常情况。为了进一步提高隧道火灾报警系统的灵活性与可靠性，一般还配置有手动报警装置，均匀分布在行车方向的右侧墙壁上，一旦火灾监测系统不能及时发现隧道内的火灾时，人们可以通过手动报警按钮及时向消防部门及时报告火灾的发生。

当火灾监视系统检测到火灾的发生时，立即向有关消防及其他部门发出告警，一方面通知消防部门及时前往火灾现场进行灭火，另一方面通知高速公路管理部门立即采取预案避免高速公路的拥堵，通过 LED 告示牌等方式及时向行驶车辆告知前方路况情况。

隧道风机联动系统。当隧道火灾监视系统检测到火灾发生时，除了向外界有关部门及时通知现场火灾状况外，还要启动隧道风机联动系统，及时排出隧道内的烟气，保护隧道内人员的生命安全。风机联动系统在完成排烟任务的同时，却也给火灾的蔓延带来了新鲜的空气，这就要求风机联动系统的排烟速度需要根据现场火势情况及时进行调节。

（四）隧道路况监视及广播系统

隧道路况监视系统。为了便于管理人员及时了解和掌握隧道内的路况情况以及车辆通行情况，一般需要在隧道内外布置相应的彩色摄像机用于对路况的监视。通常情况下，隧道进出口处各设置一台全天候自动变焦的彩色摄像机，用于对车辆进出隧道的情况进行监视，及时掌握隧道内的车辆拥堵情况；隧道内一般每个 150 米左右布置一台带有防护罩的固定彩色摄像机，顺着车行方向进行监视，同时考虑到隧道内的光照变化，摄像机需要具备自动光圈调节的功能，以适应光线强度的变化。隧道内外摄像机采集的隧道图像均通过监控站进行存储，进而向上层管理平台进行上传和显示。

隧道广播系统。为了及时通知隧道内车辆相关路况情况，一般在隧道内配置有有线广播系统。当上级监控中心发出广播内容后，经由主控设备、隧道现场分发设备最终传输至隧道内的喇叭处进行广播，便于驾驶员及时了解高速公路路况。

二、结论

随着我国经济社会的不断发展，高速公路扮演着越来越重要的角色，其对我国国民经济的健康发展有着重要的积极作用。随着我国高速公路里程的不断增长，隧道已经成为高速公路中的重要组成部分，其对高速公路的安全运行意义重大。本节主要针对高速公路隧道中的机电设计进行了简要的分析与阐述，相信随着相关技术的不断完善，高速公路隧道的安全性必将得到进一步的提升。

第三节　高速公路隧道通风系统节能设计

公路隧道通风系统的科学设置对公路隧道安全运营影响重大。目前我国的大部分公路隧道通风系统都存在着严重的能源浪费问题。针对公路隧道通风系统的节能设计，以张涿高速公路保定段隧道为研究对象，对综合利用多种自然能量的原理和技术进行了分析，通过大数据网络信息及 PLC 控制系统实现对太阳能、风能等多种自然能量的充分综合利用，为公路隧道通风系统的综合联动控制提供理论研究方向及思路。

近年来，我国公路隧道的建设规模不断扩大，隧道通风系统的建设要求越来越高，隧道通风系统节能设计受到了人们的广泛关注。公路隧道一般建设在山岭地区，其自然资源十分丰富，可充分利用自然资源对隧道通风系统进行设计。大部分公路隧道，无论长短普遍都采用功率较大的机械设备进行隧道通风，造成了严重的资源浪费。根据公路隧道的实际情况选用合理的通风方式，尽量更多地利用自然资源对公路隧道通风系统进行节能设计，对于我国公路隧道的安全稳定运营、绿色持续发展具有重要意义。近年来，我国学者通过不同方式从不同方面进行了大量研究。陈艳超搭建了室外试验平台，对影响自然风通风效率的因素进行了试验，并针对雷家坡一号隧道自然通风系统进行了改良设计，有效提高了通风效率。宁铎等对公路隧道运营现状及通风技术进行了分析，提出了单纯利用太阳能辐射进行隧道通风的节能设计思想。马哲等分析了高速公路隧道自然通风系统"光—热"转化原理，对太阳能通风系统的设计与实现进行了更深一层的探讨。郭炎伟针对公路隧道建设中通风与照明耗能巨大的问题，分析了隧道照明与通风间节能技术应用的关系，提出了通风照明联动的综合节能控制方案。公路隧道的通风节能设计正趋于普遍化，利用自然风通风的理念渐入人心，但如何充分利用太阳能、风能及其他自然能提高自然通风效率的问题仍有待深入研究。

本节以张涿高速公路保定段隧道为研究对象，对高速公路隧道通风系统的节能设计进行了研究。介绍了公路隧道自然通风系统对自然风及其他多种自然能量综合利用的原理及技术，并针对中短公路隧道、长大公路隧道分别提出了基于 PLC 控制系统的中短公路隧道通风综合控制，建议及基于大数据网络系统的长大公路隧道通风系统远程自动控制建议，实现通风系统对自然资源的有效利用，为公路隧道通风系统的节能设计提供理论基础。

一、公路隧道通风系统存在的问题

公路隧道通风系统存在的主要问题有：

（1）通风系统规模庞大，利用效率低，闲置率高，造成了资源浪费；

（2）机械通风耗能、耗电量大，可充分利用自然风进行节能设置，但自然通风负压不达标，并且自然风随机性大，需合理设置利用；

（3）部分公路隧道虽采取了自然通风措施，但未能充分利用隧道外部丰富的自然资源辅助隧道通风，自然通风效果不明显；

（4）长大公路隧道对自然风的利用率低，通风设备的启停无法与隧道环境变化相匹配，存在滞后效应。

二、工程概况

张涿高速公路保定段隧道数量众多，多为双洞单向四车道，自然风对于单向交通隧道的通风影响很大，极大程度避免了隧道双向行车导致的风力互抵现象。针对这一情况，可考虑最大可能地利用自然风对隧道通风系统进行设置。

三、利用自然能量的原理及技术

一般长大高速公路隧道建设地区地理环境优越，蕴含着十分丰富的自然资源，尤其是太阳能和风能，应加以充分利用，为公路隧道通风提供良好的自然条件，以达到节能设计效果。

自然通风。自然通风即在不借助任何通风设备及没有任何外界人为因素影响的条件下，凭借自然风流气象，依靠隧道洞口处的热位差和压力差以及车辆出入形成的活塞风进行隧道通风。这种通风方式存在一定的局限性，隧道长度、隧道洞内外温差、空气相对湿度、洞口气压差、车辆行驶速度、交通量等都会对自然通风产生很大的影响。自然通风方式一般适用于车速较高、流量较大的单向短公路隧道，但很难满足长大高速公路隧道的通风需求。例如，张涿高速公路保定段南台二号隧道长度不足 200m，太平庄隧道全长 107.0m，均可优先考虑自然风通风方式，充分利用自然资源满足其隧道通风需求，具有较强的经济性。

太阳能烟囱。大部分较长公路隧道都设置了竖井便于隧道的自然通风。自然风通过洞口位置的热力温差和大气压力差推动自然风在竖井内流通，从而起到通风换气的作用，这种效应称为"烟囱效应"。太阳能烟囱即是利用太阳能辐射产生的热量加热竖井内的空气，将热能转化为动能，加速空气的流通与转换，不断将新鲜空气注入隧道，稀释隧道内车辆排放的污染物及遗漏的有毒物质浓度，保障隧道安全行车所需的环境。这种充分利用太阳能促进隧道自然风通风的方式被称为"太阳能烟囱"。

风能的利用。风能是一种清洁、绿色、可再生能源。可充分利用自然界的风能进行公路隧道通风建设。一方面，尽可能多地利用风能为公路隧道不断注入新鲜的空气，实现隧道内污浊空气与新鲜空气的转换；另一方面，设置风力发电系统，将无法自然进入隧道稀释污浊空气的风能转化为电能，储存备用。当隧道内的需风量不能满足正常运营需求时，储存的电能可转化为机械能驱动电力通风设施进行隧道通风，在节能的前提下保证了公路隧道的安全稳定运营。

其他能量的综合利用：

（1）公路隧道地表以下藏有丰富的地热能，距离地表深度越深，地热能量越大。利用地热能和太阳能产生的热量加热隧道内的空气，与隧道外空气形成较大的热位差，进而提高公路隧道利用自然风通风的效率。

（2）通过隧道的车辆主要以柴油机车和汽油机车为主，发动机启动运行时，燃料燃烧产生的能量仅有一少半的能量转化为车辆前进的动力，其余能量均以热能的形式散发到车体外。其中一小部分热能在热量传递过程中被车辆降温系统吸收或通过车体摩擦散失，剩余大部分能量均以汽车尾气的形式排放到隧道中辅助加热隧道内的空气，促进隧道新鲜空气与污染废气的转换与流通。

（3）公路隧道中的照明设施只有不到一半的能量转化为光能，剩余的其他大部分能量都以热能的形式散发到隧道中，起到间接加热空气的作用，加大了热位差，提高了自然通风效率，从而达到节能效果。

四、综合通风系统控制

对于一些中、短隧道，应尽可能地利用太阳能、风能等自然能量进行通风。太阳能充足时，可将多余的太阳能换转化为电能储存起来，当太阳光照强度不足时，可在竖井洞口设置电力驱动系统辅助通风。通过 PLC 系统对隧道内的环境情况进行实时监控，实时监测感知隧道内 CO、NO_2、VI 浓度及隧道内风量、风速等影响隧道运营环境的因素。将这些信息收集整理后经 PLC 控制系统处理器的分析处理，确定隧道需风量并向操作系统发出通风指令，手动或自动开启相应的电力辅助通风系统，例如设置电力负压抽风器，加大内外气压差，促进隧道自然风通风。

对于一些长大高速公路隧道，可根据隧道实际情况设置相应规模的风机，通过大数据网路系统进行远程自动化控制。相关规范规定，对于单向交通隧道，当隧道长度 L 和设计交通量 N 满足 $L \cdot N \geq 2 \times 10^6$ 时，宜设置机械通风设施。可根据隧道实际情况合理布置相应功率的射流风机，部分风机用电也可来源于风力发电系统。对于单向隧道，采用纵向通风方式效果较好，使用射流风机配合隧道纵向通风，整体的节能性较好，可提高通风效率，达到节能目的。通过计算机控制系统联动其他通风、隧道环境检测、信息传输、数据处理、区域控制等子系统，在隧道通风指标达不到要求时，通过远程控制对风机发出通风指令，实现隧道通风节能自动化。

公路隧道通风系统的建设对隧道内车辆正常安全行驶起着至关重要的作用。在通风系统的设计上，既要满足隧道通风标准，又要节约成本，避免造成资源浪费。结合上述分析研究，对公路隧道通风系统的节能设计可以从以下几个方面考虑：

（1）对于短公路隧道，采取一般的自然通风方式便可满足隧道通风需求，如南台二号隧道；

（2）对于中长隧道，设置负压抽风装置协同太阳能吸热装置，最大限度地利用风能及太阳能，有效提高隧道自然通风效率，如林里隧道；

（3）对于长大公路隧道，在充分利用自然风通风的基础上，针对隧道实际情况设置相应规模的风机进行辅助通风，其风机用电可由太阳能或风能发电提供，如南安庄隧道；

（4）太阳能、风能等资源充足时，可将其转化为其他形式的能量储存起来备用，如热能、电能；隧道地表以下存有大量地热能，可充分利用到隧道通风系统中。

张涿高速公路保定段其余隧道可根据实际情况合理选用以上通风方式。

第四节　高速公路隧道入口交通安全设施设计

通过对高速公路隧道入口交通安全设施现状进行调查以及对隧道入口处安全事故特性进行分析总结，为提高公路隧道入口行车安全，提出防护方案，尤其以防撞护栏为例进行具体分析，为提高高速公路隧道入口处的交通安全设施设计提供参考。

20世纪90年代开始，我国公路建设飞速发展，2019年交通运输会议指出，2018年基础设施补短板加快推进，预计新增公路通车里程8.6万公里；2019年提出"下更大力气抓好安全生产和交通安全，实施乡道及以上公路安全生命防护工程"。基于高速公路建设大力发展，山区高速公路建设也大力推进，公路隧道里程不断增加，隧道交通安全问题愈来愈显著，且事故后果愈发严重，公路隧道以及隧道口处俨然已成为交通事故高发路段。据此，对公路交通安全设施设计提出了更高的挑战。公路交安设施总体可以分为三大部分，路基段交通安全设施、桥梁段交通安全设施、隧道段交通安全设施，其中隧道段交通安全设施（以下统称交安设施），尤其是隧道入口段交安设施设计是重中之重。据资料显示，一家法国保险公司对1000余件交通事故的事故发生因素进行分析，分析结果表明一般情况下所默认为驾驶者操作失误而引发的交通安全事故中，其中由道路因素所造成的事故约占37%～41%，而交安设施作为道路附属设施，属于道路因素的其中一种，因此，交安设施对于交通安全事故发生的有着不置可否的关联。对于山区高速公路而言，隧道在整条公路里程中占比较重，此路段也集中了行车过程中会导致安全事故的大部分危险因素，在隧道的出入口处，尤其是入口处的行驶空间以及光线等周围环境的突变，驾驶者所接收的信息以及处理这些信息并进行判断、分析的时间极为短暂，容易对行车的把握出现失误，引发交通事故。如曾经轰动一时的西汉高速秦岭1号隧道口特大交通事故，随着公路隧道口交通事故数量的不断增加，事故的危险系数却并未降低，公路隧道口交安设施相关技术的研发已成为此领域权威工作者的研究热点。

根据目前国内外文献可知，本领域专家学者对公路的线形、路基、路面、通风照明、监控、环保绿化以及给排水等方面有较深入的研究成果，而对公路隧道洞口的交安设施设计技术以及科研研究少之又少。因此，鉴于国家大力开发建设山区公路的前提下，隧道在公路里程中所占的比例日益加重。对公路隧道口交安设施设计的探索及研究势在必行。

一、公路隧道入口交安设施调查分析

通过对部分地区高速公路隧道交安设施设计进行研究并实地调查，对于调查结果做出了较为系统专业的分析。调查结果发现，公路隧道交安设施设置现状基本满足相关交安设施规范以及隧道附属设施规范等相关标准，但仍然有设施不齐全不规范的情况，某些特殊地形、道路环境等变化点的交安设施设计仍需在相关标准及规范的基础上进行进一步的探索，以此提升公路隧道口行车安全，遵从"主动引导、被动防护"的设计思路，本着"以人为本、以车为本"的设计理念，以实现"全方位、多角度的安全保障"为驾乘人员的生命保障。

交通标志。交通标志主要隐藏的安全隐患有：隧道口隧道限速标志设置不规范；隧道口未设置禁止超车标志等。

交通标线。隧道口标线未进行渠化，未设置导流线；隧道口未设置彩色防滑标线，隧道洞门处立面标记模糊，反光警示效果不明显。

防撞护栏。隧道入口处护栏过渡段有缺损或设置不规范的现象，增大行驶中的车辆撞击隧道检修道或隧道洞口翼墙的风险。

轮廓标等视线诱导设施。轮廓标等视线诱导设施的设计和安装较为突出的情况是隧道入口处部分轮廓标未依照公路运营、养护管理办法定期进行清洗、维护导致其反光效果不明显，甚至轮廓标缺损也并未进行补设。

二、公路隧道入口处事故一般特性

公路隧道入口路段，因洞口内外对光的感知以及路侧事物的感知等环境差异明显，事故的发生通常都是瞬时性的，隐藏的安全隐患为行驶中的车辆与洞口的撞击或与行车距离过近导致追尾等事故。而主要造成此类事故的原因主要有以下几个方面：

①汽车驶入长隧道洞口时，以及驶出隧道洞口时，因隧道洞内外的光线强度瞬时差异非常大，驾驶者对于此变化难以适应，导致驾驶者的眼睛发生10s左右的视觉损害，易造成炫光感，驾驶员易根据主观意识进行瞬间减速，容易造成车辆追尾等事故的发生。②雨天隧道口易出现"帘布效应"，即下大雨时，由于雨幕和光的折射作用，使驾驶者容易对交通情况的观察出现失真，易导致对行车驾驶方向、车速等判断不准。③由于隧道断面与路基断面宽度不一致，车辆行驶进入隧道时，易与隧道洞门发生碰撞。④由于隧道内部检

修道高于路面，车辆行驶进入隧道时，易与隧道洞门处检修道发生碰撞。⑤车辆装载高度超过隧道限高，车辆行驶进入隧道撞上隧道门。

基于以上原因，应从主动引导、被动防护角度考虑，为驾驶员提供良好的视线诱导，通过进一步改进标志、标线、护栏等设计，降低事故发生率，最大限度地保障驾乘人员生命安全。

三、公路隧道口交安设施设计提升

公路隧道入口处交安设施设计提升从标志、标线、防撞护栏、轮廓标等视线诱导设施设计等方面着手，结合项目的地形、环境以及隧道的特点，以现行标准、规范的相关条文为基准，因地制宜，以人为本的理念，积极学习和借鉴国内外公路隧道入口处标志设计，结合我国公路隧道事故易发原因及特性，合理安全引导驾驶者进入或驶出隧道，避免重大事故的发生，使道路更好地为人服务，减轻驾驶员的劳动量和心理负担，珍视人的生命权利。

交通标志。公路隧道口标志设置情况应根据相应规范在进入隧道前150m左右位置合理设置隧道信息标志、限高、限宽、限速以及禁止超车等标志，设置风格与所需传达的信息应与隧道内标志保持一致性、连续性、系统性。

交通标线：①由于隧道与一般路基段驾驶环境不同，其路面宽度与一般路基段宽度不一致，需在隧道入口处洞门处，设置高亮度反光材料的立面标记，有助于驾驶者明晰隧道洞门轮廓，确保车辆行驶轨迹，保证道路通行能力，使其安全通畅地驶入隧道；②在隧道入口路段设置彩色防滑标线，使车辆被动防滑减速且驾驶者可得到较好的视觉诱导，帮助驾驶者明确道路边界；③隧道口与路基段过渡段处行车道最外侧设置导流线，有助于驾驶者了解车辆行驶道路线形，引导驾驶者安全通过此特殊路段；④隧道口与路基段过渡段处车行道边缘线设置为振动标线，便于提醒驾驶者行车道边界，防止车辆偏离行车道与护栏碰撞，避免交通事故的发生。

防撞护栏：

（1）对于已建高速公路，在隧道入口段与路基段无护栏过渡段的情况下，可依据公路设计速度以及设计防护速度补充设置不同防护等级的可导向防撞垫，或其他符合规范要求的安全设施，以达到在车辆撞击此位置时纠正车辆行车方向的目的，或增设等级较高的混凝土护栏等措施，避免车辆直接撞击隧道洞门，引发重大交通事故。

（2）对于新建高速公路，一般路基段与隧道相接处护栏过渡时，可根据规范中护栏进入隧道洞口的渐变率参数要求，对过渡段护栏长度进行设计，且要求过渡翼墙迎交通流一侧需在隧道洞口处与隧道检修道内侧立面平齐。

（3）对于新建高速公路，较特殊的路段部分，如桥隧相接段，桥梁和隧道相接路基部分，若其长度小于一般路基段与隧道相接情况下所需护栏过渡段的长度，则需在路基段以及桥梁段共同设置过渡段防撞护栏，以满足相应规范中对渐变段长度的要求。以沿边高速勐醒至江城至绿春段为例，公路现状情况为：山区高速公路，设计速度80km/h，交通量 5000 辆 /d，路线全长 60.255km，共设桥梁合计 18361m/52 座（含互通及服务区主线桥，按整幅计），其中特大桥 3596m/3 座，大中桥 14441m/45 座，中桥 324m/4 座；共设隧道 32215m/19 座（按双洞计），其中特长隧道 8749.5m/2 座，长隧道 20065m/12 座，中短隧道 6084m/11 座。全线桥隧占路线总长 83.932%。本高速预测交通组成小型以下客货车占 52.8%，大中型以上客货车比例占 47.2%，本项目客车所占比例较大，因此在方案设计中应着重考虑提高道路安全性、道路通行能力及服务水平。鉴于本项目货运车辆占相当比例、超载较为突出，同时工程艰巨，因此设计应重点考虑交通安全，包括一些主动和被动的安全措施。据统计，本项目有 17 处桥隧相接路基段长度小于规范要求的相应参数长度，需在桥梁与路基部分均设置较高等级的防撞护栏，隧道入口路段本为安全隐患较重的特殊路段，因此选择在此过渡段设置 SS 级砼护栏，以此降低此路段安全事故程度，尽最大限度保证行驶车辆安全通过。

突起路标以及轮廓标。突起路标设置间距适当缩小，轮廓标设置密度适当增加，以此提醒驾驶者驾驶方向，保证行车方向。

结合公路交通安全设施现状、现行公路相关规范等以及交通安全事故易发特性，对高速公路特殊路段隧道入口处的交安设施设计进行现状调查分析，如交通标志、标线、防撞护栏、轮廓标等视线诱导设施等。在满足公路相关设计施工规范的前提下，进一步对交通标志、标线、防撞护栏、突起路标以及轮廓标做了一定的新的设计尝试，尤为凸显的是在防撞护栏设计方面，对特殊路段的特殊情况（桥隧相接路段）进行了改造提升设计，以此达到增加隧道入口处行车安全系数的目的。在今后的研究中，可对公路隧道入口交安设施设计方案逐步完善，最大限度地保障此特殊路段的驾驶环境，降低事故发生概率，进一步提升隧道入口行车安全水平。

第五节　高速公路隧道水消防系统设计

针对山区高速公路隧道水消防系统设计难度较大这一问题展开分析。主要研究了水消防系统中的水源确定问题，包括做好取水构筑物设计、科学选取水构筑物、建设低位水池等内容。从科学控制供水管网的具体压力大小和消防用水量两方面，对高速公路隧道内各项供水设施的管理工作进行分析，最后通过高速公路隧道水消防系统设计实例对其水源及具体设计方案进行研究。

高速公路隧道使交通变得更加便利，但同时也有很多问题影响着高速公路隧道的安全使用，火灾就是问题之一。高速公路隧道一旦发生火灾，扑救难度很大。高速公路隧道如果发生火灾，应当在火灾初期进行扑救，对火灾的蔓延进行控制。在高速公路隧道建设过程中，要想降低火灾造成的危害，就必须做好隧道水消防系统设计。

一、确定水消防系统中的水源

水源是高速公路隧道水消防系统中供水的关键，多数高速公路的地理位置都十分偏僻，难以对城市供水管网进行应用，因此通常都是在高速公路隧道周边选取天然水源。

做好取水构筑物设计。取水构筑物设计过程中要对水源处的水文情况、地质状况等各项内容进行详细勘察，但是从高速公路建设的具体情况来看，有些高速公路建设区域的水文资料不全，这对取水构建物的建设造成了较为严重的影响。例如，在高速公路隧道建设过程中，经常会取山间溪流，但是遇到断流，会出现打管井 100m 但是仍然无水的情况，此时不得不另寻水源，导致工程无法按期竣工，从而造成经济损失。高速公路隧道建设过程中，隧道水消防设计人员应当尽早参与到项目中，对各项资料进行收集，确保最终取水的合理性。

科学选取水构筑物。消防取水构筑物主要有管井、湖泊水库取水泵、大口井等。在一些水源短缺区域，没有地表水资源可用，只能通过管井来完成取水作业，在有河流的区域，可以直接应用地表水。如果高速公路隧道所在区域，地下水层约为 5m，底板埋藏深度不到 15m，且该区域具有丰富的水资源，可以通过设置大口井来实现取水。

建设低位水池。低位水池的设立要根据实际情况而定，设置了低位水池也存在容积大小的问题。相关规范也并未将低位水池定义为隧道消防系统中不可或缺的一部分，只要高位水池的存储量能够满足一次消防用水的具体要求，且能够在 48h 内完成补水即可。人为因素和天气变化都会对附近的消防水源造成影响，这就需要利用洒水车和消防车从更远的地方运水来开展消防工作，难以掌握运水时间，对于消防工作十分不利。此时设置可以满足存储一次消防用水量的低位水池对于保障消防用水来说能够发挥重要作用，因此在高速公路隧道消防系统设计过程中，要根据实际情况建设低位水池，才能将其的作用最大化。

二、高速公路隧道各项供水设施设计

隧道内供水管网包括的内容很多，都会对消防工作造成一定影响，在实际设计过程中，需要做好对各项内容的合理设计，具体内容如下。

科学控制供水管网的压力。供水管网的压力范围主要取决于系统中采用的消防栓、水成膜灭火装置等设施的正常应用。

消防栓和水成膜灭火装置都设置在同一个消防洞室内，两者在实际作业过程中，共同应用同一套供水系统，因此水成膜灭火装置或消火栓的最低工作压力（取较大者）就是整个系统在实际运行过程中的具体控制压力，系统中最不利点的最小工作压力是两者中相对较大的点。消防栓口处的水压力要确保水柱在 10m 以上，栓口流量不得小于 5L/s，这样才能满足灭火要求，同时水成膜灭火装置的最低工作压力应当控制在 0.4MPa。由于多数高速公路隧道都不在消防站保护范围内，在发生火灾时，消防人员难以快速抵达火灾现场，火灾的前期扑灭工作主要依赖司机和乘客，应用减压型消防栓的作用非常重要，由于其使用简单，只要具备一些简单的消防知识都可以使用。

为了确保消防系统在实际运行过程中不会出现问题并延长设备的使用寿命，应当将管网的实际压力控制在合理范围内，通常消防栓栓口静压力应当控制在1.0MPa以内。

消防用水量的选取。根据《消防给水及消火栓系统技术规范》GB50974—2014第3.6.1条"消防给水一起火灾灭火用水量应按需要同时作用的室内外消防给水用水量之和计算"；《公路隧道设计规范》(第二册-交通工程与附属设施)JTGD70/2—2014第10.2.6条规定"隧道发生一次火灾消防用水量仅为隧道内用水量"；云南省工程建设地方标准《公路隧道消防技术规程》DBJ53—14—2005第5.2.1条规定"隧道消防用水量应按隧道内、外消防用水量之和计算"。结合山区高速公路的特点，隧道消防用水量应按隧道内、外消防用水量之和来选取。

三、高速公路隧道水消防系统设计实例

工程概况。武倘寻高速公路为双向六车道，设计速度为100km/h。按第20年（2040年）设计交通量为52230辆/日（小客车）。各条隧道建筑限界：净宽14.75m，净高5.0m，钱家村隧道、禄劝1#隧道是该高速公路中的一个重要构成部分，在隧道建设过程中，应当做好水消防系统设计工作，确保隧道发生火灾时，能够及时完成灭火作业，避免火灾造成严重后果。钱家村隧道为一座分离式隧道，左幅隧道长895m，右幅隧道长890m。隧道进口端标高为1823.4，出口端标高为1797.31，隧道进出口端高差为26.09m（以左幅计算），高位消防水池应设于进口端。

消防系统的水源：

水源一。钱家村隧道进口端右幅附近800m左右有一条河流（平坝村河道），通过目测该水源流量不满足隧道消防用水要求，旱季有可能会出现断流的情况，且该河道为村民灌溉农田用水。取水还应取得相关部门的认可，如果采用此水源，将会导致前期投资增加，后期维护管养费用较高，因此在设计过程中，不会应用该水源。

水源二。钱家村隧道出口端K3+750处，现施工单位打钻了一口临时用水水井，此井深度约为150m左右，出水量约为200m³/d（8.0m³/h）。但该水井位于钱家村隧道出口端（低端位置）；距离禄劝1#隧道进口端隧道变电所200m左右。若把2个隧道合为一体考虑，管道工程量将增加800m左右，且此深水井的出流量无法满足隧道水源要求。

具体设计方案。在具体设计过程中，要对安全、维护、经济、技术等多项内容进行全面考虑，为了确保设计的合理性，最终决定独立设置这两个隧道的水消防系统。水消防系统都采取打井取地下水的方式作为消防作业的水源，钱家村隧道取水水泵的出流量不应小于7.0m³/h。禄劝1#隧道取水水泵的出流量不应小于12.0m³/h。深井钻探由水文地质勘探部门进行，出水量应在48h内补满各条隧道的高位消防水池。

隧道消防供水无法避免火灾的发生，其起到的主要作用就是最大限度减少火灾造成的危害，高速公路隧道水消防系统设计是一项复杂工作，结合武倘寻高速公路隧道以及钱家村隧道水源的情况，对设计方案进行了详细分析，最终制定一套合理的设计方案，确保隧道发生火灾时，水消防系统的作用能够得到充分发挥，实现快速灭火的效果。

第六节　高速公路隧道交通安全设施设计

近年来，随着我国公路规模的不断扩大，隧道成为丘陵地区的重要组成部分，作为道路环境的变化点，隧道出入口车辆在较短时间内行驶环境发生变化，驾驶员要处理的信息复杂且时间极短，公路隧道交通事故数量不断增加，公路隧道交通安全已经成为隧道建设、运营管理中的重点及难点。因此，有必要针对公路隧道路段越来越严峻的安全问题，对公路隧道入口段行车安全状况进行评价，深入分析公路隧道交通安全设施适应性，提出有针对性的设计方案，提高公路隧道运营安全。

一、隧道交通事故特性

公路隧道路段是道路交通事故的多发点和易发点，且隧道内的交通事故经常引起二次事故和安全生产事故，造成人员伤亡和隧道结构破坏，影响隧道的安全运行。由于公路隧道的自身特点，产生的交通事故具有一定的特点和原因。

隧道内外的环境差异及不同时间隧道内外亮度差异，导致驾驶员有一段时间的视觉适应过程，适应过程中视觉的不适会对驾驶员的心理和生理产生影响，在冰雪雨雾等恶劣天气下会进一步加剧驾驶员的不良视觉效应，容易诱发交通事故。隧道交通事故多发生在隧道入口方向隧道外300m至隧道入口方向隧道内190m，隧道出口方向隧道内170m至隧道出口方向隧道外200m范围内进出口路段，事故多以车辆撞击护栏及隧道壁为主，事故原因多是小客车和小型货车超速行驶。

隧道内硬路肩、路缘带宽度一般小于隧道外公路路基（或桥梁）断面宽度，导致隧道洞口端墙暴露于公路路侧安全净区宽度范围内，成为危险障碍物，且隧道内检修道高出路面，长隧道路面结构多采用水泥混凝土结构，长时间在隧道内行驶会使人产生焦虑，从而影响驾驶员的正常驾驶行为。因此，隧道内交通事故多集中在长隧道中，事故多以侧滑撞墙和侧滑撞车为主，事故原因多是隧道内照明、警示设施不足，隧道内路面摩擦系数低，驾驶员视觉信息不足，行驶路线不易确认。

二、隧道安全设施方案设计

针对隧道事故的特性，提出相应安全设施设计方案，为驾驶员提供良好的视线诱导、限制车速、禁止超车等，改善交通环境，合理引导驾驶员安全行车，提高行车安全可靠性，减少交通事故隐患，降低事故发生率。

隧道进出口段限制车速。隧道进出口过渡段，由于车辆频繁加减速，导致车辆超速引发交通事故，在隧道进出口过渡段设置标志、标线等安全设施，限制车速。

隧道入口方向隧道外设置隧道信息提醒标志及限速标志。标志内容包括"限速标志及限速预告标志""雨雪天气减速慢行标志""前方隧道（群）减速慢行标志""隧道名称及长度标志""隧道内禁止超车标志""隧道内开车行驶标志""隧道内禁止停车标志""隧道内限高标志"等。标志采用荧光反光材料，荧光反光材料能够吸收不可见光转换为可见光，特别适合黄昏、黎明、雾霾等视线不佳的情况，荧光色识别更及时，发现距离更远。

隧道入口过渡段施划减速提示标线。隧道入口方向隧道外300m至隧道内190m范围内，设置纵向减速标线及横向减速标线，配合限速标志设置路面限速文字。入口前车行道范围内按20m间距设置彩色防滑标线，标线采用高亮度反光标线，其亮度高出普通标线5～8倍，表面致密、易清洁，且能实现水下反光，可明显提高标线的识认性。为保证高速公路交通标线在整个寿命周期内使用效果，新施划的非雨夜反光标线逆反射亮度系数验收标准不宜低于 JTG F80—1—2017《公路工程质量检验评定标准第一册土建工程》规定的 II 级标准，即白色的不低于 $250\,mcd \cdot m^{-2} \cdot lx^{-1}$，黄色的不低于 $125\,mcd \cdot m^{-2} \cdot lx^{-1}$。

隧道入口方向隧道外 50m 处及隧道内 200m 处，安装爆闪灯及车速反馈标志。隧道车速反馈标志采用雷达预警监测系统，通过雷达波对即将进入隧道的车辆进行测速，通过显示屏实时显示车辆行驶速度和超速车辆车牌号，如果车辆超速，速度字样由绿色变为红色，语音系统播报超速车辆的行驶速度，并响起警报提醒驾驶人降低车速。车速反馈标志面板及显示屏均采用荧光黄绿色全棱镜结构反光材料，以改善白天和恶劣天气下标识的显著性和夜间标志的发现性，提高安全视距。速度反馈标志能够实时提示驾驶人减速慢行，有效控制行驶速度，大幅度减少交通事故率。

隧道进出口段路况变化提示。隧道内外空间环境差异，隧道进出口线形变化，直接影响交通安全，在隧道进出口过渡段设置标志、标线、护栏等安全设施，提示驾驶员注意前方路况变化。

隧道进口段隧道外 50m 范围内右侧硬路肩处设置导流斑马线。隧道进出口过渡段及隧道内车行道分界线采用实线，禁止车辆超车。隧道出口方向隧道内设置隧道出口距离预告标志，隧道入口方向隧道洞门端墙设置立面标记，立面标记宜全断面设置，设置宽度不小于 50cm，反光膜反光类别采用大广角 V 类反光膜，给驾驶员提供明确的隧道洞门轮廓。

隧道进出口段采取变道控制措施，在车行道分界线上设置弹性防撞柱，对车道进行强制隔离，实现大小型车分道行驶，控制车辆变道。

隧道入口方向隧道外设置护栏过渡段，护栏过渡段由一般路基段过渡到隧道内检修道。路基与隧道相邻的路段，现状为波形梁护栏的，在洞口外设置 6m 长混凝土翼墙，过渡翼墙与标准段波形梁之间采用 SB 级三波形梁护栏加强过渡，外展斜率根据本路段设计速度确定，但不得大于 1：11。桥梁与隧道相邻的路段，在隧道入口前设置可导向防撞垫进行缓冲防护（防撞垫的防护等级选择应符合 JTG D81—2017《公路交通安全设施设计规范》的要求），防撞垫的内侧导向构件边缘与隧道检修道齐平并过渡连接，并在防撞垫前设置水马、弹性交通柱进行过渡和警示。用以纠正失控车辆的行车方向，防止车辆直接撞击隧道翼墙。

隧道内视线诱导。隧道内昏暗、狭窄、封闭的管状空间环境，隧道内信息识认性直接影响驾驶人对行车路线的判断，在隧道内设置标志、标线、缓冲设施、轮廓标等安全设施，为驾驶员提供良好的视线诱导。

隧道内合理设置隧道限高、限宽、限速、紧急电话、消防设备、人行横洞、疏散等相关标志，并应保持经常性的清洁养护，保证隧道内标志处于有效状态。对中长、长、特长隧道 R < 1000m 的曲线段，在隧道侧壁上安装线形诱导标，勾勒出侧墙的位置和隧道内道路线形，减少撞墙事故，改善隧道安全性。隧道内指路、指示交通标志采用主动发光或照明式电光标志，内置导光系统使用专用的大角度 LED 均光技术，保证整体发光面亮度均衡。提高标志的视认性，有助于司乘人员在隧道内安全行车，提升隧道安全性能和道路环境品质。

隧道内车行道边缘线和车行道分界线均采用实线，禁止车辆超车，规范车辆行驶路径，同时安装反光突起路标。考虑到紧急情况下可能双向行车，隧道内突起路标采用双面反光型，以清晰显示车行道轮廓，直接减少车辆跨车道相撞事故，同时有效减少侧滑和撞墙事故。

隧道内紧急停车带、车行、人行横洞的迎车面端部设置防撞桶等导向吸能设施，并增设高亮度反光立面标记，使驾驶人明晰洞内轮廓，防止车辆冲撞隧道壁。

隧道内检修道及隧道壁上设置两层轮廓标。隧道两侧侧壁上设置弹性护墙轮廓标，同时在隧道检修道侧面设置 LED 轮廓标，以更好地显示隧道检修道形状轮廓。LED 轮廓标是一种清晰、醒目的主动发光视线诱导设施，主要是为驾驶人提供主动式安全行驶诱导，提升车辆安全行驶环境，并改善隧道内照明光度状况。

在公路隧道内每间隔 500m 设置一道轮廓带，为提高隧道内出、入口光线亮度变化较大路段的安全性，在隧道出、入口两端加密 1～2 道，布设间距分别为：隧道入口 → 50m → 150m → 350m → 500m……500m → 350m → 150m → 50m →隧道出口。轮廓带基板采用铝板、钢板或钢塑板等材料，外形轮廓与隧道内轮廓一致。轮廓带迎车面采用大角度微棱镜 V 类反光膜，可以减缓视觉及精神疲劳，同时可以帮助驾驶人判断隧道横向宽度，清晰地看到隧道内边界轮廓，对行车诱导、警示效果有明显改善。在一定条件下还可配合隧道照明设施，降低隧道照明用电量，具有很好的经济、环境和社会价值。

隧道进出口段路面抗滑性能。隧道入口方向过渡段减速标线，采用双组分红色抗滑涂料。双组分彩色抗滑涂料由甲基丙烯酸甲酯树脂组成，具有优异的防滑减速的实用性和良好的视觉诱导功能。双组分红色抗滑涂料能够提高路面抗滑系数，防止车辆打滑，可显著增加路面雨天防滑性能，增强车辆运行时的减速效果，提高行车安全性。路面的彩色画鲜艳、生动，可以美化行车环境，提升视觉提示效果。

结合公路隧道交通事故特点和原因，根据现行规范、标准的有关规定，对隧道相关标志、标线、护栏、视线诱导等安全设施提出了有针对性的设计方案。部分设施在满足规范、标准的前提下进行了一定的提升，对公路隧道交通安全设施设计提升研究具有一定的借鉴意义，可结合信息化改造与隧道机电等设施进行统筹考虑，以更好地提升隧道行车安全水平。

第七节　高速公路山岭隧道光面爆破设计

随着我国经济的快速发展，高速公路路网覆盖范围不断扩大，高速公路工程的规模和数量都在不断增加，一些高速公路工程受地形条件限制，必须在山区进行施工建设，因此需要采用爆破方式来开展山岭隧道施工。由于光面爆破方式对隧道围岩结构的稳定性影响较小，而且能够适应复杂地质条件下的施工要求，在山岭隧道施工中得到了广泛的应用。施工单位应提高光面爆破设计的精确性，同时要加强施工质量控制，确保爆破施工的安全。

目前在高速公路的山岭隧道施工中广泛采用了新奥法施工技术，而光面爆破的设计施工是应用新奥法进行施工建设中的核心环节之一。因此工程设计人员应合理选择爆破断面，并通过对爆破参数的准确计算来控制炮孔直径以及装药量等参数，以保证爆破作业的安全。在此基础上要尽量减少对隧道围岩结构的扰动，为后续的支护作业创造有利条件。施工单位还应加强对施工过程的质量控制，保证开挖面的平整规则，避免围岩壁上有爆破裂缝存在。此外还要采取有效的控制措施，防止出现超欠挖等问题，从而全面提高高速公路山岭隧道施工的质量安全，推动我国高速公路事业的健康发展。

一、某高速公路山岭隧道工程基本概况

某高速公路山岭隧道工程全长约为 1 426 m，其隧道内主要包括 III、IV 以及 V 级围岩，其中 III 围岩的总长度达到了 1 030 m 左右，且其主要为单一的灰岩结构，具备采用光面爆破作业的条件，因此决定通过光面爆破技术来进行 III 级围岩部分的施工建设。

二、高速公路山岭隧道光面爆破设计

合理确定炮孔直径。工程设计人员在选择光面爆破的炮孔直径参数时应充分了解施工

现场所使用的凿岩设备特点，防止在钻孔作业时需要对钻头进行更换。同时设计人员还要准确掌握施工中所使用炸药的型号以及爆破效果，并结合围岩的延性特点来按照高速公路隧道的相关技术规范来确定不耦合系数，以提高参数选择计算的准确性。在该隧道工程的施工中，根据凿岩机的型号、炸药类型以及药卷直径等参数，将炮孔直径确定为42 mm左右。

合理确定炮眼间距。设计人员应根据光面爆破技术规范以及隧道围岩结构特点，合理确定炮孔与其周边炮眼之间的距离。在本次施工中，由于隧道围岩主要属于硬质岩，因此将间距设定为55 mm左右。

合理设计装药量。在设计光面爆破的装药量时，设计人员应首先掌握隧道在单位面积上的实际耗药情况，并结合一次爆破时多产生的开挖量来对总药量进行计算，然后按照不同炮眼的具体用途来分配药量。在药量分配设计中，由于隧道工程角隅位置通常会堆积大量石渣且很少有自由面存在，因此设计人员应将所用药量适当增加，并根据单卷药量的倍数采取取整分配的方式来进行设计。

合理选择装药结构。工程设计人员要充分考虑施工现场的实际情况以及施工成本等因素，合理选择装药结构。在本工程中根据施工现场的实际条件，选择空气柱间隔方式来进行周边眼的装药作业。

合理布设炮眼。在布设炮眼时，设计人员应根据炮眼用途的不同来进行合理设置。在设计掏槽眼时，由于在该工程的光面爆破中选择了直眼中空掏槽方式，因此设计人员应选择隧道工程中线偏下处来设置掏槽眼，从而为提高掏槽钻孔作业的准确性创造有利条件。在设置周边眼时，设计人员应根据周边眼间距参数在开挖轮廓线上进行眼位设置，同时应合理设计其外插角以及水平度。从而确保光面爆破效果能够达到施工要求，并防止在后续的施工中出现超挖的问题。在设计辅助眼时，设计人员应综合分析围岩结构的强度、完整度以及装运能力等各项参数来进行设置，一般应根据岩石的坚固程度将炮孔间距控制在0.7 ~ 1.2 mm之间。在设计底板眼时，择机人员应按照开挖轮廓线来设置底板眼位置，同时应将装药量适当加大，以提高其翻渣效果，为后续的装渣施工创造便利条件。

三、高速公路山岭隧道光面爆破施工要点分析

光面爆破施工要求。在高速公路山岭隧道工程的光面爆破施工中，四杆单位应严格遵守新奥法的施工要求以及光面爆破的设计参数，根据施工现场的实际情况将雷管段别适当增多，这样可以有效控制一次爆破的装药量，实现非电的可控性爆破作业。施工单位在钻孔作业时应首先进行开挖轮廓线、中线和腰线的测放，以确保钻进作业的准确性。在钻进周边眼时，应将开孔位置控制在作业断面的轮廓线上，并严格按照施工要求来确定孔位深度、角度以及方向。对于未达到设计标准的钻孔必须采取废孔重钻措施，以确保掏槽眼以及周边眼位的误差值被控制在允许的范围内。在周边眼以及辅助眼的施工中，应确保其眼底位于同一垂直面内，且掏槽眼的深度应略深10 ~ 20 cm左右，所有炮孔位置必须与光

面爆破设计平面图相一致。在完成钻进成孔作业后，施工人员可以利用高压风来进行清孔作业，然后要认真检测钻孔的质量，并要详细记录检测结果。在装药作业时应由专业技术人员严格按照设计装药量来进行装填，并要确保装药的准确性。堵塞炮孔时可以使用胶泥，且要确保堵塞的密封性，不得在未堵孔的情况下进行起爆。在联结导爆管时可以选择双起爆管路的设置方式，以保证起爆的成功率，并要严格检测引爆线路是否连结可靠。在起爆作业前应有专业技术人员详细复核装药堵孔以及导管连线的施工质量，检测合格后才能进行起爆。在光面爆破施工中，施工单位必须加强安全管理和质量监督，以保证施工的质量和安全性。完成起爆作业后，还应对起爆效果进行记录分析，从而为优化爆破设计提供参考数据。此外在开挖施工中要避免破坏隧道工程支护结构以及混凝土衬砌的完整性，并要及时对欠挖部分进行处理。

防止超欠挖的有效措施。在光面爆破施工过程中，施工单位要采取有效的质量控制措施，确保开挖面上的炮孔痕迹分布均匀，且隧道围岩上周边眼的保存痕迹率均符合施工要求。同时在爆破完成后应基本无大型浮石或者危石存在。为了防止在施工中出现超欠挖情况，施工单位应准确测放轮廓线，以保证开挖的精度。同时施工单位要充分了解施工现场的地质条件，合理设计光面爆破参数，以防止出现超挖问题，确保施工的安全。在光面爆破的设计施工中应尽量选择爆力高，且猛度、爆速以及密度相对较低的炸药型号，并合理确定雷管段位数量，准确控制周边眼间距，尽可能避免出现超欠挖的现象。此外，在钻进成孔过程中要提高测放的准确性，并要对装药量进行精确的控制。施工单位应建立完善的质量监督管理机制，对施工中各工序环节的质量加强管理监督，以确保施工质量能够达到设计标准，防止超欠挖问题的产生。

在高速公路山岭隧道施工过程中，施工单位应指派专业工程设计人员进行光面爆破设计，严格遵守光面爆破的设计规范，合理确定各项设计参数，提高炮孔选择以及装药量设计的精确性和科学性，在保证施工安全的基础上既要保证爆破效果能够达到施工要求，又要尽量减少对围岩结构的影响，以便于支护开挖作业的顺利实施。在施工过程中，施工单位要按照施工要求对各个工序环节加强质量控制，提高施工的质量和效率，同时要采取有效的控制措施避免出现超欠挖等问题，从而为高速公路工程的整体施工质量提供可靠的保证。

第八节　高速公路特长隧道监控视频系统的设计

结合山西省高速公路特长隧道较多的情况，详细介绍了高速公路特长隧道监控视频系统的设计思路、前端感知设计、网络传输设计及隧道管理站监控中心设计等，并对特长隧道监控视频系统的设计方案进行了着重分析和研究，为其他类似高速公路特长隧道监控系统设计提供有益的参考和借鉴。

一、设计背景

经过多年跨越式发展，山西省高速公路建设取得举世瞩目的成绩，高速公路建设是地区经济增长的重要推动力，其快速的发展为经济社会创造了基础条件，同时也创造了巨大的社会效益和经济效益，高速公路建设规模已成为对一个省经济发展水平和经济实力进行衡量的重要标准。

高速公路所处地理环境较为复杂，特别是近几年在建高速公路隧道数量多且长度较长，多条高速公路中出现 10 km 左右的特长隧道。隧道作为高速公路的咽喉地段，因空间小、密闭性强等原因，常为事故多发点，且一旦发生火灾、事故，极易引起交通拥堵和二次事故的发生，进而引发严重的交通事故，严重影响了高速公路的通行效率和行车安全。长期以来，隧道监控视频采用标清图像模式对隧道洞内进行监控，随着隧道视频图像的发展，高清视频图像模式逐渐取代标清图像模式。高清视频监控系统作为一种可视化管理技术，可以实时对隧道内交通流量和交通运行状况监视，向管理部门提供实时、直观、可靠的信息，辅助管理部门对交通运行进行科学管理，及时制定交通管控方案，预防常发性拥挤的发生。同时结合视频分析技术，可以对隧道内发生的异常事件进行自动检测、报警，保证了异常事件第一时间发现和排除，避免二次事故的发生，视频监控系统的建设对保障高速公路高速、安全、舒适、经济地运营具有重大的意义。

二、设计目标与原则

设计目标。目前高速公路信息化的发展已经进入了"智慧高速"建设时代，作为"智慧高速"的重要组成部分，隧道视频监控系统的智能化水平影响着高速公路的整体"智慧"水平。对于该项目隧道视频监控系统的建设，满足隧道日常运营与安全管理业务需求的同时，充分利用先进的技术手段提升系统的先进性、可靠性、智能化以及可维护性。系统设计目标主要包括：实时图像点播、远程控制、存储和备份、历史图像的检索和回放、电视墙显示功能、与其他系统的接口与联动、事件检测与交通数据统计、用户与权限管理、高可靠传输链路等。

设计原则。高速公路隧道高清视频监控系统是为了充分发挥高速公路"高速、安全、舒适、高效"的功能特性，保证较高的服务水平，实现对交通运行的宏观管理和调度而建立的。系统设计主要原则包括：先进性、稳定性、集成化、可拓展性、易用性与易维护性。

三、系统设计方案

设计思路。以山西省某高速公路为例，路段内设置特长隧道 1 座 /9 800 m，采用双向四车道高速公路标准，设计速度 80 km/h，根据项目路段交通量和隧道长度，分析得出隧道的监控等级为 A+ 级。隧道视频监控系统设计采用先进的高清视频监控技术，实现高清视频采集，高清传输，高清显示，高清存储一体化高品质全高清视频监控系统。不仅可以带来高品质、高清晰的图像监控，还能带给智能分析系统更多的数据来源，极大地丰富了路段内隧道监控数据的再利用再开发，为山西省高速公路大数据应用提供了优质的视频资源。隧道高清视频监控系统主要由前端感知系统、网络传输和监控中心（显示、存储、控制）三大部分组成。

前端感知设计。隧道视频监控主要包括上下行洞口监控、隧道内监控、人行 / 车行横洞监控、紧急停车带监控和变电所监控。隧道内监控摄像机采用高清网络摄像机，同时兼容支持 H.265/H.264 编码标准，支持星光级低照度，满足联网标准更新后可以无缝切换升级。摄像机支持 3 码流输出，高码流用于电视墙显示，第三码流用于高清存储和高清视频事件检测。由于隧道内环境昏暗，光照度条件差，因此本次设计在隧道内配置星光级低照度摄像机，提高成像效果以及事件检测效果。

隧道洞口监控图像主要是观察隧道洞口交通拥堵情况，监视的范围较大，必要时也需要看清局部状况，如山体滑坡等，图像清晰度越清晰越好。因此，根据监控需求的特点设计配置星光级高清网络云台，一方面满足图像清晰度的需求，同时可以控制摄像机云台转动，针对性地观察路面情况。该项目在隧道上下行洞口距离隧道出入口约 250 m 处分别设置 1 台星光级高清网络枪机，用以观察隧道洞口运行情况和对周围环境进行监视，有效监视隧道入、出两个洞口外的全貌。

隧道人行 / 车行横洞和紧急停车带监控图像主要是观察横洞和紧急停车带的交通拥堵情况，监视的范围较大，必要时也需要看清局部状况，如车辆特征等，图像清晰度越清晰越好。因此，根据监控需求的特点设计选用超星光级高清网络球机，一方面满足图像清晰度的需求，同时可以控制球机云台的转动，针对性地观察车辆情况。该项目设计在特长隧道左右洞内每个横洞 / 紧急停车带分别设置 1 台星光级高清网络球机，用于全方位监控横洞 / 停车带交通运行情况。

隧道洞内视频图像用于监控特长隧道左右洞内的交通状况，主要是隧道内的车辆密度、行驶速度、有无事故及逆行车辆等，图像清晰度的要求则能看清车牌，在发生事故时可以第一时间得到更多的信息。由于隧道环境湿度非常高，是经常会出现护罩内水汽凝结的现象，因此隧道固定摄像机需要采用相机护罩一体的产品达到较好的密闭性能，本设计采用星光级高清网络一体化单元，隧道内按照建设标准从距入口 5 m 处每间隔约 130 m 设 1 台固定高清网络摄像机，实现无盲区监控，用于监控隧道内交通运行情况。

洞口 / 洞内变电所监控在隧道两端洞口每个变电所内和隧道车行横洞变电所内各设置 2 台星光级高清网络半球摄像机，用于监控隧道变电所设备运行及人员出入情况。

网络传输设计。隧道视频监控系统传输网络设计主要包括隧道前端监控点位到隧道管理站网络通道，以及隧道管理站到上一级管理单位的网络通道。由于高速公路沿线都敷设了光缆，光纤资源较为丰富，因此直接采用光纤传输。在本次设计中监控点位到隧道管理站的网络传输采用光纤环型冗余设计方案,采用视频监控专用的智慧型传输设备组网传输。

上下行隧道洞口、人行/车行横洞和紧急停车带星光级高清网络球机按照1:1配置原则,配置智慧接入终端进行传输;每个变电所2台星光级高清网络半球对应1台智慧接入终端;洞内全程监控星光级网络一体化单元按照设备柜分配情况,每3路对应1台智慧接入终端;考虑到整个视频传输系统的可靠性和稳定性,所有智慧接入终端按照30路图像一个环的配置原则,组成若干个千兆光纤自愈环网传输到隧道管理所内配置的高清视频综合平台内。

监控中心设计。隧道管理站端以高清智能数字视频综合平台作为核心设备,并配置视频存储服务器、磁盘阵列、视频工作站、大屏拼接电视墙、视频事件检测与交通信息分析统计系统、核心交换机等相关设备组成隧道管理站级监控系统。实现隧道视频接入、视频切换、视频存储、大屏控制、联网上传、视频事件检测及其他子系统(火灾、紧急电话、视频检测子系统)联动等功能。

显示系统。视频监控系统作为一种可视化管理技术,最终展现给监控管理人员的是显示环节,包括监视器、拼接大屏和视频工作站的实时显示和历史图像回放。为了保障高清显示效果,显示系统需要支持DVI/HDMI/VGA高清接口,满足不低于1 920×1 080显示分辨率性能。综合考虑性价比,在本次隧道监控视频显示系统设计中采用LED液晶拼接屏和液晶监视器相组合的电视墙方案。

智能视频综合平台具备多光口接入交换机、编解码器、视频分配器、大屏控制器等多种设备功能,系统集成度较高,极大简化了系统结构,减少线缆数量和中间视频格式转换环节。解码拼控系统由视频综合平台、控制键盘及LED屏控制器等组成,视频综合平台完成信号源的接入、视频解码、大屏拼接和控制等,控制键盘实现大屏的切换上墙控制,显示预案管理切换等功能,LED屏控制器驱动LED屏显示与控制电脑及事件信息的实时同步更新数据,而控制电脑可通过软件实现对整个大屏幕墙显示内容、显示窗口、显示时间等的控制。显示系统由LED液晶拼接屏和液晶监视器组成,主要承载整个系统的信息集合、画面显示功能,将整个系统的各种数据及信息,以特制的方式,完美清晰地呈现出来。

存储系统。该项目在隧道管理站监控中心配置视频存储服务器和磁盘阵列,图像数据从前端摄像机直接写入存储设备,数据传输协议支持主流的流媒体协议和GB/T28059规范,支持平台直接调取,架构简化而开放,利用多级联网调用。满足按照高清格式大路数集中存储的写入/回放性能以及最低30 d的存储容量。本路段特长隧道监控图像共182路,每路图像按照25 fps@1 920×1 080分辨率,4 Mbps定码率,存储30 d计算,计算公式为:182路视频×4 Mbps×3 600 s×24 h×30 d/8/1 024/1 024=225 TB。以上计算所得为视频存储实际所需空间大小,在设计时计算硬盘数量需要额外考虑每块硬盘格式化损失,以及RAID所占空间还有热备盘空间。格式化损失按10%计算,一般视频存储采用RAID5模式,RAID5空间按照一组RAID5一块硬盘配置,热备盘按照一组RAID5一块硬盘配置。

控制系统。本次设计在隧道管理站监控中心配置视频事件检测分析仪,视频事件检测与交通信息分析统计系统可以全天候地对车辆违章停车、拥堵、逆行、行人出现、遗落物、烟雾等各类交通异常事件进行检测，同时对隧道左右洞内车道流量、车道平均车速、排队长度、车头时距等交通数据的检测采集。设计采用全新深度学习算法＋高密度 GPU 的方案，相较于传统的事件检测设备，无论在算法还是算力上都有了质的飞越，大大提高了事件识别率，同时降低事件误报率。

管理平台设计。视频监控软件平台采用软硬件一体化产品，避免软件安装环境引起的兼容性、稳定性问题。系统平台需具有开放的平台架构，具有模块化、标准化、可扩展等特性。可以通过山西省高速公路标准联网协议无缝接入上级平台，也可以通过标准联网协议或者 SDK 方式接入第三方的下级平台。平台可预留与其他信息系统的互联接口，以满足隧道各管理子系统联动的需求。

隧道监控视频系统是通过对隧道内现场的监视，结合一些信息化控制手段达到对隧道洞内道路的监控和控制，是一种防范能力较强的视频监控综合管理系统，以其直观、方便而广泛应用于隧道场合。通过视频图像对隧道洞口及洞内的全部路段进行全面的监视，以便熟悉洞内道路交通状况，辨认交通事故及其严重程度，必要时进行交通控制，同时视频图像还可以监视隧道内监控设备（洞内车道指示标志、洞内可变信息情报板及其他设备）的运行状态，作为除设备自检运行状态外能收集设备运行状况反馈信号的辅助确认手段。

第九节　高速公路隧道监控系统应用软件的设计

科技在不断发展，社会在不断进步，随着我国山区高速公路建设速度的加快，高速公路隧道数量不断增加。由于隧道监控系统在保障高速公路安全运营方面具有不可替代的重要的作用，所以建设稳定性高、技术先进以及扩展性强的监控系统成为当前高速奋路管理的重要任务。在这一背景下，对高速公路隧道监控系统的应用软件设计与实现的相关问题进行了简要分析，可为高速公路隧道监控系统建设提供参考。

一、OPC 技术产生背景及特点

工业过程控制领域用到大量的现场设备和智能仪表，应用程序需要不断地与这些设备进行数据交互。传统的方式是通过开发设备专有的驱动程序来实现对数据的访问，这就需要耗费大量重复性的劳动，不同设备供应商的驱动程序之间的不一致，硬件性能不能得到广泛的支持，驱动程序不能适应升级后的硬件以及发生存取冲突等诸多问题。解决这些问题的关键在于一个统一的中转数据接口标准，正是基于这种需求产生了 OPC 技术标准。OPC（OLEforProcessControl）是基于 Microsoft 公司 OLE/COM

和 DCOM 技术的通信接口规范，采用 C/S 结构。OPC 规范要求硬件销售商提供他们所发布的每一种新设备和协议的 OPC 服务器，为设备提供基本的协议接口，并且具有 OLE/COM 连接。一般用来完成数据采集、通信归纳等的预处理功能的前置处理部分设计成 OPC 服务器，这样任何符合 OPC 规范的客户端都能以标准的接口访问方式访问服务器，客户端负责创建服务器对象以及访问 OPC 服务器暴露给客户的标准访问接口函数进行数据的访问，从而实现系统的开放性，易于实现与其他系统的接口。OPC 规范提供了两套接口方案，即 Custom 接口和自动化接口。Custom 接口效率高，通过该接口，客户端能够发挥 OPC 服务器的最佳性能；自动化接口使用解释性语言和宏语言访问 OPC 服务器成为可能，然而运行过程中需要进行类型检查，从而牺牲了程序的运行速度，但简化了客户应用程序的实现。OPC 作为硬件和软件之间的一个中间接口，使不同的客户端能够访问任意的数据源，为过程控制和工厂自动化提供了真正的即插即用的软件技术，获得了多家硬件制造商和软件开发商的支持，OPC 事实上已经成为新一代工业过程控制软件的接口标准。

二、高速公路隧道监控系统应用软件的设计与实现

数据采集控制模块。数据采集控制模块是隧道监控软件中的基础和核心部分，这一模块的主要任务是负责和具体的监控设备进行通信、对监控设备的监测数据进行采集、执行监控设备的控制命令。通常隧道监控系统的各个监控子系统的绝大多数监测设备是直接连接到 PLC 的。对于它们的数据采集和控制，可以通过组态软件来实现。通过在组态软件中内嵌与 PLC 的连接驱动，对组态软件的相应标签进行配置就可以实现设备和控制系统之间的通信，并对设备开关量和模拟量进行实时监控。在系统运行过程中，对标签定时扫描，并把结果存储到内存上，与上个周期的值进行比较，对于发生变化的数值，则存储到数据库的设备状态表中。对于各种模拟量标签值，则以连续多个周期的平均值在模拟量历史表中进行存储。对于系统中采用串口转换模块连接到网络上的设备的数据采集和控制功能，则通过高级语言编程来实现。并在设备采样周期内定时通过串口协议进行数据采集，然后存储到历史数据表。鉴于火灾报警与紧急电话系统的重要作用，应在网络中设立独立的主机。

监控计算机和子系统通信。各子系统与中控的远控接口即通信协议各不相同。子系统通信接口主要分三类：西门子 PLC，欧姆龙 PLC，自定义串口协议。LabWindows/CVI 的功能强大在于它提供了丰富的函数库，仪器库是 LabWin-dows/CVI 的特殊资源。它包 GPIB、VXI 和 RS-232 仪器的驱动程序。利用 Lab-Windows/CVI 库函数中 RS-232 串口通信库函数和相应的通信协议编写程序和子系统通讯。隧道交通子系统通信协议采用 SIEMENPPI 协议，子系统与监控计算机之间的通讯采用主从问答方式。隧道照明和通风子系统采用 OMRONHostLink 通讯协议和监控计算机通信，监控计算机遵循通信协议来

读写 PLC 内部相应的存贮单元，进而实现对相应子系统的控制。隧道火灾监控子系统通信协议为自定义协议。监控计算机遵循这些通信协议就可实现对火灾监控子系统控制。子系统还有一些设备的远控接口只能提供模拟量，监控计算机没法直接处理。为此，增加 OMRONCJ1MPLC 作为本地控制器控制这些设备，监控计算机通过 CJ1M 的模拟量输入单元 CJ1W-AD081-V1 和模拟量输出单元 CJ1W-DA041 控制这些设备。

远程遥控子系统。如果需要，系统可以根据设备种类的不同，隧道管理救援站操作员一次对单个或一组外场设备进行远程遥控。当采用远程遥控模式时，当要控制的外场设备同系统通信中断时，系统应提示操作员。如果下发控制指令执行失败，系统也应提示操作员。①隧道通风风机组是操作员对风机控制的最小单位，操作员可以启动或停止一组风机的运行状态。每次启动风机组时系统应建议启动累计运行时间最短的一组，以平均设备的使用寿命。同一组风机的启停次数不应过频，防止风机出现振荡现象，为此系统应控制风机启停的间隔时间，避免操作员频繁操作同一组风机。操作员通过向隧道本地控制器下发风机组编号可以实现隧道通风的远程遥控。②隧道照明正常情况下，远程遥控隧道照明的控制级别分为四类。隧道应急照明：白天和晚上都开启。隧道基本照明：白天和晚上都开启，但夜间右洞左侧基本照明和左洞左侧基本照明关闭。隧道加强照明一：晴天开启，阴天和晚上关闭。隧道加强照明二：白天开启，晚上关闭。操作员通过向隧道本地控制器下发隧道照明级别编号可以实现隧道照明的远程遥控功能，达到调节隧道洞内外光照度的目的。

随着科学技术的不断进步，高速公路的隧道监控系统正在向着信息化和智能化迈进。在这一过程中，监控系统的应用软件开发起到了至关重要的作用。本节对相关问题进行了分析，并对高速公路隧道监控系统的应用软件的设计方案和实现方法进行了探讨，希望对高速公路隧道监控系统建设提供一定的参考价值。

第十节　高速公路隧道供配电系统设计

随着我国经济的大力发展，高速公路隧道也逐渐增多，而公路隧道内照明、监控等设施是否可以高效持续运转，关系着车辆安全通行的问题。因此，设计好隧道供配电系统就显得极其重要，本节将从高速公路隧道供配电系统设计入手，介绍其在隧道实际建设中遇到的一些问题及解决办法。

高速公路的发展建设，能够高效带动整个交通行业的发展，并且可以刺激国家和区域经济的经济发展水平。由于公路隧道独特的环境特性，在近几年的高速公路发展建设中，加大了对公路隧道的建设，同时也加大了对于隧道供配电系统的重视。

一、隧道供配电系统方案设计

隧道供配电系统方案设计特点。首先，为了便于施工，对于隧道供配电系统的设计需要从工程实际建设规模和未来发展规模两方面进行考虑。其次，针对使用的材料，还应该优先使用环保节能的材质，使之能够满足国家或是行业要求的技术标准，从而使整个设计既能满足施工质量需要，还具有节能环保等特点。

隧道用电需求分析。根据《公路隧道交通工程设计规范》（JTG/TD71-2004）中的规定：隧道电力负荷应根据供电的可靠性和中断供电在社会、经济上所造成的损失的或影响程度确定负荷分级。

根据《公路隧道交通工程设计规范》（JTG／TD71—2004）中对隧道供电的要求：隧道一级负荷应有两个电源供电，当一个电源发生故障时，另一个电源应不致同时受损。当一级负荷的容量不足时应优先从邻近的电力系统取用第二路低压电源，亦可采用应急发电机组作为备用电源。

变压器设置。通常在设计公路隧道供配电系统时，都是将电量负荷总值计算之后，再建两台变压器，使之均分负荷容量。然而，一旦出现意外，其中一台变压器就得全力承担所有负荷电量，这不仅会造成资源浪费，还有可能出现电量过载的现象，存在安全隐患。因此，选择合适的变压器对整个供配电系统影响长远。

在整个供配电系统中，变压器运行损耗较其他装置要大许多。通常情况下，电流经过变压器时，会产生两种损耗：有功功率、无功功率，简称有功、无功。根据实验换算结果，变压器无功损耗大约是整个系统全部无功损耗的 20% ~ 25%，其中变压器空载无功损耗又约占变压器无功损耗的 80%。

隧道供电方案。隧道供电方案会因隧道长度、负荷等因素而改变。比如，不到 1.3km 的隧道只需要其中一端供电；隧道长度在 1.3km 到 3km 之间的，则隧道两端都需要供电；3km 以上的隧道不仅需要两端供电，中间还需加设高压供电所，便于引入高压电源。

由于我国大部分的高速公路隧道都在山区，而山区的供电资源相对比较匮乏，很难满足两端一起供应一级负荷的用电需求。所以通常情况下，3km 以上的隧道采用"单市电＋柴油发电机组"的供电设计方案。设计院针对短隧道一般采用箱变单电源供电，以保证偏远山区突然断电时，可以暂时应急供电。若在特长隧道内设置柴油发电机组，则会出现排烟困难、柴油发电机噪声过大的问题，因此"单市电＋柴油发电机组"的方案并不适用于特长隧道，设计院建议特长隧道可以直接接入两路地方电源。

二、隧道供配电系统的组成

照明系统。笔者在研究过程中发现，高速公路隧道的电压普遍偏高，而照明系统又是隧道内最基础也是最重要的一个部分，由于其需要 24 小时供电，所以隧道照明系统的电压相对较高。按照供配电系统的相关设备与参数，隧道内通常需要接入10kv电网才能满足整个隧道的系统供电需求。

通风系统。由于隧道的整体环境相对比较封闭，因此需要较好的通风系统来保障其空气流通。通风系统主要分为几个系统部分：环境检测、风机控制、区域控制网络等，其主要作用是：有特殊情况发生的时候，可以根据对区域内一氧化碳的检测数据，及时控制风机运行，使隧道内有害物的浓度降低，保障市民安全通行。

消防系统。供配电系统在配备了照明、通风系统之后，还应设计好消防系统。消防系统主要涵盖火灾检测器、报警器、灭火装置、排烟系统以及紧急出口等等。需要注意的是：消防水管需要贯穿整个隧道，同时还应当设立独立的通风设备供消防使用，保证整个隧道的消防设计达到安全标准。

监管系统。监管系统也是供配电系统中不可或缺的组成部分，其承担着检测车辆是否违反交通法规以及交通运行安全的重要职责。监管系统主要分为两部分：一是交通监控系统；二是交通监视系统。交通监控系统主要负责采集车流、车速、车辆间距等等，主要依靠环形线圈、微波检测器、红外线和超声波等装置完成的；交通监视系统则是管理隧道运行，具体是使用视频装置，实时监控隧道的运行情况，并连接对应的指示系统。

三、如何优化供配电系统设计

安装节能照明装置。前文介绍了照明系统需要24小时不间断的工作，且隧道灯具长期处于高电压的状态，既浪费电力资源，又降低了灯具的使用寿命，增加了维护成本，因此，选择一款较好的照明节能设备也是需要优先考虑的。目前，实际市场上有众多的节能电气设备，但是节能设备是否能够起到节能作用以及能否在隧道中使用成了研究要点。对此，有学者针对这些设备的使用效果以及其能否运用到隧道中进行了详细测试。具体实验是模拟实体试验隧道的供电系统，并串入节能设备，利用调压器调节电压，观察其在不同电压下的电能消耗情况。

在投入节能设备之后，运行电压改为356V时，对照明亮度的影响可以忽略不计，同时还能节约很多用电量。由此可见，节能设备是可以投入隧道使用的，并且节能效果显著。

加强对高速公路隧道供配电系统日常检测及维护。在对于高速公路隧道供配电系统的日常检测和维护方面，为了判断设备是否在正常运行，需要制定一个固定的参考标准，以便可以准确判断出其设备是否在正常运行。同时还要核查运行环境是否符合检测要求，比如地质是否有变化情况、运行环境是否发生改变以及是否有鼠害现象等等，避免出现类似细节性问题，而导致大的故障。

提升设计人员专业技能。当前负责设计供配电系统的工作人员，专业技能水平普遍较低，在实际工作中，缺乏对于实践作业的了解。因此，需要加强此类工作人员的技术指导和知识培训，使之成为高素质、够专业的技术人才，可以设计更好的供配电系统，保证整个供配电系统的有效运行。

改善变压器。目前在设计高速公路隧道供配电系统过程中，变压器的保护工作一般是由断路器承担的，很少使用负荷开关加熔器，主要是由于设计人员大多以为断路器对供配电系统的保护效果比负荷开关加熔器好。但是在供配电系统实际工作中，对负荷开关加熔器的使用多过断路器，主要是电力短路的情况发生概率较小。并且断路器相较于负荷开关加熔器，不仅内部结构复杂、成本高，而且在出现故障时，其开断时间比负荷开关加熔器要多出 50 几秒。因此，选择负荷开关加熔器能够更好地保护变压器。

另外，由于保护装置的保护功用各不相同，对于变压器保护装置的设计上，也应根据实际情况以及具体章程选取不同的装置。根据万伏供电机制的设计章程，当变压器的容量不超过 500KVA 时，可以选择高压熔断器进行保护；而当电压器的容量超过 500KVA 的时候，则应该选用高压断路器来保护变压器。

安装应急电源。应急电源也是高速公路隧道设计中不可缺少的一部分，可以保障在发生意外时，能够使得照明、监控等应急系统都可以继续运转。因此，在选择应急电源时，需要把众多元素列为参考对象，具体有：应急状况下的电力负荷、电源特点以及需要供电时长等等。

另外，由于应急电源区分很多种，倘若只选其中一种进行设计安装，既无法满足应急需求，又无法保证其可以安全稳定的工作。通常，应当先选取两种以上的应急电源，再将其设计成组合式电源，使之可以应用于隧道的应急工作中。如果应急电源是来自独立式的电网电源时，则还需要再接入另一路的独立电源，确保有两路独立电源。倘若一路电源出现故障时，另一路电源可以立即代替第一路电源供电，这样可以保障应急电源能够长效稳定的供电。

总而言之，高速公路隧道供配电系统在整个隧道的建设和营运中，承担着至关重要的作用。因此，在对高速公路隧道供配电系统进行设计时，需要根据实际情况，仔细考量，才能建设出高效运转的系统，保障高速公路隧道持续运行。

第十一节　高速公路隧道消防管道温度控制功能设计

高速公路隧道消防管道的温度控制，可通过电力配电监控系统的遥测、遥控功能来实现。电力配电监控系统采用分层分布式结构，包括现场间隔层、前置通讯层、站端控制层三部分。介绍了消防管道温度控制硬件选择及通信链路设计，阐述了温度控制过程，供相关人员参考。

由于我国东北地区冬季气候寒冷，高速公路隧道的消防管道内容易结冰，这对隧道的消防安全带来巨大隐患。因此，每到冬季，隧道维护人员不仅要到隧道相应的配电室检查消防管道上电热带控制柜是否正常工作，还要到隧道内排查每个隧道的消防水管，以杜绝消防管道出现结冰现象的发生。此项工作既耗时又耗力，极大地影响高速公路维护工作的效率。由于维护人员经常性进入高速隧道，对隧道内正常行驶的车辆带来影响，埋下了事故隐患。

利用电力配电监控系统的遥测、遥控功能，来自动完成隧道消防管道的温度控制功能非常必要。

一、PDM2000 电力配电监控系统构成概述

PDM2000 电力配电监控系统采用分层分布式结构，系统包括现场间隔层、前置通信层、站端控制层三部分。现场间隔层包括高压保护装置，低压智能监控仪表及电动机保护器，它们相对独立，完成测量、控制、保护、通信等功能。具有实时显示电气运行状态、运行参数等功能。所有装置和仪表通过通信口接入相应底层 RS-485 子网，将相关信息送至前置通信层的网络通信控制器，同时各装置和仪表的功能可完全不依赖于网络而独立完成对电气设备的保护与监控；前置通信层的作用是完成现场间隔层和站端控制层之间的网络连接，实现间隔层和站控制层之间通信数据的上传和下达；站端控制层采用高性能工业计算机，可实现整个配电系统中、低压电气设备遥信、遥测、遥控、遥调，既"四遥"功能，并与上级通信，实现变电所无人值班的设计要求。系统采用 PDM2000 电力监控组态软件，对所有电气设备的运行状态进行实时监控、电气参数实时测量、事故异常报警、电能管理等功能的汇总、分类、输送和上报。

二、隧道消防管道温度控制功能设计

消防管道温度控制的硬件及通信链路设计。本次实现隧道消防管道温度控制功能设计和实际改动的地方主要在现场间隔层及现场间隔层与前置通信层之间的通信链路上。在站端控制层方面，只在 PDM2000 电力监控组态软件上做出修改。站端控制层所用的计算机等硬件及前置通信层与站端控制层之间的通信链路仍然沿用原有设计不变。

通过温度传感器 T 与测温探测器 PDM-300T 配合使用，组成现场间隔层。其中，测温探测器 PDM-300T 被安装在隧道洞口的壁挂式小配电箱内，在该测温探测器的 4 路温度输入端子中选择其中一路温度输入端子，连接温度传感器 T。温度传感器 T 的探头紧贴被测试温度的隧道消防管道的管壁上。这样就可以使测温探测器能够可靠地、实时地监测并采集现场消防管道的温度，所测到的温度值在 PDM-300T 测温探测器上以数字量温度值的输出方式显示，即形成实时遥测数据。

由于测温探测器 PDM-300T 的通信接口为标准 RS-485 接口，因此由现场间隔层所采集得到的实时遥测数据要通过 RS-485 总线，并使用 Modbus RTU 通信规约，形成低速总线上传至测温隧道相应配电室内的网络通信控制器所组成的前置通信层。但由于高速公路

上的所有隧道都与相应配电室相距较远，造成现场间隔层距离相应的前置通信层有很长一段距离，所以在通信链路的连接上，现场间隔层无法将所测的实时遥测数据通过 RS-485 总线，直接上传至该隧道所对应的配电室内的前置通信层。为了解决这个通信链路问题，本次功能设计将在现场间隔层和前置通信层两端分别安装一个数据光纤收发器。该数据光纤收发器的一端具有标准 RS-485 通信接口，用于连接现场间隔层的仪表和前置通信层的网络通信控制器下行 RS-485 通信接口。两端的数据光纤收发器之间用光纤为载体进行数据传输。

利用前置通信层与站端控制层之间原有的通信链路，即以光缆为载体进行数据传输。所有遥测信息和现场所需的遥控要求均在站端控制层的 PDM2000 电力监控组态软件上显示和收发遥控指令。

消防管道温度控制过程描述。通过现场间隔层中的测温探测器 PDM-300T 与温度传感器 T 配合使用，监测隧道的消防管道温度，所测到的温度值在 PDM-300T 测温探测器上以数字方式显示，既形成实时遥测数据。将该实时遥测数据利用 Modbus RTU 通信规约的低速总线，通过隧道内的数据光纤收发器，将电信号转换成光信号，以光纤为载体传输至相应的配电室内的另一个数据光纤收发器，再将光信号转换成电信号，上传至前置通信层的网络通信控制器。再通过该前置通信层的网络通信控制器，利用 Modbus TCP 通信规约的高速网络，同样以光缆为载体，将所测得的温度遥测值上传至站端控制层的 PDM2000 电力配电监控系统的组态软件。该实时遥测数据从现场间隔层上传至组态软件的传送时间不超过 3s，综合误差小于 0.1%。经过 PDM2000 电力监控组态软件内部程序运算，判断现场消防管道温度是否低于消防管道温度预设值的下限值。如果所上传的温度遥测值低于消防管道温度预设值的下限值，则 PDM2000 电力配电监控系统的组态软件会在 1s 之内发出声光报警提示，并通过组态软件的遥控功能向相关配电室的网络通信控制器下发遥控命令，该遥控命令再通过网络通信控制器下发给电加热控制柜的仪表，只要该回路仪表接收到遥控命令，便可触发仪表遥控输出继电器，将电加热回路所带的电动操作机构合闸线圈通电，使电动操作机构合闸，接通伴热带断路器，使缠绕在隧道消防水管壁上的伴热带通电加热，进而使消防管道升温，防止消防管道内消防水结冰。整个遥控过程传递时间不超过 3s，遥控正确率为 100%。

同理，在消防管道加热过程中，消防管道的温度通过温度传感器 T 传输给测温探测器 PDM-300T，并以数字量温度值的输出方式显示，形成实时遥测数据上传至前置通信层的网络通信控制器。再经前置通信层的网络通信控制器，将该遥测值上传到 PDM2000 电力配电监控系统的组态软件。经 PDM2000 电力监控组态软件内部程序运算后，若判断现场管线温度高于消防管道温度预设值的上限值，则 PDM2000 电力配电监控系统的组态软件会再次发出声光报警提示，并会再次下发一个遥控命令，再经过相关配电室的网络通信控制器，下发给电加热回路的仪表，仪表接受遥控命令后，触发仪表内部的另一路遥控输出继电器，将电加热回路所带的电动操作机构分闸线圈通电，使电动操作机构分闸，断开伴热带断路器，使缠绕在隧道消防水管壁上的伴热带断电停止加热。

消防管道温度控制关键测温硬件描述：

测温探测器 PDM-300T。隧道消防水管测温控制所使用的测温探测器，特点是体积小、灵敏度高，抗干扰能力强。便于直接安装在隧道墙壁上的小型配电箱内。工作温度在 -40 ~ 60℃。标准 4 路温度输入，现场采用其中一路具有标准 RS-485 通信接口，Modbus RTU 通讯规约，所有参数可通过显示面板设置，操作安全方便。完全适用于现场工作环境和通信要求。

温度传感器 T。该温度传感器与测温探测器配合使用，以数字量温度值为输出方式，其特点是灵敏度高，抗干扰能力强，测温范围广，精度高。测温范围在 -55 ~ 115℃之间，测温精度可达到 0.5℃。适合温差较大的工作环境下使用。

数据光纤收发器。隧道消防水管测温控制所使用的数据光纤收发器，是多功能的支持异步 RS-232、RS-485、RS-422 通信接口，并支持多种异步通信协议的光纤 MODEM，是连接远程终端单元到主机或分布式数据采集系统控制器的最佳选择。装置具有 RS-485 通信接口自适应技术，实现从端口到速率调节自适应的功能，无需开关设置。异步传输为点对点运用，速率达 460kbps。传输距离最长可达 20km。可在环境温度 -40 ~ 85℃的范围内连续工作。工作波长 1310nm。光纤连接通过两个 ST 接口，两根光纤的数据传输方向相反。

电动操作机构。为了实现隧道消防水管温度的控制功能，必须要对现场所使用的伴热带断路器进行自动远程控制操作，因此，加装电动操作机构，通过远程对电动操作机构的合/分闸线圈进行脉冲式通电，进而使电动操作机构实现合/分闸动作，来间接地控制伴热带断路器的通断，就成为必选的设计方案。

本次隧道消防水管测温控制设计所选用的电动操作机构是 ABB 电磁线圈式电动操作机构 MOS，该电动操作机构提供断开位置挂锁功能，并设有"选择开关"，可选择"自动"（远程遥控）或"手动"（就地控制）操作。可对其合/分闸线圈进行脉冲式通电操作，合/分闸所需要的最少脉冲时间为 100ms，合/分闸动作时间小于 0.1s。操作次数达到 25000 次。具有反应速度快，性能稳定，使用寿命长，安全可靠的特点。

对实现高速公路隧道消防管道的温度控制功能的设计进行了详细阐述。由此可知，通过 PDM2000 电力配电监控系统的组态软件的遥测、遥控功能，并与根据现场要求所选择的测温硬件相配合使用，能够很好地实现隧道消防管道温度的自动控制功能的现实需求，具有温度控制反应动作快、可靠性高的特点，实现了无人化巡检。从而使得在处理隧道消防管道结冰方面的维护工作上，节约了人力成本，提高了维护效率，避免了人工操作过程中，人员经常性进入高速隧道所产生的人身事故风险。进一步促进了高速公路运行维护工作的开展进步。

第二章 高速公路隧道施工安全技术概述

第一节 当前高速公路隧道施工存在问题

经济的发展，城镇化进程的加快，促进公路建设项目的增多。在国内高速公路规模越来越大的今天，高速公路实现了社会经济的进一步发展与崛起，其促进与带动着交通系统的建设。区域之间的经济、文化交流变得越发频繁，这对社会整体的建设有着很好的推动作用。作为交通系统中最重要的一项环节，高速公路的隧道施工存在很多的困难与问题。高速公路隧道有着非常复杂的自然环境，这一问题影响了高速公路施工有效性。为了改变这一情形，就必须予以施工技术管理更多的关注，明确技术要点，提升施工质量。本节就当前高速公路隧道施工存在问题及解决对策展开探讨。

公路隧道施工作为我国交通体系中长期建设的重要部分，有效贯穿了不同道路，提升了道路之间的互通性，对于交通系统完整性建设起着非常重要的作用。由于隧道工程本身的特点、施工环境的复杂性，公路隧道施工中非常容易出现问题，不但导致大量的安全问题出现，而且不利于高效的经济效益和社会效益的获得。因此，为了突出整个公路隧道工程施工效益的最优化实现，切实在公路隧道工程施工中贯彻"问题意识"，切实对现有公路隧道工程施工建设存在的问题进行分析，对症下药、因地制宜，提出相对应的改进对策，同时为公路隧道工程施工建设单位实现可持续发展发挥有效的促进作用。

一、公路隧道施工特点

在高速公路中，隧道工程是最难以控制的内容。这是因为隧道施工中需要面临十分复杂的施工环境，这种环境直接影响着工程质量。隧道施工需要做好地质情况的调查与了解。其中瓦斯情况、水流状况都是重要参考要素。隧道施工有很大的风险，如果没有做好支护工作，就会出现塌方问题。隧道工程有很多隐蔽项目，且施工环节大多都有一定关联性，即前一个项目的质量会影响到后续工程的走向。因此隧道施工对工作人员有着较高的素质要求，必须做好每一道流程。

二、隧道施工中的质量问题

当前，隧道施工中存在的质量问题，首先，公路隧道相比铁路隧道而言，其施工难度更大、质量建设要求更高，因此隧道施工更加需要全方面掌握。但是，由于隧道管理体系不完善，造成隧道工程施工中地质勘查结果不精确。地层开挖中针对地下暗河、溶洞、断层破碎带等未能有效处理，以此导致突发性的塌陷现象。其次，隧道建设中出现超挖的现象。一旦隧道出现超挖的现象，会造成后期支护无法有效实现，埋下较大的安全隐患。同时，在开挖后，支护不到位。当前，隧道支护效果的呈现基本上都是通过喷射混凝土而实现的，施工单位混凝土喷射厚度不足、支护回填未能充实、钢拱架、钢支撑间距较大再加上锚杆长度不足等导致支护出现质量问题。最后，二次衬砌存在质量问题。二次衬砌也是当前隧道工程施工中主要的存在的承载结构之一，同时发挥有效的抗渗漏效果。但是，当前施工单位在隧道工程施工二次衬砌的过程中，出现衬砌厚度不足、衬砌强度未能符合标准、衬砌钢筋应用缺失以及衬砌同初支间空洞未能密实处理等导致二次衬砌无法发挥有效的承载防护效果，出现严重的开裂和渗漏水现象。

三、隧道施工建设问题改进对策分析

严格加强隧道设计图纸的质量审核。一方面，在高速公路隧道工程施工中，工程设计图纸是施工的第一个环节，也是工程施工工作开展的主要依据，直接影响着整个工程施工的质量。如果工程设计图纸的质量不合格或是达不到相关标准，不仅会导致工程施工无法顺利地开展，更会对隧道工程建设的实际质量产生巨大影响。基于此，在高速公路隧道工程的施工准备期间，相关的工程质量监管或者控制人员必须要先对工程的设计图纸进行全面、细致、严格的审核。另一方面，审核工程设计图纸时，施工单位必须依据隧道的地理位置、施工现场的环境因素及具体的地质条件，复核设计图纸，以便在施工未开始之前及时找出设计图纸存在的问题，并且依据施工现场条件实施综合考量，对图纸进行全面、合理的优化和改进，以确保高速公路隧道施工的顺利开展。

做好隧道施工过程中的技术选择工作。在隧道施工的过程中，我们还需要选择好对应的技术手段，因地制宜，确定最适合的施工技术运用在最适合的施工环节。首先，对于隧道施工的工程负责人员一定要熟悉各个施工技术的特点、使用场景，以及具体的操作及应用方法，还能熟练地运用到相应的施工环节；其次，施工管理人员还需要熟悉隧道的地理环境、地质成分、施工条件等，做好施工场地的勘察与分析整理工作；最后，把施工技术与施工环境有效地结合起来，科学合理地调整施工技术的采用，最大限度地发挥相关施工技术的作用，让施工质量的时效性得到一定的保障。

人员队伍的高水平建设。首先，施工管理人员队伍的高水平建设。施工管理人员管理理念的更新，积极借鉴国外先进的管理经验，强化本土化应用，切实为我国的隧道工程施工管理发挥有效的促进作用。其次，施工技术人员水平的提升。积极学习最新技术，突出新旧技术的融合操作试验，通过自身模拟试验积累经验，提升技术操作责任感和协调配合性，为技术高效应用发挥有效的保障作用。最后，施工监理人员队伍的合理选择。选择经验丰富、声望高、资历高、经验丰富的隧道工程监理人员队伍进入到工程施工建设中，切实发挥科学的监理效果，为公路隧道工程高标准建设进行有效的监督。

做好隧道监控量测工作。隧道监控量测作为新奥法的三大核心之一，对评价隧道施工方法的可行性、设计参数的合理性，了解隧道施工实际围岩级别及其变形特性等能够提供准确、及时的依据，对隧道二次衬砌的施作时间具有决定性意义；因此，它是保障隧道建设成功的重要手段。隧道监控量测的主要任务应做到提高安全性，修正设计、指导施工、积累建设经验。

隧道工程是高速公路至关重要的组成部分，其施工的质量直接关系着整个高速公路质量和水平。高速公路隧道施工企业必须要对隧道工程的施工质量和安全进行严格控制，进一步优化和改进施工技术。

第二节　高速公路隧道施工关键技术

随着时代经济的发展，交通的压力逐渐地增加，因而有效地对高速公路隧道施工可以让道路的施工技术进一步提升和进步。新奥法是在高速公路隧道建设施工比较常用的技术，其中不仅钻爆施工以及防排水施工等等的技术，对施工的质量和技术有着重要的影响。在此基础上，将对高速公路隧道施工关键技术进行有效的研究，推进施工安全性和质量的有效提升。

一、高速公路隧道施工的技术的具体分析

新奥法与钻爆施工技术的分析。新奥法简单来讲就是将围岩作为整体支护的组成部分，通过对围岩和支护等等方面的具体测量，来指导和推进隧道施工的方法和原则，让隧道的建设更加有效。而新奥法在隧道中的应用内容主要施工重点分为以下几点：第一，因为在整体隧道施工的框架结构中，围岩是作为承载结构的一部分，因而将围岩技术自身的承受能力进行有效的运用，从而推进围岩稳定性的提升和进步；第二，在隧道施工进行阶段，应该有效的减少对隧道围岩的阻碍和干扰作用，尽量保持和优化围岩的强度；第三，在一定范围内围岩是可以进行形状变化的，在支护施工的初步阶段应该将软柔性能有效地利用，使得能与围岩有效的连接，充分提升围岩的承载作用；第四，高速隧道的形状设计一定要满足静力学的相关知识点，尽可能地避免集中应力的产生。通过这样的方式来支撑隧道施

工与支护结构的有效运行。新奥法与传统的矿山法相比较，让围岩发挥自身的承载能力和稳定性能，使得在施工后期阶段对围岩支撑防护的要求相对减少，让支护的成本得到有效的节约的同时，又加固隧道的质量。另一方面，在实际的隧道挖掘时，会根据不同的山体岩石类型而选择不同的爆破方式，让爆破的质量和效果更加优质。

锚杆施工与混凝土的施工技术的分析。隧道的支护的关键就是在不改变围岩本质的情况下，充分的利用围岩自身的承载能力，让支护作用发挥到极致，从而推进隧道施工质量的提升和成本的节约控制。而锚杆施工就是有效的利用这样的隧道施工概念。在实际的隧道施工中，利用锚杆技术施工时应该对锚杆的工具进行有效的检查和清理，确保在应用过程中不能因为钻孔的杂物来影响施工质量以及锚杆的抗拔能力，有效的提升围岩的稳定性。并且注浆锚杆的时候应该注重关注注浆的饱和度和质量，将反流式注浆技术应用起来，使得尾端的垫板能够准确坚实的安装。另一方面，隧道的施工重中之重就是隧道的稳定性能，高质量的稳定性才能有效地保障车辆在隧道通行的安全，防止塌方事故的发生。因此，"混凝土的喷射技术"就要做到及时有效，才能对隧道的稳定性进行有效地确保。①在混凝土喷射前应该对施工的器材和材料的质量并且是否满足施工要求，并且应该根据具体的施工环境和隧道的地理因素来选择科学有效的混凝土喷射技术，将施工的湿喷和局部潮喷进行分析选择。②混凝土的喷射技术对于混凝土的强度以及支护的力度有着重要的影响，具体来讲就是湿喷主要适用于需要大量加强防护力度的隧道是施工工程，可以让支护的强度和质量得到进一步提升和完善。而潮喷的施工技术就比较适合应用在混凝土覆盖和黏连面积较大的工程，这样的技术可以有效地促进混凝土的固定的时间的提升，让隧道施工工程更加高效的前进。通过对这样的隧道施工技术的利用，不仅有效的节约施工的成本，还让隧道的强度和抗压能力得到有效的提升和优化，让整个高速公路隧道施工的工程质量得到保障。

对防排水技术和二次衬砌技术的分析。首先是方排水的施工是涉及整个工程，需要将防排，截和堵以及当地的实际情况进行有效的结合分析，有效的推进高质量施工缝隙与变形缝隙之间的衔接防水，要全方位立体化的让各排水的通道进行疏通。在部分有裂缝的隧道区域应该利用注浆的技术，将缝隙和裂口进行有效的缝补和堵截，有效地防止水土的流失。将防水和排水进行有效的结合，当平地水位较高时，能够通过疏通管道进行有效的排放，从而保障隧道的畅通性能。其次，二次衬砌的利用是对变形的围岩进行有效的加固，为整体的隧道施工提供支护的力量，换句话说就是在施工的后期阶段对围岩的稳定性进行完善的措施技术。

二、高速公路隧道施工关键技术应用提升安全性能的措施

规范和优化工程设计图纸，推进施工工艺的完善。高速公路隧道施工的图纸是关系到整个工程的结构以及质量，有效地对图纸进行检查和审核，为后期的施工过程提供正确的

指导。并且设计图纸的设置应该对隧道工程的各部分进行全面的考虑和分析，确保设计的数据的准确性以及设计结构与实际的施工条件的协调性。并且在将施工图纸的理念进行具体的实施时，在发展不符合的地方进行有效的优化，让整个工程更加的合理科学。另一方面，对于隧道施工的工艺质量也应该得到有效的改善和提升，推进隧道施工效率的提升。在具体的高速隧道施工中应该积极引用先进的施工技术，能够更加有效地确保围岩的稳定性，以及混凝土技术对隧道强度的作用等等方面，特别是在隧道的混凝土喷射技术可以利用新型的喷射防水的材料和技术，使得混凝土的覆盖面更加的完美。

规范和控制施工的步距，加强对施工的动态监测。在隧道施工中合理有效的施工步距可以让高速公路的施工更加安全，并且对于围岩的承载力和稳定性以及隧道的安全性有效的保障。并且施工工作人员也应该有效地对自身的施工行为和范围进行规范，保证自身施工的安全性。作为隧道施工的监管部分来讲，也应该对施工步距进行有效的规范和监管，对超出施工距离的工程进行有效地阻止，对于施工的技术和质量也有效的监管。在施工中对新奥法的应用，对隧道施工的检测情况进行有效的监控，对技术系统所记载和反应的数据进行有效的分析和记载，确保隧道施工的准确性和质量。这样的动态检测可以对支护情况以及围岩的情况进行监督，一旦发生不寻常变化检测人员就能及时的发现，从而采取积极的应对措施。

公路交通的建设是社会和经济发展的基础条件，对高速隧道施工技术进行有效的研究，可以推进隧道施工质量和安全性能的提升，并且能够有效地提升施工效率，提高隧道工程的质量。

第三节　高速公路隧道施工技术及控制要点

隧道在高速公路施工体系中是非常关键的一个组成部分。随着我国高速公路的里程逐渐增加，隧道的数量也逐渐增加。在此背景下，为了能够有效确保隧道施工作业的安全性，就需要科学合理地控制隧道工程项目的建设质量。鉴于此，文章就高速公路隧道施工技术及控制要点展开探讨，以期为相关工作起到参考作用。

一、高速公路隧道施工特点

（一）施工环境较差

高速公路隧道工程项目所处的施工环境是由自然情况和实际情况所决定的，一般情况下，施工环境比较恶劣，施工空间也非常狭小。通过对施工属性进行分析可以发现，隧道施工是一种地下工程项目，施工安全和施工质量会受到施工地的水文情况、地质情况、土壤结构以及岩石结构等任何一个因素的影响。此外，和普通的工程项目相比较而言，隧道工程施工包含的施工技术以及施工工序比较多，而且不同的施工工序之间又是紧密联系的。因此，在不同的施工工序之间经常存在同一作业的现象，这样一来就会导致施工工程作业难度以及技术含量的增加。

（二）施工风险较高

作为一项复杂程度比较高的综合性作业工程，高速公路隧道施工由于可见度不高，对施工过程中的变化趋势不能准确、及时地做出判断，因此，在实际落实施工作业的过程中会引发一系列的施工故障，从而导致隧道施工的风险系数升高。

（三）施工影响因素多

和其他的工程项目相比，隧道工程施工工期相对较长，因此，会受到不同的气候、温度以及天气的影响。而且，在开展隧道工程施工作业的过程中，所用的施工材料以及机械工具也比较多，施工材料以及机械工具的质量会在一定程度上影响到工程项目的建设质量。此外，高速公路隧道工程质量还会受到市场机制以及国家政策的影响，在对市场机制以及国家政策不利的前提下，隧道工程项目的建设会受到影响，从而出现停工现象。

（四）施工隐蔽项目多

高速公路隧道工程是一种地下工程，并且施工中的后一道工序是在完成前一道工序的基础上进行的，因此，致使隧道工程施工中的隐蔽项目相对较多，不同工序之间的施工难度也相对较大，即使是施工过程中存在安全隐患以及质量问题，往往也不能被及时发现。但如果这些问题没有得到及时、有效的处理，就很有可能导致在整个隧道施工中出现质量隐患以及安全隐患。

（五）施工时效性长

在进行高速公路隧道工程项目建设工作的过程中，由于受到外力作用的影响，导致隧道的围岩状态随时都有可能发生改变；此外，在隧道施工过程中，地质环境以及水文环境具有一定的复杂性，一旦进行完隧道的开挖工作，就需要及时对开挖作业进行处理，以免处理时间太长对周围的环境产生影响，最终影响施工效果。换言之，高速公路隧道施工具备时效性，因此，对施工技术的要求也相对较高。

二、公路隧道施工技术与要点

（一）锚杆施工

施工作业开始之前，需要对图纸进行详细分析，并且要设计好注浆的配合比，这些要素都需要将施工现场的实际地质情况与图纸要求结合起来。由于施工材料的质量会对施工质量产生影响，所以，还需要做好锚杆材质、类型以及规格的检测以及控制工作。备齐所有的设备，安排好相应的操作人员以及管理工作做好自己的本职工作，同时对人力资源做到优化配置。在隧道施工过程中，注浆、锚杆的安装、清孔以及测量布控是其中比较关键的环节。施工过程中，需要严格按照流程规定，禁止违规行为的出现。钻孔的时候需要用到钻机，孔位的布设需要按照图纸要求，并且让专业人士标出锚杆的实际位置，对孔位的偏差用先短后长的锚杆予以把控。在钻孔的过程中，还需要将人工钻孔和锚杆钻机的方法配合起来，以此来有效把控钻孔质量。岩面应该和孔眼保持垂直状态，控制好钻孔的直径。一般情况下，钻孔直径应该比锚杆大 10mm。在确保各项材料都准备齐全之后，才能够开始锚杆安装工作。施工过程中还应该控制好注浆规格，并且对砂子粒径以及水泥浆度进行合理把控。与此同时，还需要确保孔深的合理性，在此基础之上，及时做好清孔作业，以免杂质对注浆的质量产生影响。在实施注浆作业的过程中，需要将止浆塞打入孔中，使其处于孔中 30cm 位置处，之后让筋骨和注浆管、注浆泵以锚杆相互连接。完成注浆作业之后，需要将锚杆的接头与注浆管拆除。

（二）钻爆施工

手持式风动岩石钻孔机与钻孔架是光面钻爆过程中最为常见的使用工具。在施工过程中，需要合理控制施工工序，从而有效确保钻爆效果。在引爆之后，需要对其状态进行实时观察，根据岩石情况对钻爆方案予以调整，以此来有效确保钻爆效果。钻爆施工对施工作业的专业性提出了一定的要求，需要专业人员负责装药、引爆以及孔道堵塞的控制工作。施工过程中，还应该对每一项数据进行准确核对，对钻爆区域的具体情况实际进行测量，保障线路的合理性。测量过程中一旦发现施工现场存在问题，就需要及时调整施工路线。开眼的时候需要严格按照爆破图纸的内容进行，控制好开眼间距以及开眼位置，不然就会对爆破精准性产生影响。对开眼的位置进行复核过后，需要控制好钻孔，特别是要对钻孔的深度进行合理把控。孔深会对炸药的效果产生直接影响，为了确保效果应该及时对孔道中的杂质进行清理，之后在炮孔中装药。施工过程中，需要选择逐一的装药方法，以此来有效保障装药质量。此外，还需要确保泡泥的干燥性，强化封堵效果。抵抗线和眼间距的设置应该按照岩石的特性进行，特别是在运用光面爆破的时候，需要合理把控抵抗线和眼间距，使二者之间的数据降低。增加眼数量和眼密度能够很好地起到降低周边眼以及抵抗线的目的。

（三）洞口施工和支护技术

在隧道洞口处施工的时候，需要遵循从上至下的原则。在开挖洞口的时候，尽可能避免爆破技术的使用，从而有效保障洞口地层的稳定性。在开展该项工作的过程中，应该先用到挖掘机进行开挖，压实工作需要用到专业的公路装载机以及推土机。如果在开展洞口施工作业的过程中遇到了坚硬的地层以及石头，此时就需要使用钻爆技术，在运用该项技术的过程中，应该禁止使用集中爆破技术，以免干扰到洞口的土层，在完成爆破施工作业之后，需要对表面进行清理，使隧道的光面参数和设计标准要求一致，避免其对洞口以及边坡土质产生影响。钻爆技术的使用，要求施工作业人员先落实钻爆模拟工作，以此来有效确保钻爆工作的安全性。截水沟应该设置在洞口边仰坡外侧的 10cm 处，同时要使用比例为 1 : 3 的水泥砂浆使锚杆与喷射混凝土、钢筋网紧密联合起来，以免边坡在雨水冲刷或者风化侵蚀之后出现塌方现象。在施工过程中，还需要做好隧道中相邻拱、墙的衬砌工作，使其都能够与施工要求一致。洞外的排水系统以及洞口的排水系统应该紧密连接起来，以免地表水冲刷隧道。洞口位置处支护作业的实施，可以有效运用热轧无缝钢管技术，在此过程中还可以通过选择长度以及厚度适宜的钢管完成管端的制作，并且将另一端制成锥头，其余一端则用钢箍进行焊接，确保钢管支护技术的纵向以及横向支护间距与标准要求一致。至于钢管周围的隧道，应该使其沿着钢管管壁四周进行，并且确保两孔之间的间距与标准要求一致，以免后期顺利开展注浆作业，确保洞口的无缝支护。

（四）洞身开挖技术

中岛洞的开挖，应该在洞面施工作业完成之后才能进行，并且要严格遵循设计方案，合理运用开挖循环进尺技术。在此过程中，施工人员还需要合理把控围岩级别和循环进尺技术的贴合度，对于三级围岩，需要控制循环进尺的范围在 3 ~ 4m，如果围岩属于五级围岩，需要控制在 0.5 ~ 1m。完成中导洞的开挖工作之后，需要严密检查工程质量，最后运用混凝土开展浇筑作业，通过将 U 形钢筋插接在拱架的对接处来强化拱架的强度。在开挖左右洞的时候，需要将混凝土从中导洞壁挖出，施工流程是先开展测量工作，之后再在上下台阶处测量放线，台阶钻孔、爆破和初期支护，最后在进行严密监控检测之后，再开展下一步的循环作业。

三、高速公路隧道施工控制要点

科学设计图纸。在实施高速公路隧道施工中，图纸设计质量将直接影响到整个工程的施工成果。这就需要设计人员将施工现场的实际情况充分融入图纸中，从而提高图纸设计的科学性和合理性，作为隧道施工的参考依据，满足施工的具体要求。在隧道施工的准备阶段，相关部门应该组织专业人员对图纸的内容实施严格的审核，使图纸的准确性得到保障。一旦在审核环节发现问题，应该马上上报，并对问题进行及时的修改和优化。

加强施工监管。相关安全部门应该从全面性的角度对隧道施工过程实施监管，从而保证施工的安全性。建设隧道需要用到很多易燃易爆的材料，这就需要相关人员对其进行小心存放，并安排专门的人员进行看管，将安全隐患规避在源头。另外，可以根据实际的施工情况，适当借鉴国外的监管方法，对其进行调整。这样的方式有利于提高施工监管工作的效率，从而提高隧道施工的质量。安全是高速公路隧道施工的重中之重，还应该培养施工人员的安全意识，对其进行安全方面的教育，使其能应对施工中出现的一些安全问题。

优化施工工艺。优化施工工艺，提高技术水平是保证高速公路隧道施工质量的关键点。施工单位应该定期为施工人员开展一些专业技术培训，向其传授一些先进的施工理念以及知识。这样的方式能在很大程度上提高隧道施工的效率。例如，在传统的隧道施工模式下，我国的施工单位会采用先拱后墙的方式，这种工艺的适用区域为断层以及复杂环境。在施工技术逐渐得到优化和革新的过程中，这种方法体现出一定的落后性，需要对其进行改进。可以采用新型的台阶法开展施工建设，不仅能防水，还能提高安全程度。

综上所述，高速公路隧道施工是一个复杂的过程，并且存在较多的安全风险，尤其是在一些较为复杂和恶劣的环境当中，很容易造成安全事故。针对这样的情况，应该在对新型技术进行合理选择和使用的同时，科学设计图纸，加强施工监管，优化施工工艺。通过文章对高速公路隧道施工技术及控制要点展开的一系列探讨，希望能为提高高速公路隧道施工效率和质量提供一些参考。

第四节　高速公路隧道施工技术的优化对策

随着社会经济的迅速发展，我国高速公路项目的建设规模与范围不断扩大，对于山区或者地势复杂的区域，隧道工程成为高速公路必要的组成部分。隧道工程的建设直接关系到高速公路工程的整体质量和各项使用功能的发挥，提升隧道工程的施工质量，是保证高速公路正常运行的先决要素，进而为人们的社会生产生活提供安全且便捷的交通条件。基于此，高速公路隧道施工企业需要对隧道施工技术进行全方位优化，强化施工技术操作的精细化管理，进而为高速公路隧道工程施工质量的全面提升提供基础支撑。

一、高速公路隧道施工的主要特点

作为高速公路建设项目的重要组成部分，隧道工程的质量直接影响到高速公路建设与运营的整体水平。高速公路隧道施工主要包括以下特点：第一，隐蔽工程多。高速公路隧道工程属于地下工程，诸多施工工序的开展与实施需要在地下进行，地下工程的施工环境复杂、施工条件恶劣，增加了高速公路隧道施工的难度；第二，施工环境恶劣。施工人员在隧道施工中需要进行地下交叉作业，由于作业空间狭窄，且支护、开挖、防排水等施工影响到施工人员的生命安全，因而隧道施工中安全事故发生的频率较高；第三，施工风险大。高速公路隧道施工中不乏危险性作业，且隧道施工地段的地势与地质条件较为复杂，如果勘察和预测不当，势必会引发塌方等严重施工事故。

二、高速公路隧道施工技术的优化对策

边仰坡和明洞开挖技术优化对策。在边仰坡和明洞开挖施工之前，需要将测量放线工作落实到位，准确测量明洞阳坡和边坡的顶线，并对放线的精确度进行科学把握，同时在坡顶合理设置截水沟。其次，施工时需要将边仰坡暴露时间缩短，必要时需要增加支护力量，施工中对支护的强化主要针对锚杆之间距离的调整、喷混凝土厚度的增加、和钢筋网的加密。隧道开通中经常用到挖掘机，刷坡施工需要人工配合，辅以风钻打孔，并采用少量炸药实施爆破，与此同时需要选择合理的角度强化位移测定和仰坡沉降量，以提升观测点的稳定性。

钻爆施工技术优化对策。在高速公路隧道实际施工中，钻爆施工需要以合理的爆破设备为基础，并对钻爆施工技术进行严格控制。钻爆施工之前需要对隧道内岩石的性质和结构进行勘察分析，将岩石性质作为钻爆强度的确定依据。在施工中安排专业技术人员负责使用设备的安装，对施工过程进行实时监控，同时做好安全防护措施，避免落实对施工人员造成伤害。

锚杆施工技术优化对策。岩凿机需要在预设点上实施作业，在作业之前做好清扫工作，避免杂物渗入；技术清理锚杆上的污染物，避免因岩石碎屑的污染而影响锚杆的正常工作；做好孔内的清理工作，使其保持清洁与卫生，保证与施工要求和标准相符合；在孔道内放入炸药包时，需要保证炸药包的完整性；在岩石孔道内插入事先准备的杆体，保证钢筋网与杆体焊接成一体。

防排水技术优化对策。在高速公路隧道施工中，防排水施工不仅是保证隧道施工顺利开展和高效进行的必要手段，同时也是保证施工人员生命和人身安全的有效措施。在实际施工中，防排水施工技术主要是借助结构防水得以实现。在结构防水施工设计中，需要以隧道的建造结构及水文地质情况为基准，实施放、排、堵相综合运用的方法，保证施工的顺利进行。其次，在隧道防排水施工中，需要严格控制变形缝和施工缝的施工质量，避免隧道渗漏现象的出现。然后在隧道工程中设置中心深埋水沟，充分利用地温效果排泄地下水，避免水沟中的水被冻结。

混凝土喷射施工技术优化对策。混凝土喷射施工技术在高速公路隧道施工中的运用主要包括两种方式。首先是湿喷，湿喷在高速公路隧道混凝土施工中的运用频率最高，湿喷的回弹力交底，喷射厚度可以达到10cm，并可以促进混凝土平喷射支护能力与黏结性的有效提升，进而将围岩自身的承受能力充分发挥出来，达到强化支护质量与强度的目的。相对于湿喷而言，潮喷施工的应用有利于速凝剂的节省，在混凝土喷射施工中，潮喷技术的实施可以将隧道施工环境大大改善，进而降低施工成本的投入。无论是湿喷还是潮喷，在隧道工程混凝土喷射施工中，必须对混凝土喷射的强度、厚度、平整度、附着度等指标进行科学把握和合理掌控，以此促进混凝土喷射施工质量的全面提升。

三、高速公路隧道施工技术的精细化管理措施

高速公路隧道施工技术的精细化管理是保证施工得以顺利开展和高效进行的必要条件，同时可以为施工技术的科学应用打下坚实的基础。在高速公路隧道施工中，施工技术的精细化管理需要做到以下几点：第一，详细审核设计图纸。在高速公路隧道施工过程中，设计图纸始终是施工技术操作的基准，如果设计图纸出现问题，不仅会造成工期延误、成本增高，严重时还会引发安全事故的发生，因而施工人员需要在施工之前对设计图纸进行审核，并在施工过程中对照施工设计图纸展开施工技术操作与运用，发现问题需要及时修改并上报，保证隧道工程的顺利施工；第二，因地制宜地运用施工技术。使用企业需要强化操作人员的技术培训，使其可以充分掌握隧道施工技术的操作与应用，进而使其可以结合具体的工程项目和实际施工条件，对施工技术进行科学合理的调整和因地制宜地应用，进而提升施工技术的应用质量和运用效率，强化高速公路隧道施工的实效性；第三，统筹资源配置。在高速公路隧道施工中，要想提升施工技术的应用效果，首要任务是实现施工要素配置的最优化，以此为施工技术的高效应用打下坚实的基础。因而在施工材料进场之前，需要对其进行取样检测和全面检查，保证其各项指标与性能符合工程施工要求。对于机械设备的应用需要安排专业人员负责操作，并保证其及时维修和定期保养，避免因管理疏忽而造成机器运转故障的出现。

高速公路隧道施工作为一项综合性与复杂性兼具的系统工程，一直是我国高速公路施工中的重点与难点。在实际施工中，施工企业需要从施工技术应用与控制层面出发，落实切实可行的优化与改善措施，针对开挖施工、钻爆施工、锚杆施工等关键性施工步骤，对其施工技术进行精细化管理，进而提升隧道施工质量与效率，促进我国高速公路建设事业的可持续发展。

第五节　高速公路隧道施工工艺控制

在高速公路隧道施工中，受地质结构、地下水、围岩状况等因素影响，增加了隧道施工的难度和工作量，本节主要结合燕山隧道工程项目的施工技术进行论述，对隧道施工中的爆破技术、开挖施工技术、防排水技术、锚杆支护技术等进行简要的阐述。

一、工程概况

本工程项目为燕山隧道，隧道双洞长度累计 2355m，设计车速 100km/h，隧道为 3 车道，车道宽度为 11.25m，净高为 5m。隧道位于浙东沿海侵蚀剥蚀丘陵区，山体海拔高

程为 30m ～ 140m，隧道轴线通过处最高海拔约 120m，最大相对高差约 90m。该区域地层主要为第四系残坡积含碎石粉质黏土。隧道洞口位于丘陵坡脚，坡面较凌乱，坡度较陡。地下水主要为岩石裂隙水，可沿左侧冲沟排泄地下水。隧道洞身段，顶板最大埋深约 70 ～ 85m。

二、高速公路隧道施工技术

钻爆施工技术。在完成高速工程隧道初期勘察设计以后，需要根据隧道施工现场的具体情况，采用钻爆施工技术开展隧道施工前期工作。在钻爆施工过程中，借助硝铵炸药进行爆破以后，才可以进行开挖施工。在钻爆施工过程中，由于爆破具有一定的安全风险，需要加强钻爆施工现场的安全防护工作，并根据现场的实际情况，编制爆破专项施工方案，并对施工方案进行专家论证，从而确保爆破施工方案的科学性、合理性，避免钻爆施工中碎石砸伤周围人员。

隧道明洞、暗洞施工技术。在高速公路隧道洞口施工中，多采用明洞施工技术，其需要在拱部设置自进式锚杆，从而可以有效地避免开挖施工过程中隧道顶部出现塌落。在明洞施工过程中，多数采用明挖施工的方式完成拱部和墙体施工。在明洞施工完成以后，需要利用钢筋插入洞壁，并进行混凝土浇筑，以增强隧道的稳定性和安全性，确保后续工作的顺利实施。

在暗洞施工区域，对于 V 级围岩暗洞施工，需要先进行超前预支护，再进行开挖施工。对洞口区段采用管棚支护与注浆相互结合的方式。在双侧壁导坑法施工过程中，洞身段需要应用小导管注浆的方式实现对开挖区域的预支护，再采用弱爆坡开挖或人工开挖的方式对核心区域进行施工。Ⅳ 级围岩地段可采用台阶开挖的方法，且每阶台阶的长度可控制在 1.5B。在暗洞和明洞相互连接的区段可采用分部台阶开挖法和正台阶开挖法，同时需要配合应用超前锚杆以提高围岩的稳定性，防止围岩出现坍塌危害。对于 Ⅲ 级围岩需要采用全断面开挖的方式，且在紧急停车带可采用留取核心土分部进行开挖的方式进行施工。

此外，在隧道开挖施工过程中，需要按照设计图纸的尺寸要求进行开挖，严禁对隧道洞体进行超挖，以减少对围岩结构的扰动，降低围岩结构的稳定性。

锚杆施工技术。在隧道施工中，为了确保开挖施工过程中围岩的稳定性，需要借助锚杆施工提高围岩结构的受力稳定性。在锚杆施工时，需要严格按照设计长度、角度进行锚杆施工，对于拱部的锚杆需要利用向上凿岩机成孔，在进行锚杆施工，以确保锚杆插入的深度和角度满足设计要求。对于锚杆与垫板施工时，需要按照设计要求进行。在锚杆施工时，需要对锚杆长度、灌浆饱满度和密实度，以及锚杆的抗拔力进行检测，确保锚杆施工质量，以保障锚杆的锚固效果。

防排水施工技术。在高速公路隧道施工时，洞体开挖施工时常发生塌方事故危害，影响公路隧道施工质量。探究洞体出现塌方的原因，主要是由于隧道处于地质较为烦琐的区段，地质结构受到周边水或者地下水的影响，从而影响隧道周边地质结构的稳定性，在隧道开挖施工中很容易出现山体滑坡、渗透等事故，影响隧道工程开挖施工进度。因此，在隧道开挖施工中，需要加强防排水施工措施，需结合隧道围岩状况及隧道内部的构造等，开展隧道开挖施工的排水，从而提高围岩结构的稳定性，避免出现围岩渗漏引起的塌方事故。

在防水工程中，可以采取以下防水措施：①衬砌柔性防水工程：可以在衬砌结构的背面，采用 EVA 防水板或者条纶长丝土工布进行粘贴，可以作为衬砌背面排水层和缓冲层，从而实现衬砌结构的防水功能；②衬砌漏水防止工程：为了提高衬砌结构背面柔性防水出现漏水现象，对二次衬砌结构采用防水混凝土进行施工，且为了提高施工便捷性，需要在混凝土拌合料中添加泵送剂、减水剂、膨胀剂等外加剂，从而确保防水混凝土施工质量符合设计要求。对于衬砌结构的施工缝可以采用遇水膨胀止水条，对于隧道结构发生变化的沉降缝可以采用中埋式橡胶止水带实现防水功能。

施工中的监测。在隧道洞体开挖施工过程中，为了确保施工的安全性，避免出现人员伤亡，需要对隧道围岩结构进行实时或者定期监测。

目测工程地质与支护状况：在隧道工作面爆破施工以后需要对工作面的地质状况进行及时的观察和状况记录。在初期支护施工完成以后，需要对喷层的凝固状况进行观察和记录，对表面层的裂缝状况进行影像记录。

沉降位移测量：在隧道开挖施工后，需要对围岩和支护结构进行位移沉降的测量，且需要加强对围岩周边的位移测量和拱顶部位的下沉测量。

地表沉降观测：对于隧道洞口的浅埋区段，需要对地表的沉降情况进行观察。对于沉降量较大的地段，需要采取控制措施，将地表沉降控制在合理范围内，从而确保地表的稳定性。

锚杆轴力测量：对于锚杆施工，需要对锚杆长度、角度和注浆握裹力等进行检测，且抽检数量需满足锚杆总数的 1%，且每次对锚杆检测数量不小于 3 根。

三、高速公路隧道施工质量控制措施

提高工程施工人员的施工技能。第一，提高对工程施工人员的责任意识，由于施工人员是确保隧道工程质量的重要因素。为了避免因施工人员操作失误造成工程存在隐患，需要对工程施工人员进行培训，确保施工人员按照施工程序认真、负责的进行施工。

第二，在隧道工程中，主要参与者为工程技术人员，其施工技能、施工熟练度直接影响工程的开展。因此需要对工程人员进行专业技能的培训。随着工程工作难度加大，工程任务的要求逐渐提高，导致施工人员的技术水平无法与工程要求相匹配，需要对工程人员开展技术培训，以提高工程人员的施工技术水平。

选择适宜的工程施工方法。在高速公路隧道工程施工中，需要根据工程地质特点选择合适的隧道洞体开挖施工方法，保障工程施工方法符合实际情况。同时，为了保障工程施工工作的顺利开展，需要根据施工方案和设计图纸中的关键环节和主要内容而制定出有效、精确的施工方案，制定与其适宜的作业流程，保障工程方案的合理性，从而确保工程施工工作快速高效的开展。

综上所述，在高速公路隧道工程施工中，需要克服地质结构、地下水、围岩状况等对隧道工程开挖施工的影响，加强对隧道施工中的爆破技术、开挖施工技术、防排水技术、锚杆支护技术等的研究，并在隧道施工中加强质量控制、工程监测、安全管理等，以确保隧道工程施工的质量、进度、安全。

第六节　高速公路隧道施工危险源辨识与控制

隧道施工具有隐蔽性大、循环性强、作业空间有限、施工环境恶劣、工程风险性大等特点，另外在施工过程中围岩和支护常常出现松动变化，整个施工过程是一个复杂多变的综合性环境，这就决定了高速公路隧道施工危险源点多面广、影响因素复杂，辨识不易的特点。目前，对于主要危险源不是以危险物质为主的高速公路隧道施工，对于危险源辨识不清辨识不明，已经严重影响了高速公路隧道施工的管理工作。

一、高速公路隧道施工管理现状

施工人员安全意识薄弱。我国国土面积辽阔且多山地丘陵，基于这种基本国情决定我国交通事业以公路建设为主，并且由于起步晚，在整体管理中缺乏科学性、规范性；管理者对于安全施工的重视度不足，导致施工人员的安全意识比较薄弱，在实际施工过程中养成了松懈心理，对于潜在的突发状况准备不足，一旦发生事故，会严重影响疏散工作，加剧人员伤亡，造成不可估量的损失。

安全教育方法单一。目前，我国许多道路施工管理团队的安全意识薄弱且安全教育宣传方法单一，也未将既定的教育方法政策落到实处，另外由于高速公路施工工作的特殊性，导致安全教育对象和教育时间安排不够明确，造成安全教育措施无法落到实处，安全教育缺乏针对性和指导性，造成安全教育沦为表面，削弱了施工人员对施工危险的预防和判断能力。

施工过程资源浪费严重。目前，我国高速公路施工体系受多重因素影响，从我国目前的高速公路隧道施工的具体情况来看，在施工人员配置和资源配置方面存在严重的资源浪费状况，有些可以重复利用的资源往往只使用一次，对于施工工具回收不及时，导致工具失落严重。另外施工人员具体负责的内容不同，在具体工作中存在权责划分不清，推卸责任的现象，造成管理水平低下、混乱，进一步影响到安全管理工作的实施。

二、高速公路隧道施工的危险源辨识

危险源分类。危险源是指可能导致人员伤害或疾病、物质财产损失、工作环境破坏等这些情况组合的根源及状态因素。

其中包括有害情况和危险情况，有害情况是指会给人体带来慢性损害的情况，危险情况则是会造成突发性人身伤害和财产损失的情况。危险源分为两类：一般危险源指施工中可能造成轻微人身伤害或轻微财产损失的危险源；重大危险源则是指可能造成重大伤亡或损失的危险源。

由于高速公路隧道施工具体地质条件不同，在具体施工中可能发生多重事故，比如：坍塌事故、物体坠落事故、车辆事故、起重事故、爆炸事故、水电事故、中毒窒息事故等。在施工中对于不同的地质条件选择不同的施工方案，所以没有统一的全面的施工管理方案，并且在施工过程中各种施工设备工具并不固定，会随时交替变化，导致潜在危险源也随之出现，稳定性低。

危险源分析。高速公路隧道施工步骤基本包括：隧道开挖、初期支护、二次支护。其中隧道开挖主要是开挖施工和废渣装运，初期支护主要是钢筋网片制作安装、超前小导管、钢拱架加工安装、锚杆施工、喷射混凝土等工作，二次支护主要是模板安装、防水板制作和铺设、无纺布铺设、模板台车行走和保养、混凝土灌注、混凝土拆模等工作。

目前而言，对于高速公路隧道施工中的危险源辨识主要的方法有：预先危险因素分析、灰色危险因素评价、危险因素分析、概率评估等，对于危险源辨识的内容有：事故发生概率和频率、事故后果，按照不同的概率、频率和后果的严重性来评估危险源等级。

三、高速公路隧道施工的危险源控制

隧道坍塌事故控制。根据高速公路隧道施工实际情况，隧道施工中的频发事故为隧道坍塌，因此对于预防和监控隧道坍塌已经成为安全防范管理的重中之重。对于隧道坍塌事故危险源控制提出以下措施。

加强对不良地段的地质监测。水文地质条件是地质工程设计和施工的主要考虑因素，在施工前必须对相应路段的水文地质条件做出准确分析，明确危险源所在和危险源等级，以便在具体施工过程中绕过存在危险源的路段。

对于地质条件无法查明或地质条件存在变化的路段则需要采取必要的预防措施，并做好发生事故的预案。如果遇到有穿越路段的地下水文，则需要勘测地下水条件，尽量绕过。

加强事故预警。两组患者干预前 ADL、QOL-AD 比较，无显著差异（P>0.05）；两组患者干预 1 年后各评分与干预前比较，均显著提高（P<0.05）；观察组患者干预 1 年后各评分均明显高于对照组（P<0.05）。

加强应急管理措施。对于支护和开挖过程中可能出现的坍塌事故制定详细的应急预案，并对预案进行有组织有纪律的演练，进行救援演练，以确保事故发生后能及时有效地组织救援工作，将事故危害性降到最低程度。

另外，必须有灵活的施工管理方案，对于施工方案进行灵活调整，优化工作方式，灵活安排施工工序、时间。对施工过程实施动态监测，实时监测围岩的发展变形和支护受力情况，准确及时判断围岩的稳定性，及时加强支付设施的稳定性。

对于其他危险源的控制。

加强火工用品的监管。必须严格按照《民用爆炸物品的安全管理条例》以及《爆破安全规程》对爆破物品实施严格管控，建立起出入库检查、登记制度，对于出入库物品必须做到有据可查有据可依。及时回收施工后剩下或者遗留的火工用品，交由专门的火工管理人员管控。

加强瓦斯、一氧化碳、氮氧化物等的监控。使用指标检测仪器定时检测隧道内的有害气体，实施瓦斯分区管理，实时监控瓦斯益出量，必须确保瓦斯浓度低于 5%，车辆尾气和焊接产生的粉尘及有害气体浓度达到国家卫生标准。有害气体的管制方法主要是全封闭预注浆方法，使用防爆型设备，设置水气分离装置。

提高消防用品的配备管理。需要分析地质性质、地下水涌水量、瓦斯含量，严格监测其变化，对可能发生的事故进行评估，建立事故等级，从而对可能发生的事故建立科学的预警法案。

近几年高速公路隧道施工中的事故种类主要有坍塌、爆炸、中毒窒息、冒顶塌方、火灾，而高速公路隧道施工中的危险源主要集中在隧道开挖、防水板制作和铺设等工序中。通过加强对危险源的动态监控，配合针对性的技术措施，并制定合理的危险源管理制度可以达到预防危险源，提高安全管理水平的作用。

第七节　高速公路隧道施工特点及常用施工技术

本节介绍高速公路隧道施工技术的特点，对目前在高速公路隧道施工中比较常用的施工技术进行介绍和对比，并对高速公路隧道施工中的控制要点进行分析，以供参考。

近年来随着我国经济的发展和人们生活水平的提高，人们的出行和货物运输需求不断增多，使得我国高速公路的建设数量和里程不断增加来满足以上需求。而随着我国高速公路建设范围的增加，在山区进行高速公路建设时不可避免需要进行隧道的开挖施工，这也成为高速公路建设的重点和难点之一。但是在高速公路隧道施工中，其施工环境较为复杂和特殊，需要采用相应的隧道施工技术对其中可能出现的问题进行处理，并确保施工质量和安全，还需要对其中的控制要点进行分析和重点控制。

一、高速公路隧道施工特点

高速公路隧道施工主要表现出以下特点：一是具有较为复杂的地质条件。这主要是由于高速公路隧道工程需要进行山体的开挖，所以会遇到多种多样的复杂地质条件，而且其地质条件具有无法预测的特点，特别是存在地下水以及溶洞等问题而影响施工的正常进行；二是具有较多的隐蔽工程。由于隧道施工是属于地下工程的类型，其施工空间狭小且环境较为恶劣，所以无法对施工过程中的所有影响因素进行全面分析，以及对施工中的所有施工信息进行全面掌握，诸多隐蔽工程的存在使得无法对其进行精确管理和控制，成为影响隧道施工质量和安全的重要因素之一；三是具有较为明显的时效性特点。在高速公路隧道施工过程中，正是由于影响施工的因素具有不确定性的特点，所以随着隧道施工的进行，其周围岩石以及所在地区的水文和地质条件等也一直处于不断变化的过程中，所以需要在施工中根据实时情况来进行施工技术和工艺的选择和调整，因此具有明显的时效性的特点；四是具有较为恶劣的施工条件。正是由于高速公路隧道工程通常处于山区中地形和地势较为复杂的地区中，而且隧道施工的工序较为烦琐，并具有较多的交叉作业情况，不仅增加了隧道施工难度，而且增加了施工风险，容易对施工人员的生命健康造成影响。

二、常用隧道施工技术

明洞开通以及边仰坡技术。在采用此技术进行隧道施工的过程中，首先需要进行测量放线等基础性工作，而且在测量放线工作中需要对明洞边坡以及仰坡的坡口线进行准确的测量，并且要便于在坡顶进行截水沟的施作。其次在采用此技术进行施工的过程中，需要对施工人员的施工时间和交接顺序等进行合理控制，以尽量减少施工中边仰坡在阳光下的暴露时间。在利用此技术进行施工的过程中，为了确保施工的顺利进行和施工安全，还需要进行相应的支护操作，通常是采用喷锚支护，通过调整锚杆间距、加密钢筋网、增加混凝土喷射层的厚度来提高支护效果并满足施工要求。最后在应用此技术施工中，通过对所建立观测点的稳定性的监控，需要实时调整施工进度，以期实现边仰坡的沉降变形和整体稳定性控制。

钻爆施工技术。此技术也是在高速公路隧道施工中比较常用的施工技术，而且在爆破作业中通常采用的炸药类型为硝铵炸药，但是炸药的用量需要根据实际情况和具体要求进行确定，而且由于爆破施工具有较高的危险，所以在采用此技术进行施工时应重点加强施工安全措施。而且在此技术的应用过程中对可能出现的以下问题应采取相应的措施。一是在炸药类型和用量的选择和确定时，应根据隧道内的岩石类型进行选择；二是在进行爆破作业应由专业的爆破人员进行操作，且需要由专业技术人员进行现场的技术指导和监督管理，严禁出现盲目使用炸药的现象；三是在爆破作业中应重点加强对施工作业人员的安全防护，对爆破时间进行控制和选择。

锚杆施工技术。此技术在目前的隧道施工中比较常用，但技术含量较高，对施工人员的专业技能水平有着较高的要求，且需要在应用此技术的过程中做好以下几个方面的工作：一是在应用此技术进行施工之前应确定并核对岩凿机的预设点位置；二是在下入锚杆之前应对孔底进行彻底的清理防止杂物对施工技术的应用产生不利影响；三是在下入锚杆之前还应对锚杆上的污染物进行清扫，并避免其被钻孔中的岩屑等污染物污染而无法正常工作。

混凝土喷射施工技术。目前在隧道施工中比较常用的混凝土喷射施工技术主要有潮喷和湿喷两种施工方式，为改善隧道作业环境，提高初支混凝土质量，目前大力推广和使用湿喷技术。喷射混凝土的厚度至少应在 10cm 以上，且需要保证其具有较低的回弹力，这样就可以确保混凝土喷射之后使其黏结性和支护能力大大提升，从而发挥出围岩本身的承载能力，确保施工中的支护强度和质量满足设计和具体施工要求。在进行混凝土喷射施工时，需要重点对施工过程中的密实度、平整度、附着度、厚度以及强度等参数指标进行严格和合理的控制。

防排水技术。此技术贯穿与高速公路隧道施工的整个过程中，且通常需要采用结构防水的方式来满足工程施工对防排水的要求。在进行结构防排水的设计过程中，应根据隧道施工所在区域的水文地质条件以及隧道建造的结构进行综合分析和选择，而且通常采用防排堵三者结合的方式来实现防排水的设计要求。在应用此技术进行施工的过程中，还需要加强对施工材料的质量监督和管理，尤其是施工缝和变形缝所用施工材料的质量，还要根据实际情况来选择采用对地下水进行排泄或者采用地温来防止水沟中的水发生冻结，甚至可以在高速公路隧道工程中进行中心深埋水沟的设置方法，此外，还需要在以上施工过程中加强现场管理和监督。

三、高速公路隧道施工控制要点

为了确保高速公路隧道施工的顺利进行并确保施工质量和安全，需要从以下几个方面进行控制：一是在施工之前做好图纸的审核工作，对图纸中与工程实际不符的部位进行修改；二是在隧道开挖之前进行地质超前预报，通常采用地质雷达的方式并结合实际情况来对围岩的级别进行判定，针对较为软弱的断面研究所需要的支护方式和参数；三是对隧道工程的施工质量进行严格控制，不仅要做好施工过程中的自检工作，并联合监理做好分项工程检查以及抽检工作，邀请第三方检测机构对前期支护质量进行检测，及时修补施工缺陷和不密实的空洞；四是加强隧道施工过程的安全管理，定期对员工进行安全教育和培训，通过安全管理制度的制定和落实，提高员工安全意识；五是加强监控测量工作的组织实施，并注意定期对监控测量仪器进行标定，确保测量的准确性。

在高速公路隧道施工中，其具有地质条件较为复杂、隐蔽工程多、时效性强、施工环境恶劣等特点，所以需要根据工程施工需要和施工企业实际情况进行合理的施工技术的选择，而且在施工中注意对施工质量、安全以及相应检测检查工作等控制要点的重视，严格执行隧道施工技术的相关标准和规范，确保隧道施工的顺利进行。

第三章 高速公路隧道施工安全技术

第一节 高速公路隧道施工爆破技术

随着时代的发展，我国各行各业均呈现出良好的发展趋势，高速公路隧道数量逐渐增多，为建筑企业积累了更多的爆破经验。本节将对高速公路隧道施工爆破技术的实际运用展开分析研究，为我国公路隧道施工提供有效措施。

随着我国经济水平的飞速发展，隧道施工越来越常见，在高速公路隧道施工中爆破技术的应用十分频繁，通常运用到围岩开挖作业中。就目前来看我国隧道施工爆破技术的发展日趋成熟，但在具体实施中还应对相关事项引起重视，确保开挖断面符合设计要求，进一步提高高速公路质量水平。笔者将分别从：高速公路隧道爆破技术研究、爆破技术在高速公路隧道施工中的实际运用，两个方面进行阐述。

一、高速公路隧道爆破技术研究

关于高速公路隧道施工爆破技术可追溯到 17 世纪初，当时的匈牙利人利用黑火药来开展巷道掘进施工，在这个时期爆破技术还不够成熟，在隧道施工中施工人员通常采取手工作业对炮眼进行开凿，这些施工方法不仅影响到施工效率，还阻碍了施工进度，直至18 世纪中期手工开凿才被时代淘汰，风动凿岩机正式走上舞台。

在修建欧洲的仙妮丝铁路时将药卷方式运用其中进行爆破，后来这种技术在修建圣哥达隧道时得到了完善。直到 20 世纪中期光面爆破技术被发明出来，并在公路施工中得以应用，光面爆破技术可对炸药能量合理控制，确保围岩的完整性，使超欠挖量逐渐减少，促进围岩稳定性的提升。随后美国对光面爆破技术进行了改造，从而产生了隧道预裂爆破法、隧道缓冲爆破法等。

我国在 20 世纪 50 年代初期依然在采用人工开眼方法来施工，这种方法的运用会带来巨大的施工隐患，且施工效率难以提高。随着时代的发展我国高速公路隧道施工技术得到进一步发展，倾斜掏槽技术与垂直掏槽技术在道路施工中得到了广泛应用，在这个时期光面爆破技术逐渐被引进。

二、爆破技术在高速公路隧道施工中的实际运用

综上笔者对高速公路隧道爆破技术进行了研究，为确保爆破技术在高速公路隧道施工中得到更好的应用，还应注意相关要点，包括：对炮眼直径合理控制、加强装药结构的堵塞管理、开展起爆工作、对瞎炮进行处理、扩大爆破，笔者将从以下方面展开阐述。

（一）合理控制炮眼直径

在高速公路隧道爆破技术施工应用中，施工人员应对炮眼直径进行控制。如若炮眼直径较大便会对凿岩能力提出更高的要求，在隧道爆破处理中通常会采用硝铵炸药，直径一旦过小便会发生据爆或传爆不良等现象，据此施工人员应对药包直径进行控制，其直径应在40mm左右。随着时代的发展，隧道爆破技术得到了有效创新，出现各种新型炸药以及新型机具，为确保爆破效果的提升，施工人员可通过调节炮眼孔径来实现，增大孔径可使炸药性能得到改善。

总的来说在相同条件下，合理的炮眼可加快工程掘进速度，这也是在高速公路隧道施工中需要考虑的问题。

（二）装药结构的堵塞

与此同时，施工人员还应对起爆药包装药结构的堵塞加强管理，不论是起爆药包或是普通药包都应设置在炮眼上部或下部，如若药包不连续便可利用木棍将药包隔开，这也被称为分散装药结构。值得注意的是药包需要堵塞，据此施工人员在选择堵塞材料时应确保其具备良好的可塑性，利用砂、黏土制成的炮泥来堵塞。通过药包堵塞可避免因高压气而降低的爆破效果，施工人员应对其加以重视。

（三）起爆

在高速公路隧道爆破施工中起爆是一个关键的施工环节，是指将药包按顺序——引爆，起爆顺序直接影响到爆破效果，据此施工人员应对施工顺序引起注意，在道路施工中常用的起爆方法包括：电雷管起爆、非电起爆两种，非电起爆包括非电导爆管起爆法、火雷管起爆、导爆索起爆法等。

在起爆前应组织不相干人员撤离现场，并提前预备充裕的时间为人员退避做好准备，如若施工人员采用电雷管起爆方法则需提前检查电路，以免安全事故的发生。在施工前利用监测技术，多观察隧道地下活动，保障施工人员安全，在最大程度上降低企业经济损失。

（四）瞎炮处理

所谓瞎炮是指因爆破器材质量问题、施工人员操作不当导致药包未发生爆炸，瞎炮对施工人员生命财产安全影响较大。如若在高速公路隧道施工中一旦出现瞎炮，应按科学流

程来进行处理，常见方法如下：

首先应对其进行引爆，在瞎炮 30mm 处钻一平行炮眼，装药进行引爆，如若缺乏条件则可采取裸露药包方式进行处理。另外还可选择用雷管起爆药包，利用竹木器具将原本炮泥掏出，施工企业应对该环节加以重视，为公路的运行奠定基础，为人们的出行带来更大便利。

（五）扩大爆破

施工人员在扩大爆破时应按实际要求来进行，对欠挖、超挖合理控制，如若超挖多便会增大工作量，而欠挖过多则会对结构强度造成影响，据此施工人员应对爆破环节加强管理。在爆破工作中应做好安全管理工作，确保人员撤离后方可进行引爆，如若发现瞎炮应对其进行处理，避免险情的发生。

高素质人才队伍能较好地帮助安全控制体系的建立，在实际施工过程中，可以通过亲身示范、检查纠正等方面，提高施工人员的操作水平，特别是在操作一些现代化施工设备时，应该举办专门的培训讲座，详细讲解操作流程，规范施工人员操作流程。同时，必须明确施工过程的责任制度，将工程施工质量责任安全落实到部门、个人，建立有效的奖惩制度，加强施工队伍管理。据此建筑施工企业应对该环节加以重视，为公路的运行奠定基础，为人们的出行带来更大便利。

与此同时还应提升人员质量安全意识，适当增加巡视，将安全隐患杜绝在源头，在施工现场安装各类显眼安全标志，提醒施工人员穿戴好安全服和安全帽，注意日常施工细节，贯彻"安全、高效"的施工理念。

综上，笔者对高速公路隧道爆破技术展开了研究，目前公路隧道施工爆破技术在工程施工中的应用频率逐渐增加，在具体实施中施工人员应对相关要点引起重视，并做好安全管理工作，以免产生安全风险事件，为我国建筑事业发展奠定重要基础。

第二节　高速公路隧道施工塌方原因及控制

高速公路的运行和发展对我国整体经济有着十分重要的作用，本节主要探究高速公路隧道施工塌方控制的必要性，研究高速公路隧道施工出现塌方的原因及可以控制的因素，对这些内容展开详细的探讨和研究，在此基础上提出强化高速公路隧道施工塌方控制的相关意见和防控措施。

一、高速公路隧道施工塌方控制的必要性

和发达国家相比我们国家的隧道建设工程发展较晚，但随着改革开放进程的推进我国

在这方面的发展是比较快速的，现在我国是世界上隧道工程建设量最多的国家，整个发展速度也站在世界领先的位置。但是因为我们发展比较晚，很多和技术相关的工作和工程设计方面的工作还有一定的不足，包括施工的周期长、资金消耗量大、施工技术比较落后以及施工过程中容易出现的风险的控制性能力较低。特别是在进行挖掘和洞身施工的过程中可能出现的塌方因素，比如溶水等自然因素，都有可能影响的施工安全。没有明确的可控制管理方案，这样隧道塌方在整个高速公路的隧道施工中就比较容易出现。如果发生塌方现象就会造成比较严重的施工影响，所以我们要在问题出现之前进行强有力的预防和控制。

二、高速公路隧道出现塌方的原因

首先是不良地质因素，如果高速公路修在比较薄层板岩体的小曲折错洞区域或者是穿过断层地段的地区，施工后过程中就比较容易出现岩石不稳，内部水释放等状况进一步引起坍塌、掉落的塌方现象；第二就是地形、地貌的影响，高速公路隧道建设会穿越一些包含水源和地表覆盖比较少的地区。很容易出现滑坡及断层的现象引起塌方；第三就是地下水的影响，因为地下水会对施工地面地段造成塌方影响；最后就是其他方面的原因，包括设计方面和工艺技术以及施工方案选择等方面，如果在施工之前没对施工地段的实际情况进行详细的勘察很容易设计出不合适的方案影响到整个工程的施工。

三、高速公路隧道塌方的控制与防治措施

洞口塌方的处理。塌方体比较小的位置可以在清理的时候从上到下进行，根据其坡面的塌方情况看是否需要使用刷坡卸载，另外还要结合喷锚网的情况进行坡体进行加固，对于塌方严重的位置，就要结合特定的形式进行清理，在清理的时候通过挖台阶的形式集中清理塌方体的残渣，然后逐步通过喷锚网的方式进行。

初期处理。一旦发生坍塌就要在第一时间防止塌体蔓延，一定要处理好善后工作。我们要及时将塌方体封闭，在后方对其进行加固，结合普适平衡拱理论在特定的地质环境下开始挖掘。挖掘宽度和塌方的实际高度是相对应的，也就是说如果不再继续挖掘出现的塌体就不会再扩散，可以使用塌体高度计算公式对塌方的高度展开计算，然后根据高速度和理论宽度计算两者的差值分析塌方的稳定性。但如果没严格计算分析，塌方的数据并不是理论中的数字，那么塌方的状况就和计算公式中算出的数据就会存在一定的差距。所以我们要在塌方出现后的第一时间判断其稳定性，哪怕是有可能出现松动的小石块也要被重视起来。避免塌方蔓延到地表。如果塌方一旦延伸到地表就要对出现塌方的位置进行载水处理，防止地表被灌入雨水，要进行遮雨设施的搭建，从根本上避免塌方的蔓延。在处理好动态工作之后，要及时使用土石将塌方位置填实，一定要高出之前的地面高度，这样做除了能够稳定地表以下的塌方，还能够实现初期处理的稳定性。

塌体处理。第一，在工程区域内，如果地质条件不好，土质也比较松散，但是塌方面

积比较小的时候，可以在施工处理的过程中采用小导管注浆法将松散的岩石及塌方体的四周进行注浆，使其更加坚固，然后通过喷喷混凝土和钢拱架完成整体处理。

第二，在隧道塌方出现的第一时间要遵守加强支护短进尺，尽量少爆破及时测量、尽早封闭、严密封闭这几项原则，之后再开展施工，通过三台阶开挖法也就是人工搞、挖掘机和微弱爆破这几种形式联合进行挖掘，同时配合挖掘机装载残渣将其运出塌方位置，这样良性的循环能够保证在维护现有状况的情况下尽早地处理塌方残留。

第三，如果塌方地段位置的塌方地段大，一定要注意强化加固，也就是说通过强化混凝土强度的方式加强衬砌内的钢筋与钢轨，采用塌体稳定加固的方式避免超负荷，避免出现土质松散的现象，使得塌方进一步加重。

四、加强高速公路隧道施工塌方控制的建议和措施

建议：

第一，想要实现对塌方事故的有效管理，最主要的一点就是要做好预防。高速公路隧道施工的所有地下工作人员一定要强化自身的思想认识，要重视地质勘查。在工程开工之前尽量详细准确的分析地质情况，所有人员要养成预防塌方事故的思想保证，在出现问题时及时应变处理。

第二，如果一旦发生坍塌事故工作人员和施工方面负责人要及时分析事故产生的原因，要结合有针对性的方法，做出总结找出事故的起因，联系施工的细节总结出塌方事故的前兆，为日后的工作做出有效参考。

第三，在处理严重塌方事故时，工程管理人员要带领施工人员开展治理地表洞体以及地下水等方面的工作，将这几方面结合起来是实现整个事故治理的重点，一定要确定详细的施工方案，结合工程的实际状况做出最合理的工作安排。

第四，要强化对隧道塌方位置的治理，要在第一时间展开监控和测评强化日常的管理监督，要保证相关人员能够在日后的工作中第一时间发现围岩的异常状况做出迅速的反应。

措施：

第一，工程管理人员要引导施工企业和人员积极面对施工工作，可以结合规范化的管理制度预防塌方再次发生，让相关人员消除疑惑情绪激发工作热情。

第二，要深入研究塌方治理方案结合不同的情况进行分析、总结，邀请专家建立工程数据库积累经验，为日后的施工打下坚实的基础。

第三，强化高速公路隧道塌方的数据模拟研究，确定完善理论支撑保证在日后的隧道塌方治理工作中有更多的可参考空间。

本节通过对高速公路隧道施工塌方控制的必要性展开分析，研究高速公路隧道出现坍方的原因，拓展到高速公路隧道坍塌的方法的控制与整治。进一步研究了出现坍塌后的实际处理方法和具体操作。指出了完善高速公路隧道施工塌方的控制意见和建议的，之后做

出最终总结。全文将重点放在解决工程施工实际操作上，为日后的实际工作提供有效的参考。

第三节　软弱围岩地质山区高速公路隧道施工难点

软弱围岩地质山区地形地质复杂，在这个区域建设高速公路的隧道施工，往往会面临诸多困难，另一方面，施工过程中还会出现多种影响到整体施工质量的不良因素，因此需要进行科学设计和控制。本节重点分析了软弱围岩地质山区高速公路隧道工程施工难点，并结合具体案例提出优化隧道施工工艺的方法和措施。

一、工程概况

本节选取某地一段山区高速公路隧道工程为研究案例，结合案例实际情况分析软弱围岩地质山区高速公路隧道工程的施工难点。本次案例中，隧道工程对应的单洞净宽为15m，为了有效实现对隧道工程的检查和作业，在隧道两侧还建设了对应的专用通道。设计隧道内部轮廓的时候，考虑到隧道净空以及横断面以及通车要求，需要保证隧道高度能够达到对应的行车净空标准；不仅如此，由于隧道内基本上没有光线，还需要在隧道内沿线安装对应的照明装置，同时还需要在隧道内部做好相关的消防设施建设，这也是隧道施工建设过程中必须考虑的问题。本次案例处于软弱围岩地质山区，综合分析高速公路隧道工程的施工环境，发现由于当地特殊的地质构造，也就是软弱围岩地质山区，要求高速公路的隧道工程施工必须达到更高水准和要求，才能有效实现隧道工程的顺利施工，才能保证隧道工程达到相应的施工标准和使用效果。

二、力学参数分析

由于高速公路隧道工程所在地特殊的软弱围岩地质特点，受到软弱围岩自身强度较低的影响，导致隧道在后续使用过程中很容易出现不同程度的变形问题，这种情况下，隧道相关部位的受力值出现显著改变。为了准确检测相关的数值，对工程进行现场考察，在此基础上基于上下台阶法进行计算，结果显示，本次工程中，应力最大值在开挖边界的二衬外侧区域，实际检测结果为37MPa。此外，在实施导洞临时支护的拆除作业过程中，发现隧道工程中，仰拱中部出现较为严重的底鼓现象；实地考察还发现，隧道内部开挖边界的两侧区域和对应的拱脚区域，都存在不同程度的应力集中现象。施工过程中，如果基于单侧壁法进行施工，这种情况下右侧边界区域以及相关的仰拱部分都出现了较为严重的应力集中现象。从整体上进行分析，发现本次隧道工程中二衬受力均在合理范围以内，但是在具体的施工建设过程中，必须结合具体工程以及应力集中情况做好相关区域的支护工作，从而确保工程的顺利实施，达到最佳的施工效果，并促使单侧壁法的施工达到更好的实用性和适应性。

三、数值模拟分析

理论模型概述。基于本次隧道工程的实际情况，尤其是具体的软弱围岩地质条件，综合考虑多方面因素和数据，建立对应的理论模型，为后续施工建设提供参考。具体实践方法如下：

在隧道轴线方向选择长度为 87m 的距离进行研究，基于隧道洞径大小，在对应区域延展一定宽度，将仰拱与模型底部的距离控制在 75m。为了有效提高分析结果的准确性，需要保证理论与模型的状态相同。在具体分析过程中，还需要充分考虑到边界效应的影响，选择对应的断面作为分析面，并将各种方案进行对比实验，最终确定其最优施工方案。

计算模型分析。在具体实践过程中，首先对上台阶部分进行开挖处理，当达到一定深度时，就需要实施锚固和初衬深度的确定，注意确保两者处于相同水平；在此基础上实施后续开挖施工，当深度达到 10m，就需要展开下台阶的挖掘工作，这种情况下，需要保证上下台阶之间的距离达到一定数值，具体为 10m。进行下台阶施工的过程中，当深度达到 1m，需要做好相关的锚固处理和初衬处理；施工过程中，当仰拱达到 20m，有必要进行二衬的施工。

具体实施过程。本次高速公路隧道工程的施工，结合当地实际情况，需要以 V 级围岩段式方法进行施工；施工前，需要在指定位置做好相关的超前支护等准备措施，在此基础上结合双侧壁导坑展开后续施工，针对侧导洞的施工，需要结合具体实际选择对应方法，一般选择正台阶断面法。开挖过程中，需要结合断面预留法进行，一般情况下需要将开挖速度控制在 2 米以内。开挖过程中，需要严格遵守弱爆破、强支护的方式，不仅如此，在施工过程中还需要做好相关数据的监测，并对其进行分析，以此指导后续作业，并帮助施工人员有效掌握隧道工程的施工质量。实施二衬施工的过程中，针对拱部和边墙的施工都需要使用相应的混凝土，具体为防水混凝土；需要注意的是，针对仰拱部分的施工，需要使用普通混凝土，这是需要特别关注的一个细节。整体施工过程中，不同环节使用的材料和施工方法均存在差异，因此，在施工前必须做好相关的准备工作，并注意控制材料的质量；施工过程中需要对相关指标进行监测，以及时掌握隧道施工质量。

土石方开挖技术。针对软弱围岩地质山区高速公路的隧道施工，其中很重要的一个环节就是土石方的开挖，这也是关系到整个工程施工质量的一个关键因素。实施土石方开挖技术的过程中，需要对当地软弱围岩的实际情况进行深入分析，掌握相关的信息和数据，在此基础上结合施工要求和标准对土石方开挖技术进行优化，为实现良好的施工效果打下基础。尤其是有效避免土石方开挖过程中对当地软弱围岩造成干扰，从而有效提高其整体安全性。基于软弱围岩地质山区特殊的地质环境，一般采用多台阶法进行施工。不仅如此，在施工过程中也可以根据需要采用2台阶预留核心土法，而且这种方法的应用范围更广，还可以达到多台阶的施工优势，在施工过程中降低对相关围岩的干扰，避免软弱围岩出现严重变形或者松动，为确保整体施工安全提供支持。需要注意的是，土石方开挖过程中，需要做好软弱围岩的监控，根据围岩实际情况控制开挖速度和力度，尤其是需要控制好开挖距离，促使开挖工作的顺利开展，为实现良好整体施工效果打下基础。

隧道掘进技术。隧道掘进是高速公路隧道工程施工过程中非常关键的一个施工环节，也是确保隧道工程施工质量的关键。在实践施工过程中，要基于软弱围岩地质山区实际情况，综合考虑各种因素，在此基础上得出最佳的隧道掘进施工技术。需要注意的是，针对隧道的掘进施工，需要确保相关的施工安全性，保证掘进施工的整体安全性。具体来讲，可以综合使用爆破开挖和钻眼相结合的方式，达到最佳的隧道掘进效果，并实现对隧道变形的有效控制，确保隧道处于相应标准以内，并有效控制软弱围岩的整体稳定性。

超前支护技术。高速公路隧道工程施工过程中，针对超前管棚和超前小导管进行施工的过程中，需要结合实际应用超前支护技术。超前支护技术能够实现对软弱围岩的加固作用，并有效提高软弱围岩的整体安全性和稳定性，这种情况下，就是在施工条件很复杂的情况下也可以顺利进行施工，并有效提高超前管棚对软弱围岩的适应性。综合参考隧道工程的实际状况，在此基础上确定出合适的管长，从而保障隧道工程的施工质量。

综上所述，文章将软弱围岩地质条件作为基本背景，围绕其高速公路隧道施工展开探讨，总结其中的施工难点，综合考虑工程实际环境等因素，从而提出了数值模型分析法。通过对施工技术方法的探讨，所得的施工方案对于软弱隧道工程而言具有可行性，取得的成果良好。

第四节　高速公路隧道施工测量技术

通过分析高速公路隧道施工测量中存在的问题，从布设隧道控制网、建立隧道测量坐标系统和估算贯通误差等方面，阐述了改进高速公路隧道施工测量技术的有效策略，有利于提高隧道施工测量精度，保证高速公路隧道工程质量。

隧道施工测量是高速公路隧道建设中特别重要的一个环节，测量数值的准确性对隧道施工质量起着决定性的作用，所以，隧道施工单位要高度重视高速公路隧道的测量工作，尤其要关注测量中控制网的布设、坐标系统的建立等一系列问题，切实提高公路隧道的施工质量。

一、布设隧道控制网

布设原则。建立高速公路隧道控制网的流程主要有：一是在制定隧道控制网方案之前，工程人员要先收集施工场地的相关资料，比如施工场地的水文情况、地形地势、隧道建设的竖井、斜井及平行道坑等辅助设施的布置情况等等，为制定控制网方案提供重要的参考依据；二是确定隧道控制网的时候，工程人员应当综合考虑隧道工程测量仪器的性能和种类，充分掌握施工外界因素和交通干扰状况，按照工程质量和施工要求对隧道控制网设计方案进行不断优化，从而提升控制网的精度；三是在隧道测量过程中，要确保每个洞口应当至少有 3 个水准点，将其作为测量的参照物；四是为了保证布设洞口投点方便，隧道施工过程中中线放样测量、联测洞外控制点和向洞内测设导线，在进行洞内传算时，工程人员应当将起算的边长控制在 300 m 以上。同时，为了加强对控制网的检查、定向，施工过程中要保证控制点之间能够通视。

精度要求。建设高速公路隧道控制网的意义在于确保隧道两侧相向挖掘的工作面能顺利贯通，控制网的精确程度关乎隧道贯通的形状、贯通的情况、贯通的长度以及施工的方法等多个方面，所以提高隧道控制网的精度对于保证隧道施工顺利具有非常重要的意义。当前最为常见的控制网形式有三种，即三角网、GPS 网以及导线网，其中 GPS 网的精度较高、限制较少，是目前我国应用最为广泛的一种控制网形式；三角网适用于地形复杂、地势起伏大、通视情况较好的施工地点；导线网适用于地势较为平坦，通视情况较差的施工地点。

GPS 网是目前最常用的一种控制网形式，在控制点之间不必通视即可把隧道的两个洞口投点连接，可以大大减少工程所需要的控制点数量。另外，GPS 网是运用我国 GPS 定位系统来实现精准定位的，尤其是运用大于 1 000 m 长度的测量基线边时，GPS 控制网的精度会更高，可以满足隧道施工的需要。

例如：洞口控制点坐标精度表示为 M0，GPS 网的观测精度为 M1，那么 GPS 网精度公式可表示为。

其中，Q 为 GPS 网图形强度，一般按照 GPS 网的矢量协方差或形状来决定；M1 为地面 GPS 网测量误差的值，一般是由测量设备性能决定的。

为保证 GPS 网的精度符合高速公路隧道控制网的需要，工程测量人员可按照隧道长度、施工地形以及各洞口的位置，运用不同的测量基线边长长度检验 GPS 网的测量方案。例如：使用长度不同的测量基线边时，利用 GPS 网矢量协方差矩阵求 Q 的值和洞口控制点的精度，选择精度 M1 ≤ 20 mm，并且效率高的 GPS 网为最优测量方案。

二、建立隧道测量坐标系统

在高速公路中，对于长度超过 500 m，直线长度超过 1 000 m 的曲线隧道，需要按照横线贯通精度的要求确立独立平面坐标系统。

确立坐标系统时，应当先考虑隧道施工放样方便，同时还要考虑与隧道两端线路的正确衔接问题。可以选择任意经度的中央子午线高斯平面坐标系统或者国家高斯平面坐标系统，但是通常是利用独立坐标系统。为了施工方便，常规的测量网通常是把隧道的主轴线进口到出口方向作为 X 轴的正向，隧道中某一线路中线里程作为 X 坐标系统的起算值，向右旋转 90° 确定为 Y 坐标轴，坐标原点的值可以为零，也可以为正常数。

在实际设计方案中，可以将隧道底部平均高程面作为投影面，把隧道中心线作为中央子午线，根据高斯正形投影计算平面直角坐标系统；也可以把抵偿高程面当作投影面，根据高斯正形投影来计算平面直角坐标；还可以将椭圆面作为投影面不变，选择适当的中央子午线，也就是把长度投影到该投影带所生成的变形，也就等于这一长度投影到椭圆球面而生成的变形。

三、估算贯通误差

高速公路隧道贯通的误差值是指在隧道中相向挖掘的施工中线中，贯通面的中线点不相重合，致使隧道贯通存在精度差。隧道贯通的误差值大多是在隧道贯通以后才能够确定，但根据工作需要，施工人员需要对贯通误差值进行事先估算，用来更好地指导施工工作的开展。根据产生方向不同，误差可以分为纵向误差、横向误差、高程误差和平面贯通误差等几种形式。其中，纵向误差是指与贯通面垂直方向的分量，也叫作纵向贯通误差；横向误差是指与贯通面平行方向的分量，也叫横向贯通误差；高程误差是指在铅锤面上的正射投影，也叫作高程贯通误差；平面贯通误差是指贯通误差在水平面上的正射投影。横向的误差将会对工程线路的方向产生直接的影响，如果误差超过了一定的范围，将会造成隧道几何图形的改变，严重的将会入侵建筑界限，而必须拆除重建，这不但延误工期，而且会给施工单位造成严重的经济损失；纵向的误差一般会影响到隧道中线的长度以及线路的设计坡度；高程误差主要是影响线路的坡度。

高速公路隧道测量的准确程度对隧道施工质量有着决定性影响，是确保隧道顺利贯通的重要依据，所以施工单位必须给予隧道测量工作高度重视，采用精准度较高的 GPS 网来提升隧道工程测量的精准程度，提高对隧道贯通误差值的估算准确度，以提高施工单位对隧道测量的准确性，确保高速公路隧道工程的顺利贯通，保证工程按期、优质、高效地完成。

第五节　复杂地质环境下高速公路隧道施工技术

随着我国"一带一路"战略的实施，使周边国家对基础设施建设的需求越来越大。由中国路桥工程有限公司承建的巴基斯坦 KKH 二期高速公路项目，就是作为"一带一路"的旗舰项目。在巴基斯坦 KKH 二期项目阿伯塔巴德 2# 隧道施工过程中，针对各种复杂地质，我们充分运用国内的施工技术和经验，并在此基础上进行了不断地总结和优化。确保在复杂地质环境下，也可以进行高速公路隧道施工，从而实现我国高速公路工程稳定的可持续性发展。

隧道施工在高速公路的施工过程中不仅属于极其重要的内容，也是高速公路建设中最为基础的部分，通常在对高速公路进行施工时，都会对隧道施工技术进行使用，主要是因为使用隧道施工技术，不仅可以对工期进行缩短，也可以减少施工成本，从而对高速公路施工过程中存在的问题进行解决。同时在建设高速公路的过程中，会涉及多种多样的环境以及具有较强的技术性与专业性，所以在高速公路施工时，在复杂的地质环境下需要积极使用隧道施工技术，才必须严格监管整个施工过程，使高速公路隧道施工技术的质量得到提升，从而大幅提高高速公路的整体质量。

一、常见的复杂地质环境类型

在高速公路施工过程中，主要包括 5 种常见的复杂地质环境类型。不良地质条件。一般情况下不良地质条件包括滑坡、泥石流、煤层瓦斯和湿陷性黄土等，如果在上述地质上开展高速公路隧道施工，极其容易发生下沉、围岩变形、塌方与瓦斯爆炸等事故。岩溶。在我国部分地区岩溶属于比较常见的，岩溶会直接影响高速公路隧道的施工，甚至会发生突水、突泥等情况。大断层带。在对高速公路深隧道进行施工时，会部分存在区域性断层问题，对高速公路隧道的整体施工造成极其严重的影响，一般高速公路隧道工程的规模都较大，而且无法对大断层带的风险进行判断，不仅需要较高的施工成本，也导致作业难度越来越大。膨胀岩。在膨胀岩中一般都含有大量的水分，会使其体积变大，具有较大的内应力。软弱围岩。因为软弱围岩的承载力与黏结力较小，所以遇水就极其容易发生软化，从而导致高速公路隧道工程发生裂缝、塌方与滑坡等问题。

二、复杂地质环境下高速公路隧道施工存在的问题

地质环境过于复杂。随着高速公路发展越来越迅猛，导致高速公路的覆盖范围越来越大，使高速公路开始在山区或者地貌奇特的地区进行修建，因为地质环境与条件的发展，会直接影响高速公路的施工进度，甚至对施工工作人员的人身安全造成极其严重的影响。同时在高速公路隧道的施工过程中，主要是由于施工地区自身地质环境较差，地下岩层的结构不仅十分复杂，坚固性也较低，还位于断层地带等，在上述这些地区对高速公路工程进行施工具有较大的困难，如果岩石的硬度较低，会导致岩石发生变形，从而发生隧道倒塌的情况。并且我国会在有效特殊地段，例如矿洞、黄土地等，对高速公路工程进行开展，所以在对高速公路隧道进行施工时，会接触地下水管道、天然气管道等基础设施，会使地

表结构发生改变,极其容易使地面发生坍塌的情况,从而直接威胁人们的人身安全。

隧道施工技术较低。在高速公路隧道的施工过程中,施工技术极其重要,能够有效保障高速公路隧道施工的整体质量,主要是因为施工技术的实施与高速公路隧道施工质量、施工安全具有紧密的联系。为了确保对高速公路隧道施工过程中存在的问题进行解决,需要对掘进机法、钻爆法进行引进,再与原有的支护技术、通风技术进行结合,但是这些技术由于某些原因无法充分发挥其最大的效用与功能,资金投入的不够充足、施工人员的技术水平较低等,都会导致无法准确地勘测地质环境,从而会增加高速公路隧道工程的施工成本。

三、复杂地质环境下高速公路隧道施工的技术

地质勘测。因为复杂地质的环境会对高速公路隧道的施工质量造成极其严重的影响,所以必须极其重视复杂地质环境的地质勘测工作。一方面,需要结合地貌图对实际的施工地质情况进行科学预测,必须加强分析容易发生的意外事故与地质灾害,首先准备测量仪器,再对相关方案进行编制,最后分析高速公路隧道施工情况实施的可行性。另一方面,根据具体高速公路隧道施工场所的地形地貌,对地质探孔进行布设与打设,确保结合所得芯样,判断隧道线型范围内的地质情况。同时需要通过全方面的分析,确定高速公路隧道施工范围内的岩溶、破碎带与软弱围岩等不良地质范围以及对隧道的涌水量进行明确,从而对高速公路隧道的围岩级别进行综合确定。

断层与破裂带的施工技术要点。高速公路隧道工程如果在断层区域内进行施工,需要运用直径为 42 mm 的超前注浆导管进行隧道支护,而且需要通过施压的方式进行水泥浆体的灌注,确保实现固结松散岩体的作用,不仅可以使围岩强度得到提高,也可以对围岩的变形情况进行改善。因此,需要将花管样式的导管作为注浆的支护导管,一般将导管的长度设置为 4.5 m 以及在对隧道进行开挖时,需要使用光面爆破技术。同时在隧道开挖的过程中,需要根据围岩的情况对相应的钻孔装置进行选择以及对相应的爆破计划进行制定,才能够确保实现预期的开挖效果。因此,在隧道进行爆破时,采取光面爆破技术并不会扰动周边的围岩,更加有利于保持围岩的整体性,不需要进行过多的挖掘,从而使高速公路隧道的整体施工效率与安全得到大幅提高。

隧道变形控制技术。大部分高速公路隧道所处区域都存在炭质泥岩与粉质砂岩,极其容易发生软化的情况,甚至发生塌方的问题。为了使高速公路隧道的承载能力得到提升,必须采取有效的技术,不断提高高速公路隧道的抗塌方与变形能力,而且在高速公路隧道施工过程中,通过前期的监测判断塌方发生概率较大的地段,要求相关作业工作人员进行药卷锚杆支护,再将钢筋网挂上,然后补喷一定数量的混凝土,确保对高速公路隧道变形的情况进行约束,才能够有效阻止塌方与变形等情况,从而使高速公路隧道的施工质量得到大幅提高。同时在高速公路隧道施工过程中,即使没有发生塌方与变形的情况,也需要

通过使用相应的预防措施，对高速公路隧道施工工段进行保护，从而更加利于高速公路隧道工程的施工。

综上所述，在高速公路隧道的施工过程中，经常会遇到十分复杂的地质环境，导致相关工作人员需要对常见的复杂地质环境类型进行了解，确保通过使用有效的施工技术，使高速公路隧道的施工质量得到提高。因此，在高速公路隧道的过程中，必须对施工的地质环境进行分析，确保根据高速公路隧道的施工情况，采用隧道施工技术，才能够对裂缝、塌方与滑坡等问题进行解决，从而使复杂地质环境下高速公路隧道的施工质量与安全得到大幅提高。

第六节　高速公路、隧道施工中灌浆技术

近年来，我国的交通行业有了很大进展，高速公路工程建设越来越多。高速公路是现代交通中的重要组成部分，高速公路的运行通畅是交通便利的基础，由此，对高速公路整体的工程质量把控成为重点。但同时，在高速公路的桥梁与隧道工程的施工过程中，常受到复杂条件的影响，基于此，本节对灌浆技术在高速公路桥梁及隧道施工中的应用展开分析，以期为高速公路质量提供保障。

随着现代社会的不断进步，越来越多的高速公路出现在实际的施工作业中，为了确保桥梁隧道施工作业的质量，防止桥梁隧道中裂痕的出现，导致其扰乱整个桥梁隧道的正常使用，为人们的出行带来不便。在实际的工作中，人们通常利用灌浆技术来保证桥梁隧道施工的安全性和稳定性，而本节也将主要以灌浆技术为主要话题，对桥梁隧道施工中应注意的问题和灌浆技术的具体应用进行论述，为从事该工作的有关人员提供一些参考。

一、灌浆加固法的原理

在进行高速公路工程建设时，往往会遇到一些工程病害，这些病害会影响高速公路隧道的正常通行，所以施工中一般会采用灌浆法对工程项目进行加固，而灌浆法加固技术的原理主要是指，将水泥、砂子、黏土，以及相关的化学溶剂，按照一定的科学比例进行配比，配比后形成水泥砂浆，然后将这些水泥砂浆通过一定的方法和器械灌入到施工工程的地基中去，起到了对地基进行加固的作用，也填补了地基中出现的裂缝，增加了工程的稳定性和安全性，提高了工程的荷载能力。在一般的工程施工中，灌浆法主要有两种，即高压灌浆和低压灌浆，浆液在进入地基后会在地基的裂缝处形成浆柱，这种浆液柱能够快速冷却凝结，填补地基的裂缝，夯实地基，从而解决施工中的病害问题，起到加固工程的作用。

二、高速公路隧道工程中的裂缝问题原因分析

高速公路隧道的施工过程中，裂缝问题比较严重。裂缝问题的原因较为复杂多样，可以统分为自然原因、人为因素以及原材因素。在高速公路的桥梁及隧道施工中，大体积混凝土施工技术应用较为常见，在浇筑完成后的养护工作中，容易受到环境温度的影响。在没有控制措施的情况下，混凝土的水化热反应较为剧烈，由此会使结构出现热胀冷缩现象，容易产生裂缝；人为因素多是施工人员对施工操作不规范，不能合理进行混凝土养护及控制导致。对于混凝土结构的养护，需要对外界施工条件进行勘察，并明确结构内部的水化热反应，从而采取加热或冷却措施进行控制。原材影响也是混凝土成型中的影响条件。不同类型、不同配比的混凝土材料，在固结强度、水化热反应方面也相对不同，混凝土结构较大时，水化热造成的影响相对更为大，由此使混凝土出现裂缝问题。

三、高速公路隧道施工中灌浆法的应用

灌浆施工前的准备工作。在进行灌浆之前，必须做好准备工作。首先，应该先对施工现场做好勘察工作，了解施工现场的实际情况，做好施工设计，选用合适的方法对现场进行施工；其次，要安排好施工队伍，必须使用专业的施工队伍，而且要明确好施工队伍中每个人的分工，确保施工工作能够顺利进行，将责任制落实到每一个人的身上；最后要将灌浆加固技术施工所用的机械设备运送到施工现场中去，而且要确保施工设备都能正常运行，同时所需要的施工材料也要在施工前准备好，确保开工后工程能够顺利进行。

布孔。首先，应确定孔洞的具体位置，施工人员需要根据前期设计方案和现场施工情况设定钻孔位置，并做好放线测量工作，保证钻机的安装方位符合施工需求，从而有效提升工程设备的安装质量。

安装灌浆管道。在做完钻孔工作之后，就要开始安装灌浆管道，灌浆法加固的目的是实现对工程项目的加固，但是因为施工环境和工程使用环境的特殊性，普通灌浆管道在使用的时候往往会出现管道外壁破裂的现象，从而影响整个工程的正常使用，为了避免这种事故的发生，通常在安装灌浆管道时要在灌浆管道外部包裹一层软橡皮胶进行保护。一旦管道破裂，就容易导致浆液流出，这样不仅影响施工工程，而且浪费了施工材料，而在软皮胶的包裹之下，泥砂不容易流入到灌浆管道中去，可以起到双重保护的作用。在铺设好灌浆管道之后，还有一步非常重要的工作就是对管道衔接处的孔隙和钻孔留下的孔隙进行填补，一般选用与管道周围相同的材料对管道进行填补加固。

在隧道项目施工时运用到的灌浆技术分析。隧道项目中也是很容易出现裂纹的现象，在施工过程中，要解决隧道支撑的柱体以及隧道表面出现的砌石的问题，根据隧道项目施工时所出现的问题和现象，对问题及时地解决，选择适合的灌浆材料，选择合适的灌浆的技术和方法，施工人员要注意施工的具体操作流程和施工的时间，同时还要确保施工材料

的配比，对施工的材料和质量进行严格的把关，确保使用高质量的施工材料；在隧道项目运用灌浆技术时，这对施工的时间是有一定要求的，要尽量控制在一定的时间内，要保证灌浆材料和裂纹在一定的时间内可以凝固，防止出现灌浆材料流失的现象。最后的成果验收时，有关审核人员要加大审核的力度，确保审核流程的规范化，还要安排相关人员进行定期的检查，在检查过程中发现问题，要进行及时的改正，并根据问题制定相应的解决方案，确保最终隧道项目灌浆施工时的质量，更好地提高隧道的加固作用，提高人们的出行安全。

堵孔工作。堵孔工作是灌浆加固的最后一步，完成灌浆工作之后，要控制好堵孔的时间，不能太早，也不能太晚，要在浆液冷却之后立即进行封口，在封口完成后的24h之内，施工人员需要及时观察灌浆封口周围的变化，一旦封口处的浆液有下降的情况，要及时开封进行填补，补浆作业可能是一个连续的过程，要一直到封口处完全到顶才能重新停止补浆进行封口。

综上所述，工程施工中的灌浆加固技术，对施工工程有着重要的影响，能够大大地提高工程的稳定性，而且此技术造价相对较低，操作过程相对来说也比较简单，但是此工程施工步骤较多，施工技术人员要做好各项监察工作，不断创新施工方法，促进工程质量的提高，推动我国高速公路隧道工程能够得到更好发展。

第七节　高速公路隧道施工支护技术

结合长邯高速牛王垴隧道工程的水文地质条件，从初期支护、超前支护、洞身二次衬砌三方面，阐述了隧道施工的支护技术，介绍了施工中的操作要点及注意事项，为同类工程的施工积累了经验。

一、工程概况

工程概述。牛王垴隧道全长 1 540 m，含明洞 150 m，采用高速公路技术标准设计，计算行车速度 80 km/h，路基顶宽 16 m，设计车辆荷载为公路—Ⅰ级，主洞建筑限界净宽 14 m，净高 5 m。紧急停车带建筑限界净宽 16.75 m，净高 5 m。

气象水文。项目区属暖温带湿润大陆性气候区，四季分明，冬长夏短，雨热同季。降水量年际变化大，秋季温和凉爽，冬季寒冷雪少。

地形与地质。项目区位于山西省东南部，东连太行山脉，西连黎城、长治盆地。太行山区海拔为 900 m ~ 1 250 m，盆地区海拔为 810 m ~ 1 027 m。线路处于两个低山区、两个盆地区。

二、隧道支护施工技术

初期支护。中空注浆锚杆施工。中空注浆锚杆直径 25，长 3.0 m ~ 4.0 m，一般主要设在拱部范围，采用锚杆钻机钻孔，注浆泵注浆施工。

a. 锚杆位置、锚杆方向。根据锚杆的环向及纵向间距要求定出孔位，并做出标记，采用锚杆钻机钻孔，钻孔要注意方向与围岩壁面以及岩层的主要结构面垂直。

b. 钻孔及安装锚杆。成孔后及时检测孔深是否达到设计要求，孔深允许偏差为 ±50 mm，杆体插入锚杆孔应保持居中位置，锚杆杆体露出岩面的长度应不大于喷层厚度。

c. 水泥净浆液。杆体钢筋保护层厚度不小于 8 mm，注浆材料为水泥净浆液，水泥水灰比 0.5：1 ~ 1：1，水泥为 42.5 普通硅酸盐水泥，注浆压力初压 0.5 MPa ~ 1 MPa，终压 1.0 MPa，注浆顺序自拱两边向拱顶。

φ 22 药卷砂浆锚杆施工。锚杆施工工艺：先钻孔→再清孔，并在孔中填入锚固剂→最后杆体插入。施工时先用凿岩机按照设计要求钻凿孔眼，达到设计的标准后，先清除孔内的碎屑细岩，然后进行锚固，最后进行杆体插入，一定要将锚杆与钢筋网焊接为一个整体。锚杆抗拔试验要待锚固剂终凝后，按规范要求抽样进行。

钢筋网加工与安装。

a. 为了防止钢筋网片锈蚀、污染，应在钢筋堆放现场搭建临时的遮雨棚，在堆放时钢筋下方应垫方木进行防潮。

b. 钢筋网的加工应严格按照设计要求的尺寸，将钢筋焊接成 200 mm × 200 mm 的钢筋网片。网格尺寸应保证在允许误差范围之内。

c. 钢筋网的安装必须在系统锚杆施工质量验收合格后方可进行，安装时钢筋网与被支护岩面的间隙应控制在 2 cm 左右，锚杆与钢筋网采用铁丝绑扎或点焊，以保证钢筋网在喷射混凝土的时候不晃动。

工字钢架施工。先按设计尺寸将工字钢架加工成型备用，初喷混凝土之后将加工好的工字钢架拉入洞内进行安装，安装时钢架与定位的钢筋要焊接牢固。在钢拱架间应设纵向连接筋，钢架间用混凝土填平。

a. 现场加工制作。先在洞外布置结构件加工厂，用 C15 混凝土硬化加工场地，按照设计要求的尺寸先放出大样再将工字钢架加工成型。工字钢冷弯成形要做到尺寸准确，弧形圆滑顺直，放样时应预留焊接收缩余量及加工余量。钢拱架加工好以后应进行试拼，由拱部、边墙及各单元钢构件拼装而成；沿隧道周边轮廓允许误差应控制在 3 cm 以内；各单元间用螺栓连接，栓孔中心间误差应控制在 ±0.5 cm 以内；钢拱架平放时，平面翘曲控制在 ±2 cm 以内。

b. 钢拱架架设要求。钢拱架应放置于稳固的地基上，当地基不达要求时应在钢拱架基脚处设置槽钢以增加基底的承载力。钢拱架架设应垂直于隧道中心线，上下左右偏差应控

制在 ±5 cm 以内，钢拱架的倾斜度应小于 ±2°；回填应在拱脚标高符合要求后方可进行，为确保安全，钢拱架的安设应在开挖后 2 h 内完成。钢架之间用钢筋纵向连接，钢拱架与围岩之间留 2 cm ～ 3 cm 保护层。钢拱架架设处若有锚杆时应尽量利用锚杆定位，没有锚杆时钢拱架架设前需打设定位系筋。系筋的一端与钢拱架焊接，另一端应锚入围岩中用砂浆锚固。钢拱架架立后应立即喷射混凝土，并将钢拱架包裹覆盖，使其共同受力来达到质量要求。钢拱架与锚杆焊接，并且设置纵向连接钢筋以确保其整体稳定性。

喷射混凝土。

a. 喷前应用高压风或高压水清洗岩面，将附着在岩面上的粉尘、硝屑冲洗干净，以保证混凝土与岩面粘结牢固。若用高压水清洗会引起岩面软化时，只能用高压风清扫岩面杂物（视地质情况而定）。

b. 喷锚支护分初喷和复喷两次进行。喷射混凝土需紧跟开挖面的时候，下一次爆破距喷射混凝土作业的完成时间间隔不应小于 4 h。

c. 喷射顺序一般采用先下后上，先墙后拱。先用高压水冲洗再进行，喷射混凝土终凝 2 h 后，喷水养护不少于 7 d。

d. 喷嘴移动轨迹应因地制宜，横条、竖条、圆圈等应交替使用，移动速度要慢，使混凝土"堆"起来，有了一定厚度再移开，然后逐块扩大其喷射范围。

三、2 超前支护

明洞进暗洞部位设套拱，套拱采用 4 榀 Ⅰ 20b 工字钢，纵向间距 50 cm，用 Φ22 钢筋连接。管棚纵向长 2 m 厚 70 cm，采用 C30 混凝土浇筑，预留变形量 10 cm ～ 15 cm，套拱内预埋 φ127×4 导向管，管棚外插角为 1° ～ 3°，管棚末端与超前小导管搭接长度不小于 2 m。

洞身超前支护采用 φ50×4 超前小导管或 φ25 超前砂浆锚杆进行超前支护。a. 钢管前端做成尖锥状，尾部焊上箍筋，以满足小导管插入围岩。严格按照设计尺寸，间距保证在 15 cm，沿着对角线钻 φ8 mm 注浆孔。b. 超前小导管注浆，沿开挖外轮廓线向前以一定角度打入管壁带有小孔的导管，且以一定压力向管内压注起胶结作用的浆液，待其硬化后岩体得到预加固。c. 注浆前应检查机械设备是否能正常运转，管路的连接是否正确，并对注浆机进行水压试验。d. 注浆时的压力应控制在 0.5 MPa ～ 1.0 MPa，在注浆的过程中要随时观察并做好书面记录的项目有：注浆压力、注浆泵排浆量的变化，如有堵管、跑浆、漏浆的现象应及时采取措施。e. 注浆采用一次升压法，从注浆开始要在最短时间内将压力升高至设计规定值，直到注浆结束。

洞身二次衬砌。施工工艺流程。a. 二次衬砌作业前，应检查围岩及初期支护的变形是否稳定，分析监控数据，直到位移率明显减缓、收敛值拱脚附近小于 0.2 mm/d 和拱顶下沉小于 0.1 mm/d，位移值已达到总位移的 80% 时，方可进行二次混凝土衬砌。b. 测量放样要在测量工程师和隧道工程师共同参与下进行。c. 二次衬砌进行前，应先启动衬砌台车液压系统,使钢模准确定位,确保钢模衬砌台车的中线与隧道中心线一致后,方可进行衬砌施工。d.衬砌前应先清理基底杂物、浮碴和积水,按照设计要求安装好橡胶止水带,并对防水系统设置进行自检,合格后方可进行。e.灌注混凝土应在前道工序自检合格,并经监理工程师签字同意后方可进行。f.混凝土二次衬砌在强度达到设计强度的70%时,方可拆模;若二次衬砌处于受力状态,混凝土强度须达到设计强度100%时方可拆模。

二次衬砌。二次衬砌采用自行式、全断面液压钢模衬砌台车进行泵送混凝土灌注,衬砌台车长度约9 m。混凝土衬砌施工时,尽量采用两台输送泵对称灌注,这样既缩短衬砌时间,又能防止钢模台车跑偏。在衬砌混凝土接缝处必须进行凿毛处理。衬砌混凝土应由下至上、先墙后拱对称进行灌注,混凝土的自由倾落高度不超过2.0 m。在混凝土浇筑过程中,技术人员应勤观察模板、支架、钢筋、预埋件和预留孔洞的位移等情况,发现有变形、移位时,应及时采取措施。因故混凝土灌注作业受阻需停工时不得超过2 h,否则要按接缝处理。混凝土衬砌泵送灌注施工中辅以插入式振动棒捣固。挡头模板采用制式钢模,确保施工缝处混凝土质量。二次衬砌混凝土灌注后,混凝土强度达到8 MPa以上时,即可拆模,并进行养护。

混凝土仰拱的施工。为了确保支护结构的稳定性,施工时混凝土仰拱应及时进行施工,并使衬砌尽早闭合,从而达到整体受力。仰拱采用大模板,由中心向两侧对称进行施工。与侧墙连接处要捣固密实。仰拱的一次施工长度应控制在5 m左右,仰拱施工采用过梁形式,以保证掌子面开挖、支护正常进行。

隧道是高速公路施工中重要的组成部分,支护技术在隧道施工中又占有举足轻重的地位,所以在隧道施工中要加强支护或早进行衬砌,洞内支护宜随挖随支护,随着隧道各部分开挖工作的推进,应及时进行衬砌或压浆,以确保隧道衬砌顺利进行。

第八节　不利岩层地质条件下高速公路隧道施工技术

不利岩层地质条件下高速公路隧道施工难度增大、施工人员面临的挑战和困难也在不断增多,对施工技术应用要求也在不断提升。而面对当前部分高速公路隧道施工必须经过不利岩层的现状下,针对现实积极加强这一地质条件下高速公路隧道施工技术应用分析具有非常必要的现实意义。

一、不利岩层地质条件下高速公路隧道施工技术应用要点分析

首先,稳定性。不利岩层地质条件的存在相比一般、常规岩层地质条件而言,其存在的明显问题则是岩层构成比较特殊、岩层结构比较复杂、岩层整体不稳定,在隧道掘进的

过程中容易出现塌陷的不良问题，引起不可预估的损害。面对这一现状，在针对不利岩层地质条件下高速公路隧道施工中，必须首先保证稳定性，在强化前期分析，做好相关支护工作基础上，进行隧道的掘进施工，保证工程施工的安全性。其次，经济性。大量实践证明，不利岩层相比常规岩层而言，其需要投入的精力较大，人力、物力和财力等方面的投入都是较大的，整体造价较高。面对这一现象，在实际不利岩层地质条件下高速公路隧道施工技术应用中，在技术可行性、可操作性分析基础上，对其进行经济分析，严格按照施工图纸和施工规划基础上，优化技术应用组合，控制这一阶段成本投入。最后，安全性。本身隧道工程施工环境特殊性，其存在较大的挑战。再加上不利岩层地质条件带来的挑战，这一阶段隧道工程施工更是难上加难，在技术深入应用中，为了突破技术应用存在的挑战，施工技术人员需要切实深入到施工现场进行细致化的勘察分析，这样可能遇到的潜在的安全风险是较大的，容易出现安全事故。基于这一方面而言，加强不利岩层地质条件下高速公路隧道施工技术安全化管控也是当前管理的重点。管理人员需要在稳定性、经济性、安全性实现基础上，提升隧道掘进的效率，提升不利岩层地质条件下隧道工程施工质量。

二、不利岩层地质条件下隧道施工技术应用分析

地表处理。不利岩层地质条件下隧道施工技术应用首先进行地表处理。地表处理工作的进行需要工作人员先进行测量放样。这一方面，工作人员结合施工设计图纸，对隧道洞口的里程精确测量，并且做好标记标注。其次，不利岩层地质条件下需要在建设临时排水沟。主要体现在隧道洞顶上，这一方面开挖要充分考虑地面，尽量放缓坡度，将截水沟和路基排水沟有效连接在一起。对于坡度较大的截水沟，增加跌水槽，以此有效减缓水流冲击压力。然后，截水沟的构建。截水沟的施工要选择饱满的砂浆进行砌筑，且控制相邻砌筑缝隙，保证整体砌筑的平顺性。最后，不利岩层地质条件下，为了避免隧道施工出现滑坡和塌陷的不良问题，要对边仰坡做好加固处理。边仰坡加固处理要严格按照设计方案进行，做好加固检测工作。

大管棚施工。由于不利岩层地质条件非常容易出现塌陷和崩裂的问题，在隧道施工技术应用中，积极应用大管棚营造稳定的施工环境是非常必要的。这一方面实际施工中，首先，施工人员要针对钢管的第一节进行特别化的加工处理，将其加工成尖锥状。在钢管准备好基础上，使用专门的套环将钢管组合成一个整体。在将管棚定向钢管内部预埋的时候，要保证钢管外侧端部与套供内部保证平整。同时钢管内部埋入土中合理，控制钢管和隧道轴线协调性。然后，工程人员使用钻机对预先标注好的孔洞进行钻进，在钻进完成后按照奇数和偶数的方式进行分类标注。其中，奇数孔使用无缝钢管，偶数孔使用钢花管。整个钻孔顺序严格按照顺序进行，完成后进行浆液的灌注和质量管控。最后，对注浆管进行科学化的安装。这一方面，需要使用钻机对钢管进行推送处理，且对推进的每一届钢管采用专门的厚壁管箍实现固定处理。在钢管接头均匀性保证基础上，进行相应的注浆操作。工

程注意注浆工作进行中，要控制注浆压力，保证注浆的连续性，注浆比例调整到位，加强注浆过程中的监测管控。

洞身开挖施工。首先，上台阶的支护。这就要求工作人员需要针对事先预留的核心土进行开开挖，按照钢架支设要求在隧道开挖两侧拱脚进行设置。而实际工字钢需要进行横向支撑，实际长度需要严格结合现场施工状况确定。将工字钢有效焊接在钢架上，以此发挥有效的支撑作用。在横向支撑完成后，工程人员使用喷射混凝土进行喷射，提升强度，增加受力面积，提升对开外两侧带来的压力抵消能力。而在这一部分支设中，为了避免应力过度集中，科学设置钢架支设数量，控制钢架倾斜读数。在保证尾部和钢架有效焊接基础上，实施相关的注浆加固操作，增加整体的刚度。

然后，进行中台阶的支护。在上台阶支护完成后，进行中台阶的加强支护。这一方面工作进行中，要保证与上台阶支护距离控制在合理范围内，且开挖同样需要预留核心土，在设定好的拱架处进行开挖，在开挖后进行工型钢的支设，同时实施混凝土的喷射。

防水层施工。不利岩层地质条件下，隧道施工技术应用同样需要加强防水层施工。这一部分实际施工中，优先选择使用复合型防水卷材。在防水卷材应用中，首先，需要对支护面进行检查。针对支护面是否存在突出的钢筋头和刚尽管，并且使用混凝土进行防水卷材铺设面的抹平处理。然后，准备好复合型防水板。在复合型防水板施工中，要保证每一个防水板的铺设与预埋件之间牢固绑扎在一起，控制相邻的防水板之间的宽度。而防水板焊接工作的进行，严格控制焊接的缝隙，合理选择焊接方式，保证整个焊接工作连续、均匀化的实现。在对防水卷材施工完成后，强化检查，重点核查焊接质量，提升整体的焊接水平。

施工技术应用监测。由于不利岩层地质条件下隧道工程施工技术应用比较复杂，为了保证技术应用水平强化技术监测工作是非常必要的。针对施工技术监测中，强化动态化监测分析，通过使用无损探测方法的使用对技术操作效果分析，精确问题出现的位置，针对存在问题，及时强化分析，及时处理。施工技术应用监测是技术应用的关键，对于提升技术操作水平具有非常重要的作用。

第九节　铁路隧道下穿既有高速公路隧道施工控制技术

基于施工控制技术，笔者就其在铁路隧道下穿既有高速公路隧道工程施工过程中的具体应用进行了剖析，分析了其施工的诸多长处，并深入地研究了施工控制技术应该使用的措施。而做好施工控制技术，能够及时满足当前铁路隧道下穿既有高速公路隧道工程项目的相关需求。

在现代化交通建设的推进过程中，铁路隧道下穿既有高速公路隧道工程可谓重要的组成力量，尤其是施工质量，更是重中之重。在本节中，针对铁路隧道下穿既有高速公路隧道工程，笔者分析其施工控制技术情况，特别是最近几年较为重视的施工技术措施。但当前在进行施工控制技术的时候，还伴随各类问题，使得施工的效能难以全面发挥。结合多年经验和施工伴随的问题，笔者提出几点借鉴建议，希望能够为同行的相关研究提供参考，也有利于他们更好地认识施工技术措施，从而彻底的管理施工控制技术中伴随的诸多问题，使得施工的水平能够得以提高，进而将为现代化交通建设提供保障。基于铁路隧道下穿既有高速公路隧道工程的行业发展视角分析来讲，充分做好施工控制技术，意义可谓是非凡而巨大的。

一、铁路隧道下穿既有高速公路隧道施工控制技术研究

铁路隧道下穿既有高速公路隧道工程施工中的地质风险技术控制：（1）重视对补勘的不断加强，将地下溶洞探查清楚，并结合相关设计要求和现场的施工实际，对其进行有效的加固处理，从而保证其加固的质量。就连续墙而言，在进行施工时要将各个参数控制好，使得槽壁的稳定度能够得以保证，同时准备好相关抢险措施；（2）将抽水试验做好，将承压水可能带来的影响明确出来并依据图纸进行相关处理，防止开挖时在基地出现水涌和沙涌现象。

铁路隧道下穿既有高速公路隧道工程在溶土洞发育地层的施工技术控制：（1）结合盾构掘进实际，要动态围蔽其位置的前后20m，同时在其机头前方10m，停放地面综合工程处理车，不可忽视对地面的巡视以及值班；（2）动态监测和关注盾构掘进的相关范围，这期间也不可忽视其周边的高速公路动态，确保相关人员能够及时了解隧道周边的实际情况；（3）每环两次，收集一次岩样，统计一次干砂量，并依据相关地质资料诸如盾构出渣等做出综合分析，对设定其参数提供参考；（4）盾构掘进时，要关注管理泥浆性能，尽量控制欠压掘进等情况。在设计泥浆池时，要重视对其容量的加大，避免盾构遭遇溶土洞而流失大量泥浆的现象发生；（5）与政府相关部门合作设置应急联动机制，将相关应急措施准备妥当。

铁路隧道下穿既有高速公路隧道工程在上软下硬地层的施工技术控制：（1）要秉承多多开仓、第一时间开仓进行检查、及时更换损坏刀具的原则；（2）开仓作业时，尽可能将岩块等打捞干净。对大刮刀进行加固处理，预防刀具掉落；（3）控制掘进参数（地层下硬上软）时，要重视刀具的保护，第一时间换刀，开挖直径保证好；重视转速的控制，预防损坏刀具，控制掘进的速度，控制最推理，预防过大的偏心受力，保证泥浆的质量。

铁路隧道下穿既有高速公路隧道工程暗挖法施工技术控制：（1）依据设计需要加固好联络通道，并就加固质量保证好；（2）在进行浅埋暗挖施工过程中，要坚持"管超前、严注浆、短进尺、强支护、早封闭、勤量测"方针，将初衬结构的相关施工尽早地完成。如果在掌子面出现一些异常情况，诸如软弱地层等，要及时应对，可以利用超前小导管注

浆的模式；（3）重视监测和巡视高速公路以及周边的地面；（4）要做好应急储备及相关措施，并与政府合作将应急临迁机制落实好。

铁路隧道下穿既有高速公路隧道工程盾构施工技术控制：（1）端头加固外包素砼连续墙接头和内填充加固体的施工质量，要做好相应控制，将接头管的施工工艺应用于连续墙接头，使得接缝不留死角；（2）就盾构而言，不论是其始发还是到达，都要做洞门镜面试水的探孔工作，同时，在碰壁之前，实施开仓降水的试验；（3）针对盾构始发与到达，还要做好对其掘进施工参数的严格控制；（4）在到达实施之前，要和测量作业做好联系，在到达前100m就将盾构的姿态调整好，在到达前10环，要尽最大可能地实现一环一次人工复测工作；（5）对端头加固外包素砼连续墙、洞门与盾构隧道的接口做好全环补充注浆施工，为保证止水帷幕的质量，可以利用跳孔等模式；（6）重视对吊装的管理，依据相关流程做好操作，针对盾构吊出端的土体承载力，要做好相应的核算，如果不能及时满足施工需求，要做好相应的土体加固措施；（7）重视对施工的监测，并结合监测结果进行施工，如果出现异常情况，及时向上级汇报，并依据设计采取针对性的对症处理。

二、铁路隧道下穿既有高速公路隧道施工控制技术管理措施研究

提升管理水平，完善施工制度。施工单位要进一步关注施工安全相关管理，并在企业范围就安全教育进行相关宣传，使所有员工都意识到施工安全重要性，在工作中形成良好氛围，为做好相关安全防护提供基础。施工企业要不断安全管理机制健全与完善，推行责任制度，将责任落实到每一个人。就各项管理机制进行相应细化，做到有据可依。施工企业要明确安全管理者责任等级，建立合理考核责任体制机制，结合奖惩实际，充分激发施工者工作潜力。

开展安全教育工作，提升人员素质水平。铁路隧道下穿既有高速公路隧道施工安全性与施工者和管理者综合水准息息相关，针对员工，施工企业要进行相关安全教育，定时进行安全活动相关培训，提升企业员工安全水准和素养。在施工组织内部，要建立健全教育培训制度，使安全工作成为正常状态。施工企业要结合丰富措施进行安全教育开展，使施工者安全意识不断提升，重视技能的相关培训，最终实现整体员工素质不断提升。

优化施工设施，提升施工技术安全性。铁路隧道下穿既有高速公路隧道工程施工正常运行和施工技术以及施工设备都有很大联系，企业要做好相关管理措施。建立完善的管理机制，基于相关标准进行操作并结合机制做好相关维修与养护。对易发生事故较为频繁的机械设备，要引起关注并定期做好跟踪和监测，做好相关预防管理工作。具有相对较高技术含量的设备，要进行针对性评判，并做好相应培训，使他们能够在第一时间掌握操作方法。

加强现场协调，做好安全管理工作。在进行铁路隧道下穿既有高速公路隧道工程施工之前，企业要与当地部门进行主动联系，配合好相关工作，避免因为沟通不利伴随安全隐患。施工单位要将现场管理做好，对施工现场做好防护，重视全面排查工作，将施工中的

安全隐患在第一时间找出来。结合施工现场自然氛围，做好相关防护工作，施工中，可能伴随很多复杂问题，需要针对性——解决，才能对施工发生率进行有力控制。

建立健全工程项目施工管理机制。铁路隧道下穿既有高速公路隧道工程项目施工的时候，要全面而仔细的了解自身企业的质量体系，如此，才能更好地提升自身企业的团队水平。就相关责任的分配，一定要合理地进行配置，从而能够将责任在各个技术岗位上得以全面落实，避免责任不明的情况发生，如此，才能有效地激励管理层以及其他员工的工作积极性。

综上所述，最近几年，我国铁路隧道下穿既有高速公路隧道工程建设行业有着突飞猛进的发展，并且在社会发展中扮演的角色不容小觑。尽管在施工技术实际应用的时候还伴随诸多问题，但施工管理工作者还是要做好技术改革的各个环节。在本节中，基于施工控制技术，笔者就其在铁路隧道下穿既有高速公路隧道工程施工过程中的具体应用进行了剖析，分析了其施工的诸多长处，并深入地研究了施工控制技术应该使用的措施。伴随不断加快的现代化交通建设步伐，就社会各界而言，日趋重视项目施工的质量，这也是项目施工的一个重要威胁。而应用施工控制技术，能够及时满足当前城市铁路隧道下穿既有高速公路隧道工程项目的相关需求。希望基于本节的分析，能够为同行提供一定的参考，也有利于他们更好地认识施工技术措施。

第十节　毕威高速公路水塘高瓦斯隧道施工技术

隧道工程施工环境比较复杂，在施工过程中，安全隐患比较多，其中，瓦斯爆炸事故的危害性最强。在高瓦斯隧道工程施工中，必须加强安全管理控制，避免出现爆炸事故。对此，笔者将以参加贵州毕节至威宁高速公路水塘高瓦斯隧道的施工经历，对高瓦斯隧道施工技术要点进行详细探究，以期为类似工程提供借鉴。

高瓦斯隧道工程施工条件比较特殊，围堰结构破碎，并且可能有涌水，施工难度较大，对于施工技术的要求比较高。在实际施工过程中，必须综合考虑隧道工程地质实际情况采用相应的隧道施工技术，加强通风监测管理，这样才能够保证隧道工程施工的顺利进行。

一、隧道工程瓦斯概况

瓦斯其主要的成分为甲烷，比重为 0.554，是常见于隧道中的一种无味、无色的混合型气体，对人体会产生严重的不良影响。瓦斯通常会存在与隧道的顶部位置，在其遇到明火的时候极易产生爆炸事故。瓦斯在人们的日常生活中也属于比较危险的物质。瓦斯这种物质处于不断生成和不断扩散的过程里，在长期的地质时期中，大量瓦斯会直接透过岩石发散到空气中，也会有一部分会存留在岩石里面。瓦斯有着渗透性、水溶性、爆炸性和不稳定性等特点。公路的隧道施工中会预先性的对其地质地形等方面进行勘测，在检测中发现隧道中存有瓦斯，就会把这类的隧道定义为瓦斯隧道。瓦斯的隧道在施工过程中，经常会发生 7 类危害。这 7 类危害有：瓦斯爆炸、巷道坍塌、煤尘爆炸、瓦斯突出、煤突然顺出、瓦斯和岩石的突出、煤突然突出。在发生此类危险事故的时候，需要进行施工的风险性识别，避免对后期建设造成更加严重的损失。根据不同的瓦斯区域配备适宜的施工设备与手段，可以有效地节约和简化施工程序。

二、工程概况

水塘高瓦斯隧道是毕威高速公路的控制性工程，毕威高速公路全长 126km。水塘高瓦斯隧道，是贵州省公路工程集团有限公司第九分公司承建的贵州毕节至威宁高速公路的控制性工程，位于赫章县水塘乡，总投资为 1.8 亿元，隧道为分离式双向四车道隧道，左洞长 1854m，右洞长 1845m。水塘高瓦斯隧道穿越煤系地层，地质情况极为复杂，采空区分布零乱，含涌水、突泥、瓦斯突出等危险地质情况较多，瓦斯防控要求高。

三、毕威高速公路水塘高瓦斯隧道施工技术要点

（一）高瓦斯隧道施工技术

1. 合理划分隧道施工区域

在进行隧道工程施工过程中，首先需要采用先进的技术，科学判断隧道内所含有的瓦斯含量，在含有瓦斯的区域前后 10m 左右阶段中，根据地质条件和瓦斯含量等，将瓦斯的层划分为不同区域，可划分为费瓦斯工区、一般瓦斯工区、严重瓦斯工区、煤与瓦斯突出的危险工区等。在实际施工过程中，对于不同划分区域，需要结合实际情况选择施工方式和设备，这样不仅能够有效保证隧道工程施工的顺利进行，同时还能够在最大限度上降低施工成本。在一般瓦斯工区可加强瓦斯的监测与通风，使用较普通的施工防爆设备与施工电气设备；在严重的瓦斯工序则需要使用防爆设备；在煤与瓦斯突出的危险工区，应该注意不仅需要采用良好的防爆设备，而且还应该针对瓦斯突出事故制定完善的应急方案。根据不同的瓦斯区域配备适宜的施工设备与手段，可以有效地节约和简化施工程序，对控制工程的进度和成本节约有着良好的效果。

2. 隧道工程开挖和支护施工

在进行高瓦斯隧道工程开挖施工过程中，首先需要做好完善的通风准备，避免瓦斯进入，对施工人员生命安全造成不良影响，与此同时，还应该对隧道工程加强观察，严格依据施工规范进行开挖施工。在进行高瓦斯隧道工程开挖施工过程中，应该合理采用正台阶

施工技术，综合考虑隧道工程施工地质实际情况，确定台阶长度，在通常情况下，台阶的长度越长越好。在爆破的施工需要注意使用安全度较高的材质，如果要使用雷管，应当选择那些瞬间爆发式的雷管，爆破延长时间应该控制在130ms以内。瓦斯密度小于空气密度，因此，在隧道工程中，瓦斯一般悬浮在隧道工程的上方位置，因此，在隧道施工过程中，应该尽量保证爆破点周边岩石的平整性，对隧道工程顶部位置加强观察，避免在隧道爆破施工过程中，瓦斯聚集在隧道的死角位置。另外，隧道工程开挖施工完成后，还需要采用相应的支护措施，对周边岩层进行封闭和堵塞处理，避免出现瓦斯泄漏的问题。在进行隧道工程支护施工过程中，应该尽量选择严密性较好的复合型衬砌结构形式，并且衬砌结构厚度应该控制在17cm以上。在进行衬砌浇筑施工过程中，采用气密性比较好的混凝土材料，并加强衬砌结构混凝土浇筑施工质量控制，避免在隧道工程后期施工过程中出现安全隐患问题。

（二）高瓦斯防控施工技术要点

地质超前预报。隧道掌子面逐段进行超前地质钻孔，每个循环各施工3个前探钻孔，每个钻孔孔深40m。第一循环（在目前掌子面开工位置）在掌子面向前移动施工前必须提前施工，掌子面向前施工移动30m暂停施工，保留水平距离10m安全距离施工第二个循环，依次类推，过油井段共需4个循环。

瓦斯监控。整个隧道工程的施工并不都是高瓦斯区域，只有在某一段才能碰到高浓度的瓦斯区域，即便是如此，也要做好瓦斯监测体系，通过自动遥测、人工监测相结合的方式便能够实现对施工的密切监管。在隧道工程瓦斯浓度监测中，主要有两种监测技术：①人工监测。在隧道工程人工监测过程中，常用的监测设备包括便携式智能光干涉甲烷测定器、甲烷检测报警仪等，借助于人工监测仪器，进一步强化对瓦斯进行检测。在实际监测过测绘浓度中，需要委派专职的瓦斯检测员，严格依据相关操作要求进行操作。在监测设备的实际应用中，应在洞外新鲜空气下置零，并相应地调好报警极限。检测工作者应严格依据瓦斯巡回检测制度，在洞中巡回检测瓦斯浓度，相应的做好记录。需要注意的是，在对瓦斯异常涌出点进行监测时，应委派经验丰富的检测员对瓦斯浓度进行检测。高瓦斯隧道应对其危险部位做24h持续性的浓度监测。在开挖面位置，应保证在装药、放炮之前以及放炮之后三个时间段各检测一次瓦斯浓度，如果在装药、放炮之前，检测的瓦斯浓度高，则应停止手头所有工作，做好通风作业后，再次检测瓦斯浓度，保证瓦斯浓度降到了允许施工的安全范围之内，才可小心进行爆破；②自动监测。在高瓦斯隧道工程施工中，无论是在哪一个工区，都相应地安装一套遥控式自动瓦斯监测系统，该系统主要是由自动报警器、风速探头、远程断电仪所组成的，将其安置在洞口监测中心以及洞内控制关键施工点等地。

用电防护。考虑到到瓦斯隧道通风系统的特殊情况，该隧道采用了双电源供电方案，即公用电网和自备发电站双电源，并安装备用电源自动切换装置，洞内供电采用单电源线路。洞内配电设备及照明电器全部采用防爆型，并做到"三专""两闭锁"，即专用防爆变压器、专用开关、专用供电线路和瓦斯浓度超标时与供电的闭锁、局部采用风扇通风与供电的闭锁，以保证瓦斯隧道安全施工。

静电控制。在隧道工程施工中，需要在洞口加强监控值班登记检查，对于进入隧道工程的所有机械设备，都必须实现进行预防静电改装，同时，在经过机料部门签批后方可放行。另外，所有进入隧道的从业人员，都必须按照规定严格检查穿戴物等措施。除此以外，在实际施工过程中，还应该注意全面控制隧道施工及人员活动生产的静电荷。

隧道通风。在进行高瓦斯隧道工程施工中，必须加强隧道内部通风，避免施工人员受到有毒气体的影响，保证施工的顺利进行。现如今，在很多高瓦斯隧道工程施工中，施工难度比较高，因此，只有保障一个良好的通风质量，才能正常的进行施工。为了更好地避免施工的通风风险，采取合理的设备是必不可少的，并严格禁止自然通风，进而达到通风量最大，风速最小。另外，隧道工程工作面和风筒的垂直距离应该控制在 10m 以内，这样能够有效提升隧道工程通风效果，确保隧道内部有毒气体能够顺利排出。除此以外，还需要注意的是，独立的通风系统必须在瓦斯隧道的各个施工区进行安装，可以在紧急情况发生时，通过通风系统来对公路瓦斯隧道进行安全维护。

防爆设备改造。根据高瓦斯隧道施工要求，所有进洞车辆和设备必须为防爆型。项目部通过技术分析和防爆试验，确定对所有进洞设备进行防爆改装。进过对防爆改装过的装载机和自卸汽车进行瓦斯浓度达到 0.5% 条件下的模拟试验，确定改装后的设备能满足施工安全要求。设备在隧道施工中未发生爆炸事件。

综上所述，高瓦斯隧道工程施工的危险性比较高，必须加强施工技术管理和控制，避免瓦斯泄漏对施工人员的生命健康构成严重威胁。具体而言，应该合理划分隧道施工区域，加强隧道开挖支护施工控制，对隧道工程内部进行通风，对瓦斯浓度进行持续监测，同时，在实际施工中，要点遇到异常情况，必须立即做出预警，这样才能够保证施工安全。

第十一节　高速公路隧道防排水施工技术

首先探究了高速公路隧道防排水施工的原则，其次重点阐述了填充防水材料、铺设防水板排水管、围岩堵水和开挖防排水沟渠四种防排水施工技术的应用方案和策略，最后从加强施工过程监管和采用综合防渗漏处理两方面提出了高速公路隧道防排水施工技术应用优化的建议。

一、高速公路隧道防排水施工原则

高速公路隧道防排水施工是整个项目中的关键点，施工技术选用和实施的科学性、有效性将直接关系到高速公路隧道防排水的质量，对后期的运营维护、车辆行驶安全等也将起到至关重要的影响。应本着如下原则进行高速公路隧道防排水施工：综合性原则。应从防排水、堵截水、引流水等多个方面出发制定高速公路隧道防排水施工技术方案，实际施工建设中也应该依据既定方案构建综合立体的防排水体系。完善性原则。地表水和地下水是高速公路隧道中水害的两个主要来源，施工中应针对项目水害的具体来源构建完善的防排水系统。

二、高速公路隧道防排水施工技术应用方案及策略

填充防水材料。填充防水材料是目前高速公路隧道防排水施工中应用最广泛的技术类型，它主要应对公路隧道工程中由于沉降缝和伸缩缝积水产生的水害问题。常规的防水材料以缓膨型的化学材料为主，将其填充到隧道项目的缝隙内通常能够阻断缝隙内的涌水，并可防止缝隙开裂膨胀变形，起到保护缝隙结构的作用。近年来，随着化学材料工艺研发技术的发展，一种新型的多功能高分子合成聚氨酯防水材料被研发出来并逐步应用到高速公路隧道防排水施工中，该种材料填充至隧道缝隙内部后能够迅速与周围环境产生化学反应，形成高分子固化防水膜，具有超强的抗渗性能力，在具体施工时应注意：对施工缝表面进行平整、干燥和清理工作；聚氨酯防水材料极易固化，应确保在 30 min 内用完调配好的涂料。

铺设防水板排水管。铺设防水板排水管也是高速公路隧道防水的主要施工技术，通常应用在隧道二次衬砌时的防水层体系建设中，具体施工时又包含防水板施工和排水管施工两项。首先，防水板施工。施工中应先切除防水板外露的钢筋部分，再应用混凝土封堵防水板，并在其周围铺设无纺布，将防水板固定至铺设点后在其表面喷射一定比例的混凝土固定，此外还要保证防水板铺设位置的绝对平整，并按照防水板顶点距隧道拱部 0.5 cm，距侧墙 1.2 cm 的标准施工。其次，排水管施工。在高速公路隧道排水施工中，可将排水管与盲沟相互连接起来构成侧式排水系统，如此可确保隧道中的积水能够快速排出。

围岩堵水。围岩堵水是用于高速公路隧道富水区防排水施工的重要技术措施，可有效封堵高速公路地层裂缝中的渗水，防止隧道围岩的漏水问题。应用围岩堵水技术进行高速公路隧道防排水施工的流程和注意事项为：选择注浆材料。目前常用的注浆材料有化学浆液、水泥浆液等，根据施工现场的实际情况选择最适宜的浆液顺着打好的钻孔注入。实施注浆作业。浆液浓度、灌注时间和固化速度均会影响隧道防排水的实效，因此在施工中要控制好注浆的时间和压力，以注浆能够有效围堵渗水为作业标准。进行隔水保护。为确保注浆后隧道岩层的结构受力不发生巨大改变，应采用有效的隔水保护措施，可应用摩擦锚杆排水技术实现。

开挖防排水沟渠。开挖防排水沟渠是最为直接便捷的高速公路隧道防排水施工方案，能够有效地应对隧道内的漏水、积水和渗水问题，起到较好的防排水效果。具体施工时应

首先在隧道的地面层开挖沟底，并喷射混凝土层，其次在积水较多的区域选择适宜的位置开挖防排水沟渠，沟渠末端应延伸至隧道外部并与城市排水系统相连，确保隧道内的积水能够顺利排出。此外，可在防排水沟渠周围设计截水沟，通过截水沟的有效引导使隧道内的活水得到合理的引流控制，促进隧道内流动性渗水的有效排出。

三、高速公路隧道防排水施工技术应用优化建议

加强施工过程监管。加强过程监管是确保高速公路隧道防排水施工质量的重要措施，首先，施工单位应从强化技术人员防排水作业意识，针对施工作业人员开展阶段性的防排水操作培训，通过学习和培训提升施工技术人员的防排水操作技能；其次，开展防排水施工过程绩效管理。可引入 BSC、360 等先进的绩效管理模型，构建高速公路隧道防排水施工质量绩效管理体系，围绕工程具体情况设置详尽可量化的防排水施工作业指标，在施工过程中依据指标对操作人员的工艺流程、质量级别进行过程化监管，并将结果纳入作业人员的物质和精神考评中。

采用综合防渗漏处理。采用综合防渗漏处理也是高速公路隧道防排水施工技术应用优化的方向，可应用多种具体的措施，例如：封闭裂缝水、封闭溶腔溶洞、合理利用防排截堵工艺、有效引流等。施工过程中除采用常规的防排水处理工艺外，建议技术人员根据隧道现场环境的实际情况引入上述防渗漏处理工艺，构建一体化综合性的高速防排水系统，以确保高速公路防排水施工的质量。

综上所述，针对高速公路隧道施工的实际情况，选择适宜的施工技术措施构建防排水系统能够有效提升高速公路隧道防排水的效果，对整个项目施工质量的提升产生积极效应。本节仅粗浅论述了填充防水材料、铺设防水板排水管、围岩堵水和开挖防排水沟渠四种较为典型高速公路隧道防排水技术的施工策略，希望能够给予相关施工技术人员以启迪，在今后的工作中不断创新实践，探索出更多更好的防排水技术工艺，以确保高速公路隧道防排水项目的质量。

第四章 高速公路隧道施工安全监测

第一节 高速公路隧道施工监控量测分析

目前监控量测技术已经广泛的应用到高速公路隧道的设计和施工中。监控量测是对现场隧道围岩的动态进行监测，并指导隧道的施工。对隧道进行监控量测可以了解情况，优化设计和指导工作，并确保隧道施工的安全性和合理性。

一、监控量测的目的和项目

监控量测的目的是为了在施工中保障安全，在施工过程中要重视此项工作，将结果做系统处理，及时反馈给工作人员指导工作。在施工中通过监控量测进行信息的预测和反馈指导工作，确保施工中的安全。监控量测技术在高速公路隧道施工中优化了项目的经济和环境效益。

监控量测的项目是围岩内部位移量测和拱顶下沉量测，周边位移及拱顶下沉量测是隧道围岩应力状态变化的直观反映。围岩内部位移的量测是为了了解隧道围岩和位移量的应力分布，能够准确判断围岩的变形发展来提供数据依靠。支护压力衬砌内的情况，是根据围岩压力及层间的支护压力来判断的。根据不同的监测项目了解不同的围岩条件，隧道的围岩条件、支护和施工方法，选择对支护状况的观测，是量测的必测项目。

二、监控量测的流程和方法

监控量测要有一定的流程，首先我们要分析地质勘测资料，然后制定相应的监控量测方案，施工、监控、地表观测、地质预测与开挖验证，围岩支护结构受力变形量测与状态结构观测，根据上面的观测与验证，对隧道的安全性做出判断，在修改支护参数和制定相关应急措施，最后完成隧道施工。

根据量测的结果，绘制位移量测和位移速度的变化。将隧道内的围岩和位移变化，反馈给施工人员。隧道围岩变形的过程，反映了围岩经过应力调整建立新的平衡的过程。一般来说，时间越短，稳定性越好变形值越小，围岩类别就越高。将断面的量测数据相互分

80

析和印证，来确认量测结果的可靠性，位移的物理量随着时间变化的动态曲线进行回归分析的，最终得出位移和变化规律来确定围岩稳定性的特征。公路隧道施工中要量测隧道周边和拱顶下沉的数据，围岩位移现象有没有改变方向，位移速率是逐渐降低还是增高。当到了一定程度时，位移的速率会趋于稳定。监测中我们要注意根据洞内、外观察数据和实际情况来监控量测项目，修改错误信息和完善设计理念，从而获得正确的数据指导隧道施工。下面就具体的拱顶沉降、地表沉降、以及周边位移三个检测流程进行分析。

拱顶沉降监测。拱顶沉降监测，顾名思义，就是对隧道拱顶的下降位移值进行监督量测，因此，在量测之前，必须要先选定一个固定点为参考点，在拱的中心点处钻孔，埋入预埋件，然后悬挂收敛尺，采用高精度水准仪读出参考点及拱顶的标尺数，若有条件，还可同时采用隧道变形监测系统建立能反映隧道净空变形的三维坐标测量系统，两个读数可相互辅佐、校正。监测断面的设置要合理，在距开挖面2m范围内必须设有监测断面，洞口浅埋段每15m间距应面市一个监测断面，洞内深处可按每25m布一监测断面，须保证每次爆破前测读读数。

地表沉降监测。通常情况下，隧道在刚开挖时，进出口的覆盖层较薄，成拱后的稳定性较差，地表易发生沉降现象，为确保浅埋段的施工安全，就必须对地表的沉降量进行监测。在具体监测时，首先也要在施工现场设一固定的参考点，使用高精度全站仪进行观测，在测量的整个过程中，必须要保证监测人员不变，监测位置不变，立尺位置不变的"三不"原则，在布设测点时，同一量测断面取不少于10个测点，测点的间距要不小于3m，地表沉降的量测频应和拱顶沉降测频相同，同时地表下沉量测应在开挖面前适当位置处开始。当衬砌结构封闭时，地表沉降监测工作即可停止。

周边位移监测。周边位移监测就是监测隧道内壁两点的相对位移，察看开挖过程中是否有超挖及欠挖现象的出现。其具体的量测方法为：对一些地质突然改变、水质情况突然改变、浅埋处洞口及其他一些必要监控的关键断面进行监控，每个量测断面设置至少5个锚固点。

三、监控量测的规范化

监控量测工作要紧接开挖、支护作业，按设计要求进行布点和监测，根据现场的情况进行有效的调整。在量测项目和内容上的分析，将结果反馈到隧道施工中去。在施工中要进行洞内、外的观察，开挖工作面和已施工地段进行观察。每次开挖前都要进行工作区域的观察，观察区域出现恶化时，要采取有效的处理措施。将每次观察后的内容绘制成工作区域的地图，纪录工作区域的地质和施工安全程度。对已经施工或完工的地段，要继续观察。主要集中在钢架和锚杆等主要的受力点上。在拱顶下沉和地表下沉量测的基点要在洞内、外建立水准基点联系。测点要便于识别，注意保护防止损坏。必测项目有净空、拱顶下沉和地表下沉等，设置上要在同一个断面，量测断面间距要根据围岩、隧道、开挖等实际情况去进行。

量测的仪器和作业要求，要根据隧道监控量测的项目来选定。在仪器上，洞内、外观察中采用现场观察，使用地质罗盘和数码相机。净空要用隧道净空变化测定仪来进行，全站仪采用的是非接触观测法，进行水平收敛量测。拱顶下沉和地表下沉，用水准测量的方法，水准仪和钢尺、塔尺等进行量测。洞口段与路基过渡段不均匀沉降和沉降缝量测底板不均匀沉降，适合三等水准测量，测量的精度为1mm。在必测项目中，围岩和支护初期要采用压力盒。钢架应力和隧道隆起，要用钢筋计和水准仪、全站仪。

在高速公路施工中，周边位移量测和拱顶下沉量测在隧道施工中有很重要的作用。要及时掌握监控量测的数据，对围岩和位移量测有充分的了解。在施工中能科学合理的应对突发事件，采取相应的措施来保证施工的安全。在隧道施工前要积累经验，收集有关资料和了解隧道施工的注意事项。了解了围岩的变化，能够确保隧道在施工过程中的安全问题。将工程中的信息做出积极的调整，使数据的具有可行性。确保各个隧道在施工过程中能够安全的施工，在监控量测的指导下，及时调整施工方法，使工程投资更加合理性。

第二节　高速公路隧道穿越微瓦斯段落的施工控制

针对青杠坡隧道实际情况，介绍了隧道微瓦斯段地质情况和位置等基本状况，对穿越微瓦斯段施工控制进行深入分析，内容包括瓦斯监测、隧道通风、开挖和支护，提出施工中需要注意的要点、关键点以及合理可行的技术措施，为保证隧道施工的安全提供技术参考。

隧道是高速公路路网重要组成部分，施工难度较大，易遇浅埋、岩溶和瓦斯等特殊段落，尤其是瓦斯段，如果施工控制不力，将发生安全事故。因此应高度重视并做好瓦斯段施工控制，采取合理有效的施工措施。

一、工程概况

青杠坡隧道位于贵州省遵义市新蒲新区永乐镇，（扬子台准地台黔北台隆遵义断拱毕节北东构造变形区和凤岗北北东向构造变形区过渡带），采用分离式隧道形式，其中，左线起讫桩号为 LZK11+475—LZK16+418，总长为4943m；右线起讫桩号为 LK11+490—LK16+485，总长为4995m，是典型的特长隧道。经勘查，隧道的最大埋深为345m，进口洞门采用削竹式，出口洞门采用端墙式，建筑限界 11m×5m。

根据《青杠坡隧道工程地质说明书》与区域地质资料，隧道测区就岩地层岩性以二叠系上统吴家坪组（P2w）泥岩、泥页岩夹炭质页岩、煤层为主。段中含煤地层主要分布在

LZK14+560—LZK14+580 段和 LK14+560—LK14+680 段。钻孔 QGSZK09 揭露炭质页岩，钻孔没有明显瓦斯溢出，初步断定属于微瓦斯隧道。

二、隧道微瓦斯段施工控制

瓦斯检测。瓦斯检测的主要目的在于掌握隧道中每个部位的瓦斯实际浓度，或确定是否有瓦斯存在，用于为施工中确定适宜的方法及机械设备提供正确指导和参考依据。

检测方法。根据《贵州省高速公路瓦斯隧道施工技术指南》具体要求，瓦斯检测主要有以下实施办法：人工检测与自动监测充分结合。值班室应采用监测系统（带自动报警功能），并在隧道中靠近台车的位置和掌子面布置检测装置，由人工联合使用瓦斯仪完成检测任务，实现对整个作业面的全天候监测控制。

（1）自动检测系统，主要由探头和主机两部分构成。其中，主机安装于值班室，探头安装于作业面，共 3 个，1 个安装于拱部，另外 2 个安装于侧拱墙。

（2）系统的主机需要由值班室的专业检测人员负责监控。主机能显示每个探头所在位置的瓦斯实际浓度。如果报警系统探测发现瓦斯，则会发出报警，此时检测人员可以根据系统反馈的数据来做出正确判断。①如果作业面中风流，有超过 1.5% 的瓦斯浓度；回风流中，有超过 1.0% 的瓦斯浓度；整个作业面中，存在体积在 $0.5m^3$ 以上的空间，瓦斯浓度超过 2.0%，则应立即将内部工作人员撤出，将电源切断，以免发生危险；②总回风流中，若瓦斯浓度在 0.4% 以内，则应强化隧道通风；③总回风流中，若瓦斯浓度在 0.4% 以上，则应确定原因，早作处理。

（3）瓦斯检测人员应随身佩戴便携式瓦斯监测仪，对隧道中的瓦斯情况进行经常性的浓度检测。得到检测结果后，还要根据以往工作经验做出正确判断。

监控量测。隧道瓦斯检测主要采用两种方法，即人工检测与安全监测。在进行人工检测的过程中，将报警点确定为 0.4%；在安全监测过程中，同样将报警点确定为 0.4%，而断电点则取 0.8%。

监测系统如果发出报警，要立即通知工作人员加快风机的转速，以增加供风量；与此同时，还要对报警点与周围 20m 范围内的瓦斯进行重点检测，如果瓦斯浓度不断增加，但小于 0.8% 时，通知负责人将隧道中机具设备整理妥当，从洞内有序撤出；如果瓦斯浓度快速上升，同时已经超过 0.8%，则系统将断电，通知工作人员立即从隧道中撤出，待恢复正常后，重新进入进行检测与作业。另外，应注意增加检测频率，随时掌握瓦斯浓度发生的变化。

隧道通风。以隧道工程经验为依据，结合工程具体情况，该隧道施工时主要采用长管路压入式通风。从瓦斯段穿越的过程中，应增强通风，并针对污染源制定有效控制措施，比如使用排气满足环境保护要求的设备，在必要的情况下增设净化装置，在掌子面完成放炮口，设置水幕以降尘，并对隧道中空气环境予以改善。通过对有效通风技术的合理应用，对通风进行有效管理，能保证现场工作人员自身安全与身体健康，进而为加快施工效率奠定良好基础。

为了达到预期的通风效果，促使掌子面上的不良气体以最快的速度排出工作面，工作面和风筒之间的距离应控制在 5m 之内；为防止洞口处风机将污风吸入到隧道中，需将风机设置在洞口 30m，这样能防止形成循环风，保证通风效果。

隧道开挖。开挖施工前，应先在拱部设置超前小导管，以此对拱部实施超前预加固，再进行注浆加固，保护拱圈，最后用湿钻与风镐对拱部实施开挖。岩土段应由人工与设备配合开挖，石质段采用钻爆法进行开挖，在钻爆时，应严格按照一炮三检制与三人连锁放炮制进行。装药和放炮之前与放炮后，现场工作人员必须对工作面周围 20m 瓦斯浓度进行检查，同时认真填写相应记录表。对正洞进行大断面开挖时，由于会受到爆破效果与安全等因素的影响，所以仅可以采用三台阶七步开挖法，在暴露处周围通过混凝土喷射实现封闭，以免瓦斯向外逸出。

隧道支护。对于瓦斯段的开挖施工，主要采用爆破法施工，开挖后，必须加强支护与加固，避免塌方造成瓦斯事故，在开挖的同时还应做好支护，以最快的速度封闭围岩，避免瓦斯大量逸出。做好超挖部分的回填施工，对超挖较为严重的部位，应在初支基础上留设注浆管，将初支封闭之后进行注浆回填。支护中，应对瓦斯的浓度进行经常检测，尤其是超挖处、拱顶与拱脚。

在支护过程中如果要进行电焊作业，应先对瓦斯浓度进行检测，只有在满足要求的情况下才可以进行。

洞口段没有设置衬砌时，应由人工进行瓦斯检测；在隧道围岩支护衬砌施工完毕后，对便携式和固定式两种检测方式进行结合，同时配置报警系统；固定式装置应布置在和洞口相距 30m 处、掌子面周围与容易大量积聚瓦斯的部位。在二衬台车周围因断面反复变化，容易产生积聚，此时应做好监测并采用局扇加强通风。

综上所述，隧道施工中难免会遇到瓦斯段等特殊段落，在瓦斯段进行隧道施工时，首先需要做好瓦斯浓度检测与监测，了解隧道中瓦斯实际情况，然后根据局部瓦斯浓度大小，对通风量予以调整，通过有效的通风降低瓦斯浓度，以免发生意外。在隧道开挖施工中，考虑所有可能发生的隐患，制定合理可行的施工方案并围岩支护，进而从根本上保证隧道施工安全。

第三节　山区高速公路隧道洞口段边坡稳定性监测

高速公路建设中，复杂的地形区、岩土区经常需要修建隧道，保障公路的贯通，隧道洞口段的边坡稳定性，就成了影响高速公路安全的重要因素，所以，必须对边坡的稳定性进行监测，预测和预报可能发生的地质灾害，积极采取措施加强防护，保障施工和高速公路的使用安全。

一、山区高速公路隧道洞口段边坡稳定性监测的必要性

山区高速公路施工过程中，地形地质条件复杂，隧道施工十分常见，尤其是西南山高谷深的地区，隧道、桥梁是高速公路建设中不可避免的工程。隧道洞口段是指隧道洞口暗挖进洞一定长度段，覆盖层厚度小于 2 倍毛洞开挖宽度的洞口地段。洞口地段是隧道的咽喉，隧道洞口段地形地质条件复杂，地层破碎，经常会堆积、坡积大量的严重风化或节理发育的松软岩层，稳定性偏差，当洞主墙和岩层层面开挖到一定坡度的时候，很容易产生的纵向的推滑力，而洞口附近的山体又较薄，如果隧道处于傍山或沟谷的一侧，也容易产生侧向引力，在不良气候或外力作用下，洞口段极易产生滑坡、泥石流、崩塌、落石等地质灾害，威胁隧道洞口段施工质量和施工安全。所以，加强对隧道洞口段的边坡处理，提高洞口段的地质稳定性，保障安全十分重要。但是，实际工程中，边坡自身的稳定性也是经常会发生改变的，边坡受到影响，相应的隧道洞口段和高速公路也会受到一定影响，为了加强边坡管理，采用先进技术对边坡的稳定性进行长期监测，提前做好边坡灾害可能性分析及相应的防控预案非常重要。

二、山区高速公路隧道洞口段边坡常见破坏形式及原因

山区高速公路隧道洞口段边坡破坏形式有很多种，产生的原因也各有不同，加强识别有助于边坡稳定性监测和边坡灾害防控。

崩塌。在重力作用和附加外力作用下，边坡上部的岩体会突然脱落、滚动，造成坍塌。坍塌是在瞬时发生的，可能是小规模的碎石崩落，也可能是大规模的山体崩塌，大多发生于陡坡，破坏力极强，强烈震动、暴雨是诱发坍塌的主要原因。

塌陷。隧道洞口段，塌陷是十分常见需要高度预防的病害。隧道洞口段岩、土风化破碎，洞身的岩土的关键部位一旦被挖边坡应力失衡，上部围岩缺少支撑，会造成洞顶局部塌陷，或发生冒顶。隧道围岩发生塌陷的原因有很多，洞室上方围岩松散粘性差，开挖后支护不及时，衬砌刚度、结构强度不足等，都会造成塌陷。塌陷会严重威胁施工人员的安全，且修补处理措施难度高、工序复杂，会拖慢施工进度。

滑坡。滑坡是在河流冲刷、地震、人为活动的影响下，边坡的部分岩体、土体在重力和附加外力作用下沿一定软弱面、软弱带滑动的现象。山区高速公路隧道洞口段洞身开挖时，会造成边坡内部失去支撑，上层覆盖土沿软弱面整体下滑、前移，发生滑坡。隧道洞口段发生滑坡，可能是堆积层、顺倾、破碎岩石、特殊粘土区等滑坡，一般规模较大、破坏性强，治理十分不易。

倾倒。倾倒常出现在上部硬下部软的边坡上，陡倾反向边坡也容易出现，坡脚开挖、河谷下切造成坡体松弛时，临近坡面的岩块会因重力或受自身自重影响产生倾倒，造成边

坡的弯曲或倒塌。

坍塌。坍塌主要是边坡刷坡后的坡型和坡率比岩土的自稳角度大了，在长期风蚀或雨水冲刷下，或隧道开挖后地下水径流条件改变，受水流影响，坡脚和渗水处岩土稳定性受损，进而造成边坡上部失稳，先出现局部坍塌，后逐渐扩大范围连成整体，最终造成边坡失稳。

根据以上各边坡破坏类型分析，高速公路隧道洞口段发生边坡失稳的原因是多方面的，基本上可归为内部原因和外部原因，内部原因为隧道洞口段的地形地貌、地质构造、岩土特性、地下水等，外部原因主要是洞口位置、开挖、地震等，边坡失稳是以内因为主，外因诱发，内外部因素共同作用的结果。

三、山区高速公路隧道洞口段边坡稳定性监测

山区高速公路隧道洞口段地质条件复杂，容易发生边坡失稳，加强洞口段的边坡稳定性监测，做好边坡地质灾害预测、预警和防控，对保障施工安全、高速公路施工质量十分重要。

人工巡视和裂缝观测。隧道洞口段的边坡稳定性观测，人工巡视是最基本、最常用的方式，能立刻发现一些明显的边坡失稳问题。高速公路施工团队会专门指派人对隧道洞口段进行巡视，如果坡体表面产生裂缝，应及时上报监理工程师，由监理工程师指导安装裂缝测量装置，测量装置反映的裂缝变化范围、过程、规律，可以反映出坡体的变形情况和趋势。人工巡视能比较系统的记录、描述边坡及周边环境的变化，及时发现不利的地质情况，对地质灾害预防具有重要意义，人工巡视时，巡视内容应包含坡顶、坡面、地表、加固系统、排水情况等，应观察有无裂缝、坍塌、裂缝有无扩大、延伸、加深，冲水状态、开挖断面的岩层状态、节理发育部位的地下水出露情况、渗水量、水质变化、地表有无隆起或下陷、加固系统是否完整正常使用、排水沟是否通畅等等。巡查员应定期巡视，详细记录每一次巡查结果，发现异常应及时上报，提醒相应部门及时采取措施，保障隧道洞口段施工安全。

地表变形监测。应加强隧道洞口段的地表变形监测。首先，制定方格形观测网，在边坡体的各级边坡平台上设置观测点，在重点监测部位、可能成为滑动带的地方布点要加深、加密，观测点的间距为 15 ~ 20cm 为宜；当同一个边坡上有深层位移观察点时，深层位移观测点应和坡面上的某一条纵向观测点在同一直线上，以便于观测数据的对比、相互验证。然后，在各级平台上设置变形观测点，用全站仪进行观测，全站仪的精度必须小于 2°，利用直角坐标法进行测量。最后，通过技术时段对观测数据进行处理，分析坡面的几何外观变化情况，绘制坡面各观测点在施工过程中水平位移的情况，并以此了解边坡滑动的基本情况、范围，进而做出相关预警。

地下水位监测。地下水位的变化，一定程度上可以反映出边坡的排水情况，进而推断出边坡的稳定性。在高边坡两侧设置 2 个观察井，在观察井上设置固定的水准点，以此为基点，测量固定水准点和水位面的高差，然后推算出观察井内的水位面的高度，观察一段时间内的水位面高度变化，以此推测边坡的稳定性。

土压力监测。可以利用土压力盒，测量高边坡的静止土压力、主动土压力、被动土压力，分析土压力的理论分析值、沿深分布规律，为高边坡的稳定和安全提供参考依据。具体操作为，在边坡的两侧、顶部各设置一个压力监测点，使用土压力盒对边坡的土压力进行监测与计算。

锚杆应力监测。边坡稳定性监测中，锚杆应力监测也较为常见。主要是利用锚杆的拉选力，判定边坡的可锚性，对锚杆、围岩锚固系统、树脂的性能、锚固力等进行评价。不同的台阶和间距，应该布置 6 个锚杆应力计测点，对锚索的张拉过程应力、张拉完成后应力的变化给予长期监测，以此来评价锚固效果和应力稳定变化。

近年来，我国加大了基层基础设施建设，高速公路建设的项目不断增多，为促进新农村建设发挥着重要作用。基层的高速公路建设，尤其是西部偏远地区的高速公路建设，面临着复杂地质地理条件，施工较为困难，在高速公路建设过程中，采用隧道进行贯通较为普遍。但是，隧道贯通施工中，洞口段的地质条件和外力诱因十分复杂，很容易造成边坡失稳，引发崩塌、塌陷、滑坡、倾倒、坍塌等地质灾害，所以，应积极采用人工巡查和裂缝观测、地表变形监测、地下水位监测、土压力监测、锚杆应力监测等监测方法，加强隧道洞口段的边坡稳定性监测，为隧道的顺利、安全施工提供保障。

第四节　在线监测系统在隧道及深基坑施工安全的应用

高速公路、城市轨道交通的建设受到了越来越多的重视，高速公路、城市轨道交通给人们带来的便利毋庸置疑，然而，建设期安全监控管理失效所造成的事故也非常严重。隧道、基坑工程事故大多与监测相关联，或是监测不力不能及时预报险情，或是管理者不重视险情的预报，没有进行及时、针对性地处理，致使贻误抢险时机。事故的惨痛代价，使人们不得不对高速公路隧道、地铁基坑建设的安全监控越加重视。所以，建立一套涵盖建设期的动态无线自动化位移及应力监测系统，可以有效提高隧道及深基坑施工结构安全。

一、在线监测系统的技术要点

本系统利用布置在现场的全站仪、轴力计、钢筋计、渗压计等自动化监测设备实时采集现场数据，实现对隧道、深基坑施工过程中支撑内力、围护结构内力、围护结构侧斜、顶端位移、坑底沉降、基坑内外水位等参数的自动监测。

确保监测点类型及位置。针对隧道、基坑建设中车站基坑施工实际情况进行现场勘测，编制监测方案，确定施工现场围护结构、周围房屋及构筑物、既有管线等重点部位的监测点类型及位置。

确保数据信息的真实性、可靠性。针对隧道与深基坑施工现场的实施监测，具有测量范围大，距离远，测点众多等特点，对外场设备供电、监测信息传输等方面提出了更高的要求。系统应用传感器感知技术、无线网络传输技术、通过应用平台智能处理确保数据信息的真实性、可靠性。

安全风险自动化预警。由于涉及变形类、应变类、应力类等多种传感器，利用多源信息融合技术对数据进行有效处理，动态判断工程风险状态等级，实现安全风险自动化预警。

二、在线监测系统的先进性和可行性分析

国内外现状及趋势分析。隧道及深基坑施工结构安全在线监测预警系统经过多年发展，监测技术、预警技术等方面发展日趋完善，系统可以采用 DCI 架构开发，以 HTML5 和 ReactNative 构建 GUI，使用 WEBSERVICES 作为功能接口，利用 ORM 进行数据库交互，另外还可融入大数据分析技术进行海量监测数据处理。将传感器敏感元件、微纳器件和智能系统集成等关键技术进行联合研发，能够实现传感器的高性能、小型化和智能化，可以有效解决土体的一些位移、裂缝等变形且不易被肉眼察觉等问题。在施工阶段，在位移或裂缝发生的初期进行实时感知，能够更早地对变形采取应对措施，防止变形的进一步发展而导致塌方等事故的发生。通过更换不同类型的传感器，可实现全过程、全方位、自动化、实时感知。将接收到的物理量或者化学量转换为适合网络传输的电信号，为信息传输做准备。

在多传感信息融合方面，国内外对此领域的研究也发展迅猛。信息融合（information fusion）起初被称为数据融合（data fusion，起源于 1973 年美国国防部资助研发的声纳信号处理系统。20 世纪 90 年代，随着信息技术的快速发展，更加广义概念的"信息融合"被提出。1988 年，美国将 C3I 系统中的数据融合技术列为国防部重点开发的二十项关键技术之一。在英国，陆军开发了炮兵智能信息融合系统（AIDD）和机动与控制系统（WAVELL）。欧洲五国还制定了联合开展多传感器信号与知识综合系统（SKIDS）的研究计划。军事领域是信息融合的诞生地，也是信息融合技术应用最为成功的地方。

三、技术应用及指标

无线自动化在线监控测量技术可以作为隧道及深基坑施工的重要组成部分，也是监控施工过程中岩土结构稳定性的重要手段。本系统构建一种基于物联网技术的隧道及深基坑施工过程位移及应力监测系统，用于隧道及深基坑施工过程，实现对隧道、基坑支护结构、基坑周围土体以及基坑周边环境的实时监测预警，防范位移及变形过大引发的工程事故，确保施工过程中工程结构及周边环境的安全，提升了隧道及深基坑施工过程的智能化、信息化水平。

利用布置在现场的全站仪、轴力计、钢筋计、渗压计等自动化监测设备实时采集现场数据，实现对隧道、深基坑施工过程中支撑内力、围护结构内力、围护结构侧斜、顶端位移、坑底沉降、基坑内外水位等参数的自动监测。

沉降监测：影响沉降的因素有很多，例如开挖过程中，支护结构未及时加固，引起地面沉降或者由于支护结构产生的挤土效应导致地面隆起；基坑的非对称性开挖导致土体产生不平衡力，软土层发生蠕变导致土体位移产生地表沉降；过量抽取地下水，而未采取回灌措施，导致邻近建筑物及地下管线开裂变形等等。沉降监测采用电子水准仪监测。

支撑轴力在线监测：支护体系外侧的侧向土压力由围护桩及支撑体系所承担，当实际支撑轴力与支撑在平衡状态下应能承担的轴力（设计值）不一致时，将可能引起支护体系失稳。为了监控隧道、基坑施工期间支撑的内力状态，需设置支撑轴力监测点。支护结构的支撑体系根据支撑构件材料的不同可分为钢筋混凝土支撑和钢支撑两大类。这两类支撑在进行支撑轴力监测时，应根据各自的受力特点和构件的构造情况，选取适当的测试变量，埋设与测试变量相应的振弦式传感器进行变量测试。混凝土支撑构件一般选择钢筋计进行测试，钢支撑轴力监测通过轴力计进行测试。

地下水位在线监测：隧道、基坑降水将导致周边地下水位的下降，地下水位的下降将导致土体的固结变形。土体沉降变形过大将导致周边建（构）筑物、道路、管线的沉降和不均匀沉降，通过对地下水位变化的监测，分析和预测土体变形、水土压力的变化和基坑的稳定，指导施工。地下水位在线监测选择振弦式渗压计又叫孔隙水压力计，主要用于基坑、边坡、堤坝、尾矿库等结构物内孔隙水压力或浸润线的长期自动化监测。

四、社会效益分析

本项目研究的基于物联网技术的隧道、深基坑施工结构安全在线监测系统能够实现施工过程中关键参数的全天候实时监测，能够监控及预防隧道、基坑开挖过程中的过大位移和变形，保护基坑施工影响范围内建筑物、既有管线以及行车路面的结构安全。从技术上对安全风险事故做到防患于未然，在保护人民生命财产安全、预防事故灾害等方面具有巨大的社会效益。

本项目的研发是以我省高新技术企业为主体，借助国际国内相关高校的技术优势以及我省高速公路及城市轨道交通建设单位提供的应用平台，在隧道、深基坑建设安全管理这一全新领域实现技术突破并带动相关产业的迅速发展方面能够产生巨大的经济效益。

在线监测系统主要运用物联网技术、通过多种传感器感知现场信息、构建无线数据传输网络进行数据传输、应用平台智能处理，判断工程风险，实现安全风险预警。解决了监测实效性低、环境影响因素大、人为误差大等问题；利用多源信息融合技术对多种传感器采集数据进行有效处理，为工程实施提供及时的参考数据；系统各监测项目之间相互印证、补充、校验，确保监测资料的可靠、连续，以利于数值计算、故障分析和状态研究；最终可以实现对基坑支护结构、基坑周围土体以及基坑周边环境的实时监测预警，防范位移及变形过大引发的工程事故，确保施工过程中工程结构及周边环境的安全，提升了隧道及深基坑施工过程的信息化水平。

第五章　高速公路隧道施工安全管理概述

第一节　高速公路隧道施工管理的问题

高速公路隧道施工不仅技术复杂，同时难度较大，具有较强的隐蔽性，极容易受到各种外界因素的干扰，因而如何做好高速公路隧道施工管理工作，使隧道施工的质量以及安全得到保障，已经成为高速公路发展过程中迫切需要解决的问题。本节就高速公路隧道施工管理中存在的问题进行了具体的分析，同时提出了有效的改进措施，希望能够为我国高速公路隧道施工管理工作提供参考以及借鉴。

近年来，随着社会经济的快速发展，高速公路建设也得到了蓬勃发展。在高速公路建设过程中，隧道施工管理是尤为重要的一个环节，不仅决定着整个工程的质量，同时与人们的生命以及财产安全息息相关。要想提高高速公路隧道施工管理的质量，就必须解决当前施工管理工程中所存在的各种问题。

一、高速公路隧道施工管理中存在的问题

施工单位缺乏隧道施工管理理念。当前，一些施工单位管理理念较为落后，在实际的隧道施工管理过程中，过于注重形式化，使得隧道施工管理工作并不能获得明显的效果，影响整个工程质量。此外，在一些施工单位内部，由于各个阶层的相关人员管理参与意识不足，仅仅将管理工作看作是管理者的职责，认为与自己不存在较大关系，这些错误的思想观念使隧道施工管理的实际效果受到了严重的影响。

监督力度不足。在施工单位内部所开展的监督工作就是要检查、监督以及评估隧道施工管理的各项工作，对其隧道施工管理的科学性以及有效性进行判断。然而，相当一部分施工单位由于其自身缺乏完善的管理体制，同时存在着管理手段不足的情况，使得隧道施工管理工作存在着严重的监督不足现象，其稽核组织以及外部监督部门的监督作用没有得到充分的发挥。例如，施工单位内部稽查机构存在着明显的职能问题，使得隧道施工管理工作面临着巨大的困难。而在施工单位外部，相当一部分监督工作仅仅是走过场。这些问题都使得监督工作无法充分发挥其自身价值。

管理人员水平不足。当前，很多施工单位在隧道施工管理方面发展时间并不长，其管

理人员并不具备足够的专业知识背景，相当一部分施工专业水平不高，同时并不具备相关经验，使得隧道施工管理过程中常常出现各种问题，最终导致管理工作无法充分发挥作用。

缺乏完善的内部体系。首先，一些施工单位并没有具体落实并且执行其隧道施工管理制度，同时没有建立一个相应的管理体系。其次，一些施工单位在隧道施工管理方法手段较为落后，同时没有做好管理手段的完善以及更新工作，因而在实施过程中最终效果无法得到保证。

施工人员安全意识不强。在高速公路隧道项目的实际施工过程中，施工人员自身并不具备足够的安全意识，极容易导致施工过程中各种安全问题的出现。一方面，一些具备熟练经验的老员工由于在隧道工程方面从事工作的时间较长，认为从未出现过任何事故，导致其在实际工作当中盲目自信，片面认为自己不会发生安全事故，进而导致一些安全事故的发生。另一方面，对于年轻的施工人员，由于其参加施工项目的时间较短，并没有熟练掌握相关知识技能，同时施工单位没有做好相关培训工作，最终导致其存在安全意识不足的现象。

二、改进措施

提高施工单位的重视程度。要想保证隧道工程施工管理的效果，施工单位就必须加强对隧道施工管理工作的重视。首先，施工单位相关管理层必须要充分了解隧道施工管理工作的重要性，从而使隧道施工管理工作得以有序进行以及发展。其次，要提高相关管理人员的管理思想，同时管理人员应将这些思想传递给相关施工人员，进而使施工单位形成一个内部合力，从而做好全员管理工作。此外，还需将风险机制引入到施工单位的隧道施工管理工作当中，使全体施工人员均承担风险责任，对各项施工管理工作进行有效落实，进而使施工单位得以健康发展。

建立完善的内部监督机制。做好内部监督工作可以使隧道施工管理工作具备更高的有效性，通过开展自我评估，实现隧道施工管理的自查自纠以及互查互纠。一旦发现问题，必须及时整改并且追踪。如果出现敏感问题，可以委托第三方来独立审计并且监察，使隧道施工管理工作具备更高的针对性。

提高管理团队整体水平。要想提高管理工作的整体水平，就必须做好管理团队的建设工作，通过高素质人才的不断引进，使管理团队具备更高的工作能力。施工单位在进行专业管理团队的组建过程中，一方面要做好录用过程中的筛选工作，另一方面还需对具备才华的员工进行积极鼓励使其加入到隧道工程施工管理团队当中，只有这样，才能使施工单位经营管理过程中对隧道施工管理团队的需求得到满足，进而提高其工作效率。

建立现代化的管理制度。在施工单位的经营管理过程中，对相关人力以及物力必须要加大投入，从而使隧道施工管理工作得以正常开展。明确隧道施工管理的管理制度，规范其工作内容，使内部管理的各项职责得以明确，对相关责任制进行有效落实，对相关管理人员进行约束，督促其切实履行自身职责，保证各项工作都得以认真完成。建立完善的隧道施工管理制度，保证内部人员都切实参与到施工管理工作当中，对工作人员的职责进行强化，使其第一时间了解施工管理过程中所存在的各种问题并在此基础上制定一个切实可行的管理方案，提高施工单位的凝聚力，使各项工作都得以高效开展。

提高施工人员安全意识。在实际的工程建设过程中，施工人员首先必须加强对安全防范工作的重视。因而，在开展相关工程之前，施工单位需要做好施工人员的培训工作，培养其安全意识，督促施工单位以及管理部门以安全作为第一准则，对相关施工以及管理环节进行优化。另外，还需建立完善的规章制度以及施工责任制，明确施工人员具体的工作内容，不断对其进行安全教育，做好安全知识的宣传以及普及工作。此外，对于专业性不足或者资质不够的工作人员不得聘用。

隧道工程作为高速公路工程的一个重要组成部分，其施工管理水平的高低直接影响着施工质量以及施工安全。在实际的施工过程中，应当充分考虑施工具体情况，对施工管理工作不断进行完善，不断提高施工单位的重视度，以安全第一作为施工原则，加强对施工质量的监控工作，对工程质量进行全面监管，进而使施工安全得到保障。

第二节　高速公路隧道施工管理的实施及注意事项

高速公路隧道施工作为高速公路工程的主要环节和基础构建，如何有效控制和管理高速公路隧道工程，是提高工程质量和效率的重要途径，本节试图通过深层探究，来找寻出有效解决途径。

隧道作为高速公路的施工过程中的最主要环节之一，同时也是一项高速公路建设工程中最为基础的构成部分。当前高速公路在建设工程中都能够使用现金的隧道施工技艺，施工人员表示使用这项技术能够有效地缩短建设工期，有效减少施工的成本投入，可以最大限度地减少高速公路施工过程存在的质量通病。通过采用积极隧道施工的技艺，同时加强隧道施工过程中的质量监督，可以使高速公路隧道施工质量得到极大提升。

一、高速公路隧道的施工特征

多属隐蔽工程，具有较强的动态性。对高速公路隧道的施工工程来说，工程的步骤除需要进行外饰和配套的工程安装之外，其他的工程基本上全部是属于隐蔽性的工程分类。同时，这类隐蔽性工程仅仅只具有一个狭窄的可视面，所以这些工程的施工质量只能够通过表面内容进行外部观察和笼统评价，对工程施工过程及结果中的部分隐患情况不能进行有效的具有实质性的准确判断。此外，高速公路隧道施工全过程都有可能会受制于地理、地形、地质等条件的制约，会伴随着地质条件的改变而产生难以预知的变动，将会导致施工的过程和初始的设计存在各种各样的差异化表现。因此，在开始的设计方案之中就要对围岩等实际状况开展充分有效的考虑，并能够根据实际情况的变化及时做出动态设计的变更与修订。

多为条件恶劣，具有较大的危险性。高速公路的隧道施工过程和路基、桥涵等工程施工存在比较大的差异，而且隧道施工都是在山洞内进行，掘进、通风、支护等作业程序均需在同样的工作环境状态下进行和开展。所以，高速公路隧道施工过程的作业面较为狭小，各项工序之间均是紧密相连的，在施工过程期间要求施工人员技能水平和适用的各类设备都是较为复杂的，客观上造成了隧道施工空间小、作业面窄、工序之间相互影响力大等特点。同时又因隧道施工环境比较差，能见度相对较低，噪声较大，空气质量浑浊，会对施工人员的心理和生理造成难以预料的负面影响。此外，隧道中的地理地质条件的稳定性较差，并会伴随着偶发性不可预见类危险源的存在，隧道内随时随地都有可能发生危险情况，所以高速公路隧道的施工过程中危险性是比较强的。

二、高速公路隧道的施工问题

隧道施工的管理人员协调力不足。在高速公路隧道施工的过程中，需要各个不同部门之间的合作平行循环作业，这就要求施工管理人员要有较强的沟通和协调的能力，可以有效地避免发生抢占资源、各自为战等混乱现象。同时，高速公路隧道不同的施工环节一般情况下会分包给多支施工队伍，支钢拱架、打锚杆钻孔、挂网喷浆等不同环节将会由不同的施工队伍承担实施职责，这就对施工的管理工作提出了更高质量的要求。

隧道施工的质量管控力度不足。高速公路的施工人员素质和技术技艺水平高低不一，且人员的流动性强，因此会导致在不同的施工时期，隧道施工的质量具有较大的差异性，特别是在喷浆和支钢拱架等技术相对要求较高的环节上，工程的质量管控力不足体现的较为明显。同时，业主方现场代表一般会对隧道中的左右两个施工的洞口同时开展监控，这样的做法会造成在关键是共的环节出现质量监控盲点。另外部分监理单位和施工单位可能存在着利益勾结的现象，会导致在关键的技术节点不能得到有效的把控，进而影响工程整体质量。

隧道施工的设计与实践脱节。因为受到施工环境影响的制约，高速公路的隧道施工项目管理部门一般会位于施工现场较远的位置，因此，现场技术人员经常性地发生缺岗现象，在施工现场急需技术指导的时候，项目部的相关技术人员经常不能及时赶赴现场。同时，技术人员不对施工人员将施工技术细节全部传授，也导致了在实际施工的过程中发生的技术难题不能得到及时有效的解决，加上施工方要追赶施工的进度，一般会依照开始时的设计方案进行施工，难以根据实际情况的变化主动做出动态调整，又因建立监控程度不足，会为隧道施工设下重大的安全性隐患。

隧道施工的监控测量质量较为低下。监控测量作为隧道施工管理体系的重要组成部分，具有十分重要且突出的作用，但实践过程中，业主方往往不能对此项工作引起足够的重视，经常性地忽视对监控测量单位资质的严格审查，甚至于会使用非专业人员开展测量的工作；同时，一部分测量单位用于测量工作的仪器十分陈旧，仪器更新换代的速度十分缓慢，也导致测量准确性难以符合施工的要求。

三、高速公路隧道的施工对策

注意边仰坡与明洞开挖过程的技艺优化。在边仰坡与明洞施工开始前，要将测量放线的工作及时落实到位，要求准确测量出明洞的阳坡和边坡的顶线，同时要对放线精确度情况进行科学的把控，并在坡顶位置设置出合理的截水沟。再者，要在施工时边仰坡暴露的时间有效缩短，在必要的时候及时增加支护的力量，在施工中要对支护强化，主要涉及的是喷混凝土的厚度增加、锚杆间距离远近的调节以及钢筋网的合理加密。隧道施工工程中要常用到挖掘机，这就需要刷坡施工过程中以人工配合，协助风钻打孔，同时采用少量的炸药实行爆破，并选择合理角度来强化位移的测定和仰坡的沉降量，用以提升观测点的稳定性。

注意爆破施工技艺的优化。高速公路隧道的施工过程中，钻爆施工是要以合理的爆破设备作为基本条件，并对钻爆的施工技艺进行严格把控。施工之前要对施工场地内的岩石性质及结构进行认真的勘察分析，要将岩石的性质作为钻爆强度确定的依据。在施工过程中要及时安排专业的技术人员专门负责对使用的设备进行安装调试，对整体施工过程进行实时监控，并做好相关的安全防护措施，避免造成人员伤害。

注意混凝土的喷射施工技艺优化。在高速公路的隧道施工过程中，涉及混凝土喷射的施工技术主要包含了潮喷技术与湿喷技术这两种技艺模式，潮喷技术的主要目的是通过渐进式改善高速公路的隧道施工环境，最大限度地节省速凝剂的频繁使用，达到减少工程施工成本的目标；而湿喷技术则要求每次喷射的距离约为10cm，因为回弹力比较低，可以有效提高混凝土的喷施技术的黏结性和支护能力，并充分发挥出围岩自身承受的能力，进一步强化支护设施的质量。

注重挖掘洞身的技艺优化。洞身的开挖技术中包括了中导洞的开挖和左右洞的开挖。首先是中导洞的开挖。在中导洞开挖的过程中，相关的施工人员需要在完成洞面之后来进行，开挖的时候应该是以0.5~1.2m的距离循环渐进的模式进行洞身开挖过程，在洞身开挖逐步成形以后，工作人员要加强分段施工质量检测，确保良好的质量和性能，并要及时开始浇筑混凝土。然后打好定位锚杆孔，使用钻孔的技术，待钻孔、清孔并注入砂浆完成后，需要用U型的钢筋进行插接，并强化支撑拱架的对接后进行台阶挖掘。其次是左右洞的开挖。左右洞的开挖是要在中导洞完成之后开始的，在中墙的混凝土浇筑完成以后，即确保浇筑的强度维持在70%以上时，就可以实施隧道工程左右洞开挖的技艺，施工人员需要使用的是两台阶分布平行开挖的方式进行。

注重防排水技艺的优化。通常在高速公路的隧道施工过程中，防排水的施工不但是保证隧道施工能够顺利开展和高效率进行的重要手段之一，同时也是保护和防范施工人员的生命及人身安全的重要措施之一。在实际的施工过程中，防排水的施工技艺主要体现在借助结构性防水来实现的。在结构性防水的施工设计之中，需要做到的是以隧道的建造结构和当地的水文地质情况作为基准条件，并运用放、排、堵相互结合的方式，保证施工的顺利完成。在隧道的防排水施工过程中，还需要严格地控制变形缝及施工缝的工程质量，坚决要避免隧道出现渗漏等现象。并在隧道工程中挖置中心深埋水沟，通过利用地温效果来排泄地下水的方式，最终避免水沟中留存的水出现冻结的情形。

注重施工管理人员协调能力的提升。由于高速公路的隧道施工特点决定，施工的各个环节必须能够实行连续的循环施工，因此，高速公路隧道施工对开展施工的管理人员协调能力方面提出了更加高的要求。如何能够按照顺序完成好各项工程目标，既是业主方的深切期望，更是优化施工管理、提升工程效率的基础条件。要保证好施工的连续性，就要求施工的管理人员保持好与施工人员的连续性沟通，对施工行为及时进行安排和指导，从而避免现场引发混乱的情形。

注重施工方和设计方的配合衔接。要注重施工单位和设计单位沟通的顺畅性，双方能够针对隧道工程的施工环境变化、施工工序变更等情况及时进行协调与配合。在高速公路的隧道施工开始之前，设计单位就需要和施工单位及时就工前技术与安全交底做好衔接。施工单位在施工的过程中会不断遇到围岩与设计不相符等问题，因此这就需要施工的现场工程技术人员强化与勘测设计单位之间的沟通，及时就现场实际条件和施工情况进行有效的调整，从而对施工的全过程进行实时和有效把控。

在新时代工程建设的新要求下，高速公路隧道建设工程作为复杂性和工艺性较强的技艺类别，使其在高速公路建设中成为一道需要不断攻克并优化的难关。在隧道建设的实际实施过程中，要不断提高工程深化提升的工艺技能，优化强化工程监管模式，创新创造施工技术水平，同时更要确保隧道施工的工程安全，为新时期下国家高速公路建设事业的不断提升发展夯实坚实基础。

第三节　高速公路隧道施工现场管理

作为高速公路工程的重要组成部分，隧道工程的施工质量直接影响着高速公路项目的建设水平及投入使用后服务功能的发挥，而强化施工现场管理是使隧道施工质量得以保证的必要条件，因此高速公路隧道施工参与方需要积极落实有效措施，强化施工现场管理，实现施工要素配置的最优化，为高速公路建设水平的整体提升打下坚实的基础。针对高速公路隧道工程，对其施工现场管理进行了分析与研究，旨在为高速公路隧道工程施工质量的提升提供必要的参考与借鉴。

一、完善质量管理体系

高速公路隧道施工现场管理的开展与进行需要以健全的质量管理体系为基础保障。因此需要建立健全施工质量管理体系，组建隧道施工质量管理监督小组，结合具体的工程条件制定施工现场管理机制，并设定具体的质量管理标准，安排专业质检人员负责施工现场的质量检测监督，依据质量体系文件与标准严格开展质量管理与控制，同时在质量检查监督管理上强化施工组织。具体操作中，首先需要实现现场检查与监理质量检查的有机结合与整体统一，尤其需要在后者检验合格后才允许后续施工的开展与进行，对于不合格的工程需要依据规范严格处置。其次，项目负责人需要对隧道施工的全过程进行实时监督，及时解决施工中的技术性难题，保证现场施工始终处于受控状态。此外，对于隧道施工的原始资料与数据需要进行及时搜集、整理与汇总，为施工的可追溯性及技术交工验收提供保障。

二、严格控制施工材料质量

目前高速公路隧道施工材料主要包括沥青与混凝土，其质量直接影响着隧道工程的建设水平。因此需要在材料进场之前对其出厂日期、标号、种类等进行全面检查，然后进行严格的取样检测，保证其各项使用指标符合工程施工要求。对于材料的保管来说，需要依据其类型、性质与用途进行分开存放，并实施隔离设施设置，避免材料因潮湿、腐蚀等发生变质，同时需要在材料安置处设置排水、通风、防潮等措施，如果环境属于干燥型，需要建立水泥库。在混合料拌和中需要保证其配合比的科学性，同时强化混合料拌和的均匀性，避免花白、离析等现象的出现，并在拌和过程中对温度进行严格控制，以保证混合料拌和的效果。拌合完毕后使用自卸汽车进行材料运输，在车底板铺设砂石，并使用油水混合液对底板进行涂刷，以避免混合料与车底板发生黏结。

三、适时调整机械组合

高速公路隧道施工需要应用到多种机械设备，保持机械组合的稳定性是提高高速公路隧道施工质量的有效手段。因此需要以施工质量要求和进度计划为基础参考，对主导机械进行科学选择，并留有适当的余量。全套机械的生产能力取决于其中生产能力最小的机械设备，因此需要强化机械设备的统一调配，实现机械组合的最佳配置，以保证机械设备运用的整体效率。此外需要构建抢修、维护小组，备有关键配件，保证机械设备的及时维修与定期保养，将其故障率降至最低，以保证其在隧道工程施工中充分发挥自身功能，为高速公路隧道施工的顺利开展与进行提供支撑。

四、完善施工现场技术管理

高速公路隧道施工具有线广、面长、点多等特点，并且影响因素较多，加之施工环境比较复杂，因此一旦出现安全故障与质量问题，对其处理就极为困难。例如，高速公路隧道的地质结构较为复杂，塌方问题时有发生，因此其开挖与支护就成为施工中的重点与难点。其次，要想降低塌方出现的概率，首要任务是提高岩土体的稳定性，因此需要在岩土体打入超前锚杆，对岩土体的变形进行约束，通过向围岩施压，处于二轴应力状态的洞室表层围岩会处于三轴应力状态，如此可以降低围岩体刚度的恶化程度。如有必要，可以针对岩土体实施系统锚杆支护，以构成加固圈，进一步提升岩土体的稳固程度。此外，在围岩裂缝处及围岩破碎洞段强化锚杆与钢筋网片的连接，然后实施混凝土喷护措施，以提高支护的强度与稳定性。

五、强化施工安全管理

强化施工安全管理是保证高速公路隧道工程顺利施工的前提条件。在高速公路隧道施工现场实施安全责任制，将安全生产责任落实到具体的人员身上，以此对其发挥督促作用。施工负责人员需要严格依据施工现场安全管理条例实施管理，统筹施工现场各方力量，重点对防火、防爆、防坍塌、防泥石流等工作进行预防性设施布置，将各种灾害隐患消除在萌芽状态，保证施工现场的安全性。其次需要强化监控量测，以信息化技术为支撑，布设监控网络，对隧道施工现场进行实时监控与管理，而量测过程中如果发现净空位移过大或者收敛无明显趋势时，需要对支护进行强化。另外需要重视隧道洞顶及生产区周围截排水沟的设置，保证排水的及时性与效率，为工程施工现场的有条不紊打好基础。

高速公路隧道施工是一项工程量大且操作复杂的任务，要保证工程建设的顺利开展与进行，首要任务是强化施工现场管理，因此需要构建质量管理体系，完善施工现场管理制度，并针对施工材料、机械设备、施工技术等要素加强有效管理措施的落实，进而为隧道施工质量的提升打下坚实的基础。

第四节　高速公路特长隧道施工管理

高速公路目前在众多交通系统中发挥着重要的作用。一些特长隧道常出现在高速公路的修建过程中。因此，隧道施工管理和各施工技术在特长隧道的施工过程中发挥着重要的作用。论文结合实际施工案例，对高速公路特长隧道土建施工进行全面的研究。

一、高速公路特长隧道施工技术的特点

高速公路特长隧道施工在整个工程项目建设的过程中发挥着重要的作用。在施工过程中，交叉作业内容和较为恶劣的施工环境都会直接对隧道施工造成很大的影响。整个隧道施工具有地质情况复杂多变、施工周期短、工作战线长，工程投资大等特点，因此，施工管理较为复杂，且综合要求较高。

二、特长隧道的施工技术难点

特长隧道突出施工技术的难点。在特长隧道的施工过程中，主要包括如下施工难点。

岩爆。由于特长隧道大多贯穿整个山体，因此，埋入深度普遍深，并且常因应力和岩性2个综合因素发生岩爆。在埋深大于200m的地段以及混合岩地段，非常容易因此形成岩爆。因此，会对施工人员本身造成非常严重的损伤，甚至会在之后影响隧道的施工质量。

塌方。塌方是任何一个隧道施工过程中都可能会发生的事故。如果在隧道施工过程中穿过了包括水塘、冲沟和水库等水源条件比较丰富的土层，或在施工过程中遇到了溶洞、裂隙和比较明显的岩层分界，很容易引发塌方。发生塌方时，施工用量的估算、施工支护的设计和管线的布置都是施工难点。

涌水。在公路特长隧道内部的施工过程中，常出现涌水现象，会对施工人员的安全造成很大的伤害，必须选采用有效措施进行解决。隧道涌水现象是由于隧道内部的含水层被破坏，从而使水动力的条件和围岩力学内部的平衡状态发生急速改变，并在之后使地下水内部存储的能量以最高的速度运行，在最短的时间内形成的一种动力破坏现象。隧道发生涌水事故后，隧道的内部结构会在最短的时间内被破坏，从而使施工人员在施工过程中不能很好地明确隧道内部的情况，难以在短时间内选择合适的施工工具和施工方式。

岩溶。喀斯特（Karst）岩溶，是水对可溶性岩石（碳酸盐岩、石膏、岩盐等）进行以化学溶蚀作用为主，流水冲蚀、潜蚀和崩塌等机械作用为辅的地质作用所产生的现象的总称。由喀斯特作用造成的地貌，称喀斯特地貌（岩溶地貌）。我国喀斯特地貌主要集中在云贵高原和四川西南部。

岩溶区隧道在开挖施工中，会多次遇到溶蚀漏斗区、拱顶脱空（涌泥塌方造成的空腔）、拱顶岩溶（填充物多为高膨胀性黏土夹杂孤石）、断层破碎带等不良地质段。而这些地质状况会使混凝土的结构内部产生裂缝，并在之后降低内部的防水性能。岩溶也会使内部钢筋出现被溶解锈蚀的现象，最终影响隧道施工的正常进行。

三、机电施工安装管理

在金门隧道的机电施工过程中，各类机电设备安装工作是十分重要的一个环节，也是

整个施工过程中的难点，因为在实际的施工工作中，需要要求施工人员交叉作业，而且工作环境极其恶劣，这都会对安装工作增加难度。机电安装工作它的施工时间不长，但是它所需要的投入却比较大，对于施工人员的技术水平有着一定的要求，而且因为所涉及的工作战线较长，这导致施工管理方面的工作十分复杂，它是一项对施工队伍的综合能力要求较高的一项工作。

机电施工安装技术准备。为了做好机电施工安装工作，提升它的质量，在进行具体的施工之前，需要做好相关的施工准备，以充分的准备来迎接接下来的高难度工作。这样可以有效地提高机电安装工作的质量，准备工作主要包括以下几个方面。

人力、施工技术准备。高速公路特长隧道建设的过程中需要大量的人力资源，在机电施工安装工作方面，它要求施工人员的团队具备电气、消防、通风、排水等多个方面的专业知识，而且团队里面的每一个成员都要具备极强的专业水准，其工作能力和专业水平都需要拔尖，这样才能够保证安装工作的施工质量，保证施工的安全可靠，按照要求进行施工安装，有效的控制安装工作的进度。

机电安装施工材料准备。因为金门特长隧道建设的过程中的机电系统工程量巨大，机电安装工作贯穿隧道土建后期，而且对于它的质量要求也极高，所以为了能够更好地做好安装工作，这就需要做好施工材料的准备，保证在施工过程中不会出现材料短缺或者施工材料出现质量问题的现象，一旦出现这样的问题，将会直接影响具体的工程进度以及质量。所以在进行施工材料采购之时，需要相关人员制订一系列的采购计划，保证采购合理及时，并且做好材料交接及使用，保证材料可以及时供应，还需要制订详细的材料质量检验计划，按照相关标准严格检验材料的合格性。

四、施工技术要点分析

照明系统要点。高速公路特长隧道机电施工管理与技术中需要重视的点有许多。在照明系统的施工中，人们都是通过对逻辑开关的方式加以利用，以保证照明系统的施工质量。逻辑开关方式的相关控制程序相对简单，而且可以有效地对照明系统进行高效的控制，可以将整个照明系统的线路设计清晰地展现出来，施工人员可以更加灵活自由的选择所需的灯具，并且可以更方便的做好维护保养工作。而且为了保证照明系统所产生的实际亮度可以与人眼的曲线相匹配，这需要施工人员在隧道出入口、过渡段的位置做好灯具的亮度以及高度设置，这样就不会因为照明系统的原因而影响到行人的视线，有效的保证人们在特长隧道中的行车安全。

所以在进行照明设备安装之时，需要计算好安装的高度和位置，按照要求安装照明效果符合的灯具，并且灯具需要保证在照明区域中分布均匀，在保证照明设备的实用性充分发挥之后，还需要保证它的美观性。因此大部分的施工人员都会采用 LED 照明灯作为高速公路特长隧道中照明设备，设备的布置采用两侧对称。而且可以根据 LED 的特点，在安全通道处，进行拱顶安装。

通风系统要点。连英高速公路特长隧道机电施工过程中，因为金门隧道的长度约为6公里，这就需要保证隧道内的通风量。金门隧道包括竖井轴流风机一台，洞内射流风机32台，合理规划高速公路特长隧道中斜井的进风道、排风道，并且做好相关措施，满足在隧道中行车时的通风量。

在进行通风系统的安装时，充分考虑风机的安装位置及安装高度、机组间距等因素，以保证隧道通风时空气流动的顺畅性；隧道内出现火灾等紧急状况时，系统能够有效保持空气的流通，及时快速的排出内部烟尘，净化空气，抑制事故周围环境的恶化，降低二次事故发生的危险性。

隧道机电系统要点。隧道机电系统主要包括消防、通风照明、给排水以及监控等系统，它的组成结构十分的复杂。在这些系统当中，通风照明系统最为重要，它是评价高速公路特长隧道建设质量的关键因素，消防系统的功用则是体现在后期，当隧道投入到实际过程中进行使用，它就是行车最为重要的安全保障。在进行隧道机电系统的安装施工时，需要对其系统结构做出科学合理的分析，这样就可以更加方便的对其质量进行控制。除此之外，因为高速公路特长隧道进出车辆较多，为了保证行车安全，需要做好应急出口，保证发生安全事故之时，隧道中的人员可以快速撤离，还要做好紧急排烟保证行车安全。

供电系统要点。供电系统是高速公路特长隧道机电施工过程中十分重要的一个环节，它的工作主要是做好各电压等级变电站、SCADA系统、配电柜等方面的安装，并保证安装的质量，保证安装的各设备可以正常安全的工作，以保证供电质量。所以为了保证供电系统的安全可靠，通常采用双路外电供电方式进行安装，这样可以有效地加强供电系统供电的安全性，同时通过在变电站内部安装两台功能相互独立的变压器，并且两台变压器可以相互备用，这样就可以保证供电系统供电的可靠性。

五、施工管理措施

受到场地环境等因素的影响，施工人员将会面临光线昏暗、场地狭小的施工环境，而且施工量巨大，作业面也巨大。因此，为了保证施工人员的安全，需要严加重视施工安全管理。所以定期对全部的施工人员进行安全意识培训，在一些较为危险存在安全隐患的施工地点和操作设备处张贴醒目的安全标语，增加施工人员的安全意识。提高施工人员的技术水平，对于工作经验欠缺的人员需要多次提醒，以避免在施工过程中出现错误，增加施工风险。

在施工管理工作中，对施工进度进行管理也是十分重要的内容，因为机电工程涉及十分复杂，所以通过科学合理的管理手段，以保证施工的顺利进行，更好的管理施工进度。所以通过制定详细方案，加强施工环节的监管、控制、管理，缩短工期，进而控制施工进度达标。

在隧道的机电工程的关键施工位置，设立专门的人员进行全面的控制监管，保证施工质量。

机电施工管理与技术对高速公路特长隧道的建设有着巨大的影响，所以需要对其不断地进行改善更新，提高技术水平、管理质量，以此提高机电施工的整体质量。特长隧道的机电施工管理是一项重要内容，它不仅关系到施工过程的安全保证，同时对施工质量、施工机械合理调配、工期进度方面也起到关键性的促进作用。

六、实际案例分析

实际施工的情况。某高速公路全长 8350m，其中，隧道左线长 4165m，右线长 4185m。在实际施工过程中，需要对高速公路特长隧道施工过程中遇到的复杂地质情况进行分析和处治。

解决措施。

岩爆的处理和处理措施。当隧道内部出现岩爆现象时，可以先设置超前锚杆，再根据实际情况进行喷浆处理，之后进行开挖，以便在爆破前有充分的时间防止石块掉落现象。在锚杆安装完成后，也可以在锚杆之间进行适当的钻孔，从而减少二次岩爆发生的概率。如果岩爆现象比较严重，那么相关人员可以在第一时间撤离到安全地点，之后再让技术人员对岩爆部位进行及时找顶处理。

另外，在开挖前，应仔细核对地质资料，并对资料进行判断和分析，从而提前做好预防岩爆的相关措施。必要时，可以给施工人员配置好钢盔和防弹背心，并通过在支护区设置视频监控观察周围围岩的状态。一旦发现险情，可以在第一时间向施工作业人员警示，并通知他们躲避。

塌方的预防和处理措施。在隧道施工前，必须提前做好超前地质预报。对塌方段做好有效的超前支护、开挖断面调整、施工技术交底和工序调整工作，并在之后配合交叉中隔墙法和中隔壁法等施工方法，从而更好地保证其施工的质量。具体而言，可以采用如下方法治理塌方：（1）如果发生塌方，应在第一时间进行迅速处理，并在观察过程中重点明确塌方的范围和形状，查明塌方发生的原因和地下水的活动情况，认真分析后，制定有效处理措施；（2）如果出现小范围坍塌，应先加固两端的洞身，并及时喷射混凝土，配合联合支护的方法封闭坍塌穴顶部和侧部，并在之后及时进行清查。

涌水事故处理措施。为了在第一时间处治在高速公路隧道施工过程中出现的涌水事故，应在隧道施工前做好隧道涌水事故的应急工作，并结合自身情况成立涌水事故救援领导小组。在涌水事故发生的第一时间，相关人员应根据事故性质、现场控制程度对施工人员进行疏散，并对受伤人员进行抢救，通知当地的交警部门对周边的道路有效地进行管制，以保证救援过程道路的通畅。环保部门应加强对洞外的巡视，严禁任何闲杂人员进入危险区域内部。注意在洞口配置包括救生圈、安全绳和长竹竿等救生器材。

岩溶区隧道施工措施。在岩溶区采用中空自进式锚杆作为超前支护取代隧道内超前管棚和超前注浆小导管等，可以解决诸如塌孔、成孔困难、无法插杆、自承能力差等难题，发挥锚杆支护的作用，提高围岩的承载能力，保证围岩的整体稳定，并且具有施工工艺流程简单，施工效率高等特点。隧道开挖方式根据现场实际情况易采用中隔墙法或三台阶七步法。确保隧道整体稳定性。

七、特长隧道突出施工的创新点

照明工程中的创新点。照明工程中的创新在特长隧道突出施工的过程中发挥着重要的作用。传统的照明方法已经被淘汰，逻辑开关法在实际施工照明的过程中被有效地运用。这种照明方法不仅操作起来更加方便，而且线路设计的过程也相对较为简洁。

通风技术的创新。由于高速公路的隧道线路较长，要有足够的通风量才能保证整个工作的顺利地进行。因此，在发展过程中，可以运用吊顶压入式的管道通风技术来代替传统的通风技术，运用彩钢板将高速公路隧道内部的斜井分为进风道和排风道，之后再通过相关措施完成隧道通风。

综上所述，本节先列举高速公路特长隧道施工技术的特点和隧道施工的技术难点，结合具体案例分析在施工过程中可能会出现的事故，并提出合理的预防措施。通过分析可知，只有严格遵循施工步骤，并选择合适的施工方案进行施工，才能更好地预防高速公路隧道施工过程中的各种事故。

第五节　高速公路低瓦斯隧道的施工管理

随着交通工程的不断发展，高速公路的建设越来越发达，在建设过程中，难免会进行隧道施工，一些隧道还可能穿越瓦斯区域，其施工管理会直接决定整个工程的完整性、安全和质量，因此作业前必须对瓦斯的特性及其风险有足够认识，做好风险评估，采取有效措施，保证隧道施工安全与质量。本节结合泡桐岩瓦斯隧道的工程实例，就瓦斯隧道工程的施工管理做浅要的分析，以供参考。

营山至达州高速公路泡桐岩隧道，左洞长 1496m，右洞长 1507m，设计为双向四车道。隧道围岩等级为 IV、V 级，根据地勘资料穿越地层为非煤系地层，但下部有煤层，有少量天然气或瓦斯顺构造裂隙上升至隧道洞身，储存在裂隙中。因瓦斯具有较强的隐蔽性和不可预见性，施工不当极易发生爆炸而造成重大的经济损失，甚至人员伤亡。因此，加强施工中的隧道瓦斯管理显得尤为重要。

一、瓦斯监测

瓦斯监测采用自动和人工监测相结合的方式，并建立相关的预警机制，具体内容为：当隧道内的内瓦斯浓度小于 0.3% 的时候可以开展施工，但是当这个浓度到达 0.4% 的时候可以自动报警，而此浓度到达 0.5% 的时候则需要工人立刻停止施工，并且立即开展通风处理。一般情况下，主要于隧道洞口处设置隧道自动监测管理控制中心，同时在隧道的掌子面以及人行通道、车行通道等部位设置一些瓦斯探头，同时每天坚持 24h 对瓦斯的浓度进行监测，从而对施工人员的安全提供保障。人工监测是专职瓦检员使用光干涉瓦斯检测报警仪，重点监测掌子面及其附近 20m 处、防水板背后、车／人横通道处、不同断面交界处等容易积聚瓦斯的地方。

建立自动化监测系统。本隧道为低瓦斯隧道，选用 KJ90NA 型安全监控系统。在洞口设置隧道管理控制中心，在洞内安设 CH_4、H_2S、CO、CO_2、风速、开停传感器等，测定洞内 CH_4、H_2S、CO、CO_2 浓度、风速等参数，以及通风机的开关情况，并将信息传送至管理中心进行分析处理。

人工检测：

检测方式：每班的专职瓦检员携带光干涉式瓦检仪和四合一气体检测仪负责巡回检测整个隧道瓦斯气体浓度及气体有毒有害气体浓度。

检测频率：当瓦斯浓度在 0.5% 以下时，安全检验人员需要每间隔 2h 对瓦斯浓度进行检测 1 次；但是当隧道中瓦斯的浓度高于 0.5% 的时候，安全检查人员则需要立刻对隧道施工现场的复杂人员进行传达，并且指导现场施工人员的疏散。不仅如此，瓦斯安全检验人员在管理过程中，需要在隧道打眼与爆破之前、爆破之后对掌子面区域的瓦斯浓度甲乙检测，同时还要安排隧道施工的班组长、安全员以及放炮员实施爆破操作，期间严格按照相关规定、流程进行。

检测的部分：主要包括开展掌子面开挖施工期间、初期支护施工期间、仰拱开挖以及混凝土施工、立模等施工期间、电缆沟施工、车／人行横通道施工等）；瓦斯可能渗出的地点（地质破碎地带、地质变化地带、裂隙发育的砂岩等）；在掌子面进行超前钻孔前，在附近检测瓦斯浓度。

二、加强通风

通风系统。隧道通风方式采用压入式，隧道掘进工作面独立通风。隧道需要的风量，根据爆破排烟、同时在洞的最多人数以及进洞深度的需要分别计算，采用其中的最大值。在开展隧道施工的过程中需要内部时刻保持通风，尤其是对瓦斯容易集中的地方加强通风。在施工期间如果涉及停电、设备检修的时候，施工人员需要及时退出隧道，并将电源立刻切断，以保障大家的安全。

通风设备：

压入式通风机装设在距离洞口 30m 处。压入式通风机是在洞口安装主风机将新鲜空气压入，新鲜空气由正洞流入，将洞内正洞的污浊空气挤出洞内，形成循环风流。通常情况下，隧道内的通风机电源需要设置两路，同时还需要配上风电闭锁这一装置，这样一来如果施工期间存在一路电源停电的情况，而另一路电源则可以在一刻钟内连接上，从而确保隧道中的风机正常工作，备用电源采用 2 台 250Kw 柴油发电机。

在掌子面施工区域内实施局部通风，可以按照通风机并配备专业的开关、线路、风电闭锁等，而风带可以实施抗静电以及阻燃，当掌子面的距离不低于 15m 的时候百米内的漏风率需要低于 2%。

三、施工管理

洞口监防措施：

隧道口封闭方式。在瓦斯隧道施工过程中确保施工人员、设备与隧道的安全，隧道口外 20m 范围内采取围栏进行隔离，围栏高 2m，围栏长 200m。所有施工人员经过安保检查合格后才能进入到隧道内，外来人员严禁进入隧道。并且禁止在洞口、通风机周围 20m 范围以内或洞内使用明火、吸烟。

设置检查站及物品存放室。隧道洞口设置安全检查岗，检查岗实行 24h 值班，严格洞口检查制度，严防外来人员翻围栏进入洞内引发意外；检查站设置私人物品存放室，所有进洞人员把打火机、火柴、香烟、手机等严禁带入瓦斯洞内的物品放入物品存放箱内，并妥善保管；人员进洞前登记，人员出洞后销号。

隧道内瓦斯浓度监控视屏。为确保能够在隧道进尺过程中及时发现瓦斯的存在，根据瓦斯的性质科学地设计和布置安装瓦斯监测系统与洞口视屏。洞内瓦斯监测系统与洞口瓦斯浓度监控视屏相接，洞口视屏随时公布洞内的瓦斯浓度，使监控人员有效掌握洞内瓦斯状况，并及时的做出决策及处置。

严格瓦斯监测记录制度。瓦斯员每班监测的瓦斯浓度数据如实填写在瓦斯监测记录上和洞口瓦斯通报视屏上，发现异常情况立即报告安全负责人与项目负责人。

关于施工的用电分析：

分析供电的相关设计。在桐岩隧道中，供电方案主要采取双电源方案，具体就是公用的电网、自备的发电站采取双电源方案，期间以 2 台型号为 250KW 的柴油发电机作为备用电源，同时对于安装备用电源自动切换设备，以保证电源的正常运行。当公用电网发生故障或者停电时，自备电源能够正常供电，近而保证隧道施工的正常进行。而自备发电机只能供应瓦斯检测设备、照明设备、风机的使用，当出现公用电网停电时，隧道内所有施工全部停止。当采用压入式通风，隧道内供电采用单电源线路，当采用压入与压出通风时，隧道内使用双电路供电线路，以确保隧道安全。对在隧道内使用的局部通风机和施工附近使用的电气设备，需要装备风电闭锁装置，当局部通风机停止运作时，能够自动快速切断通风机电源。

电气设备。洞口至开挖面的电缆全部使用不延燃橡套电缆，电缆与电气设备的连接采用防爆型接线盒；洞内配电设备及照明电器全部采用防爆型，并做到"三专""两闭锁"，即专用防爆变压器、专用开关、专用供电线路和瓦斯浓度超标时与供电的闭锁、局部通风与供电的闭锁，以保证瓦斯隧道安全施工；洞内的高、低压配电箱全部采用防爆型，低压配电箱必须具有断相、短路、漏电和接地保护功能；供电系统在局部通风机和开挖工作面的电气设备设风电闭锁装置。当局部通风机停止运转时，立即自动切断局部通风机供风区段的一切电源，保证"风电"闭锁。

施工照明。供电采用动照分供法，照明供电从洞外低压变压器专用电缆单独引出；分路动力开关与照明开关分别设置，照明线路接线接在动力开关的上侧；工作面、防水板铺设和二次衬砌施工等作业平台处及未施做二次村的地段的移动照明，均采用具有短路、过载和漏电保护的照明信号综合保护装置，电压不大于127V，用分支专用电缆，防爆接线盒接入防爆照明灯具；洞内照明器材及开关全部使用防爆型，已衬砌地段的固定照明灯具，采用ExdII型防爆照明灯；开挖工作面附近的固定照明灯具，采用EXdI型矿用防爆照明灯；移动照明使用矿灯，并配置专用矿灯充电装置。

瓦斯自动检测报警断电装置。隧道内敷设监控信号电缆，掘进掌子面紧跟安设甲烷、风速传感器等进行实时检测。局部通风机监控采用1～5mA电流型设备开停传感器，按模拟信号处理。当瓦斯浓度≥0.4%，传感器发出报警；当瓦斯浓度≥0.5%或局部通风机停电，或风速＜0.5m/s时，监测分站发出控制信号实现断电；当瓦斯浓度＜0.5%且通风机恢复供风时，停止控制信号，解除闭锁，供电方可恢复。

施工措施：

钻孔施工。根据瓦斯隧道的施工要求，确定隧道采用台阶法开挖。钻孔前，在掌子面附近20m进行通风，通风后检测瓦斯浓度小于0.5%时方可进行钻孔作业。钻孔时先开水、后开风以封闭粉尘，停钻孔时先关风、后关水，避免产生火花造成安全事故，钻孔全部采用湿式钻孔，严禁打干钻。

炸材选用。隧道为瓦斯隧道，开挖爆破炸药使用煤矿许用3号抗水煤矿粉状铵锑炸药，安全等级不低于二级，雷管使用延时130ms以内、段位1～5段的8号覆铜壳煤矿许用毫秒延时电雷管，起爆线使用多股软质铜芯线，起爆器使用200型防爆起爆器。

爆破作业管理。爆破作业严格按照"一炮三检"制度进行；隧道爆破前后雷管、炸药数量要及时清点、回收入库，并做好雷管与炸药回收数量记录；瓦斯工区爆破点20m以内，风流中瓦斯浓度必须小于1.0%，车辆、碎石或其他物体阻塞开挖断面不得大了1/3；隧道打孔、装药、封堵和放炮符合瓦斯防爆的有关规定，严禁采用明火放炮；装药前清除炮孔内的煤粉或岩粉，不得冲撞或捣实；爆破后，待工作面的炮烟被排除，爆破工、安全员、瓦检员必须首先检查爆破现场，检查通风、残炮、瓦斯浓度、煤尘、隧道安全情况等。

通风安全的要求。隧道在施工过程中，为了防瓦斯浓度超标，导致发生爆炸等安全事故的发生，首先，需要定期加强对瓦斯浓度的检测，其次，还需要加强通风，降低瓦斯的浓度。为了防止由于通风不足而引起层状瓦斯的积聚，通风采用 $2 \times 110kW$ 轴流通风机压入式 24h 通风。为避免由于风筒损坏而供风受到影响，对洞内再使用的风筒进行更换处理。

隧道开挖后的封闭。隧道爆破开挖后，隧道围岩会出现较多细小裂缝，瓦斯会从这些裂缝溢出，而造成瓦斯浓度加大，为有效避免瓦斯浓度增加，施工时及时对掌子面进行混凝土封闭，喷混凝土达到封闭瓦斯溢出通道。

临时停工要求。隧道出现临时停工时其工作面不停止通风，否则必须切断电源，设置围栏和警示标志，禁止人员进入洞内，并向现场负责人报告。当停工的工作面内瓦斯浓度超过规定不能立即处理时，必须予以封闭。恢复已封闭的停工工作面时，必须事先排除隧道内积聚的瓦斯。

瓦斯检测。每班人工瓦斯检测结果应及时上交瓦斯监控中，由值班瓦斯监控员对人工检测结果与自动监控系统相应位置、时间的自动监控值进行比对，并填写光学瓦斯检测仪与甲烷传感器对照表，两种方式相互验证，发现异常应及时查明原因。瓦斯检测和监测记录保持连续性、完整性，分类建档，专人负责。

泡桐岩隧道经过以上的措施改进与施工管理，实时的监测隧道中的瓦斯浓度，做到绝对的谨慎，工程得以顺利开展，在保证安全的前提下，稳步推进泡桐岩隧道的施工，取得了一定的经济效益，并促进工程项目的积极性发展。在施工过程中，不断分析与探讨，总结特点与经验，并积极主动地采取针对性地改进措施，从而实现对隧道施工全过程的监督与管理，确保隧道工程的整体施工安全与质量，为营达高速公路的稳步推进提供保障。

第六节　高速公路双连拱隧道施工的信息化管理

目前我国的高速公路工程中双连拱桥隧道的建设难度较大，而且涉及的工程项目环节较多，要达到工程标准和过硬的质量，在施工建设中采用信息化管理的方式来汇总各类双连拱桥隧道建设中的各个要素的分析和总结，在信息化处理和分析能力的帮助下，我们重点研究信息管理技术在双连拱桥隧道的建设中到底发挥了怎样的作用。

双连拱桥隧道施工需要的规划设计、工种类别以及建筑材料的选用等方面的信息数据复杂而庞大，工程的复杂程度受人瞩目，要对庞杂的信息进行处理，协调好各部门的工作规划，最好的办法就是将信息处理交给信息化管理技术完成。信息技术对于现代人来说并不陌生，但是在双连拱桥隧道的工程建设中使用还是一个相对比较新鲜的事情，然而一经使用信息化管理技术就展现了其巨大的优势，各种信息数据的搜集和整理，以及各部门的操作和行动时机的管控都很精确而合理，给工程建设带来了良好的施工秩序和高效的工程进展。因此，相关的技术人员要与工程建设人员加强沟通和交流，不断从专业的角度完善双连拱桥隧道信息化管理的技术创新和应用，以此为模板，争取推广到各种复杂的工程项目中，加快我国工程建设信息化的发展步伐，提高基础设施建设的质量和效率。

一、信息化管理技术的应用

该管理系统的作用与构成。一般情况下，在落实这一施工内容的过程中，基于该项工程施工地质条件较为复杂，加上又受到气候条件的影响，致使在实际施工的过程中相应勘查与测量工作的开展难度极大，人工模式下数据信息采集与处理工作难以得到完善且高效落实。而一旦相应数据信息内容收集的不完善，则就难以落实有效的应对措施，进而不仅加大了施工的安全风险隐患，同时施工质量与效益难以得到有效控制。而将信息化管理技术应用于该项工程施工中，则能够实现对施工现场数据的有效监控，进而通过高效的数据采集与处理技术来确保施工的顺利进行，进而保证在工程规定的工期内保质保量地完成施工任务，并提高工程的综合效益。这一信息化管理技术下系统的构成为：第一，管理系统。主要是围绕勘查、设计、施工数据信息的在线监测、数据信息的采集、传输与处理；第二，反馈系统。主要是针对设计优化与施工优化而言的，在施工前通过对数据信息的采集与分析，能够明确地质条件，进而实现相应施工应对方案的制定，确保施工工艺技术的完善落实，实现对施工安全风险问题的规避，进而落实设计与施工的优化，保证施工的顺利进行。

管理流程。运用信息化管理技术来保障双连拱桥隧道建设的正常运转，就要将各项工程事项逐渐融入信息化处理系统之中，按照信息化的管理流程严格执行相应的指令以及要求。这套管理流程的实施不但维持着工程进展的有序推进，还可以从各处环节和要点之中做好质量管控工作，在以往的质量管理中，主要是依靠管理人员的专业素质和职业操守、管理意识来开展工作，一旦出现人为的干扰和制度机制执行不到位，施工就很容易出现大小不一的问题，导致工程质量最终受到不良影响。信息化管理流程在双连拱桥隧道建设的初期勘查、规划以及施工中各阶段的进展情况等方面进行信息和数据的搜集，做出相应的分析后提供给决策者，在一些过程和细节处避免了人为因素的干扰，而且保障了数据的准确性，有助于施工的开展和推进。

此外，信息化管理流程具有掌控全局，扫除勘察盲区的巨大优势，质量管理工作由于受局限性和实效性所限，不能及时全面的掌握施工现场各处发生的事情，容易造成盲区的存在，而信息化管理流程的全盘施工管理方式，不但可以全面细致的了解施工进展，还可以根据其数据搜集后对资料的分析形成的方案计划，有效的指导施工人员有序的按照方案逐步完成建造任务。

二、信息化技术下的施工管理与反馈系统

管理系统。这一系统主要是完成信息采集、传输与处理工作，通过管理系统能够确保

工作人员第一时间获取施工相关信息资料，并结合自身的经验来实现对数据信息的处理。首先，信息采集系统。在当前社会经济高速发展的背景下，物流运输行业的迅速发展促使相应的高速公路建设工程逐渐增加，相应的双连拱隧道项目的施工需要按照具体施工技术规范的要求，实现勘测监控工作的完善落实，以通过施工信息数据的有效获取来实现对施工阻碍因素的有效处理，进而降低施工的难度并提高施工的安全性。而信息化技术的应用能够为实现施工信息数据的有效采集奠定基础，通过对数据的监控与采集，能够为落实完善的施工设计方案并及时解决施工中所遇到的技术难题提供保障。在实际获取信息数据的过程中，需要确保所采集数据值与采集项目间是对应的，进而才能够通过对数据的有效采集来实现对施工活动的指导；同时，在落实数据监测的过程中，量测间距的定位要满足行业标准要求，比如在围岩的测量上，相应的间距范围在 20~50m 之间。其次，传输与处理系统。第一，在信息传输上，不同技术的应用所呈现出的作用不同，一般情况下，如采用GPS 技术等，能够提高数据传输的精准性，其在实际操作的过程中相对较为简单，而如果采用的是 FBG 技术，则能够通过技术的抗干扰能力来提高数据质量的稳定性。而采用何种技术则需要结合施工项目当地的状况，根据实际需要来进行技术定位。第二，在信息数据的处理上，需要相应技术人员借助计算机数据处理技术以及自身的能力经验来进行建模，进而对施工的实际情况进行准确预测，为施工的顺利进行奠定基础。

反馈系统。这一系统的功能为：针对信息指导工程施工的情况进行动态监测，在监测的过程中，不仅能够实现对施工情况的反馈，同时还能够为及时明确施工过程中的突发状况进行反馈。而通过这一反馈系统，则能够为确保施工的顺利进行提供保障。同时，能够针对施工过程中所出现的问题进行反馈，进而为实现对施工设计图纸的优化、落实有效的施工工艺技术提供依据。通过信息技术反馈系统，能够在提高施工质量的基础上，提高施工设计的美观度，为满足道路交通运输需求奠定基础，同时，也能够为提高施工质量、确保道路运输的安全性提供保障。

综上所述，针对高速公路双连拱隧道的施工管理工作而言，将信息管理技术应用到这一管理工作之中，能够借助信息技术的优势作用来实现对施工数据信息的动态采集、分析与处理，进而为优化与完善设计方案、提高施工质量、确保施工的安全性提供技术基础。对于隧道施工项目而言，除了要保证隧道的施工质量，同时还需要实现隧道的美观性，而借助这一技术能够通过设计的优化来实现这一目标。在实际应用的过程中，需要按照相应的流程来落实管理技术，以充分发挥出信息管理技术在该项工程施工中的作用与价值。

第七节　高速公路隧道机电预留预埋工程施工和管理

高速公路是交通枢纽的重要组成部分，社会经济的发展促进了高速公路的建设也加快了发展的步伐。隧道机电工程在高速公路工程中发挥重要的作用，与高速公路完工运营的稳定性、安全性、高效性具有直接的关系。本节对现今高速公路隧道机电预留预埋工程施工存在的问题及其原因加以分析，对高速公路隧道机电预留预埋工程施工和管理提出建议。

高速公路是交通枢纽的重要组成部分，是社会经济文化交流的纽带，在社会的发展进步和人类的生产生活中发挥着重要的作用。随着经济的发展，各地区之间的经济交流的增多，高速公路等交通基础设施的建设不断增加，隧道工程的建设和隧道机电工程也随之越来越多。隧道机电工程与高速公路工程建设完毕后能否安全、稳定、高效的运行息息相关，因此，严把质量关，控制机电工程的施工和管理质量是高速公司工程建设的重中之重。

一、隧道机电预留预埋工程施工中容易出现的问题

在高速公路隧道机电预留预埋工程施工中存在一些容易出现的问题，总结起来主要有以下几点：

（1）在我国北方，高速公路隧道工程在排水方面通常设计为两侧排水，通常强电沟的设计上比弱电沟的尺寸要宽些。对于又长又大的隧道工程，通常在弱电沟的设计上加设消防管道。对于过窄的弱电沟需要先敷设直径为 159mm 的热镀锌无缝钢管，同时加设发热电缆及保温层，支架间保持合适的间隙。但是此种敷设方法带来的后果是管道架设占用了较大的弱电沟的空间，这就会使在进行弱电光缆的铺设以及监控缆线的铺设空间减少。

（2）在进行隧道风机预埋的施工中，吊装钢板的位置、环向预埋过顶管道、软启柜预留洞室位置与实际施工时的桩号位置有较大的距离，这就使得在风机在完成吊装后又拖着一条关系，不仅使美观度大打折扣，在排烟中很容易使线缆起火从而导致线路发生短路造成严重的后果，而且进行重新地预留预埋会非常麻烦。

（3）通行信号灯环向预埋过顶管道的位置不恰当，或者距离横洞太近或者在横洞后面的位置，位置不对导致预埋施工的返工，耽误工期，增加了投入。

（4）机电工程中的预埋件的规格尺寸与设计不符，或者材质不过关，质量控制不严格不规范。

（5）管材的预埋预留没有严格按照工艺的要求进行施工，尤其在连接的工艺不符合质量要求，从而使得在施工过程中的二衬混凝土发生变形，管道内漏浆，接头不规范，使得缆线无法在管道内串通，只能返工重新进行预埋。

（6）洞室预留的尺寸与设计要求不符合，或者洞室形状不正不规正，有的洞室深度不足，宽带不够。

二、问题产生的主要原因分析

针对施工中容易发生的以上几点问题，通过实践检查和总结，对问题发生的原因进行分析，总结起来原因主要有以下几点：

（1）对于又长又大的隧道，特别是超长的隧道管道的预埋所涉及面较广，牵涉的问题较多，如：通风照明、配电电压、强电和弱电的线路等，大部分的施工单位在此类专业中缺乏专业的工程师，对管道的预留和预埋等工程的具体施工没有清晰的认识，更缺乏专业的设计分析。现代施工技术对于长大隧道的施工中使用的二衬台车多是采用模板一次性的加工制成的，其特点就是有固定的开孔，如果开孔出现偏差，重新开孔操作起来有很大的困难。而在进行吊装风机的钢板预埋的施工中，多是按照预先设计的位置在二衬钢格栅上进行预埋，钢板的预埋和开孔操作二者之间无法同时进行。

（2）隧道机电工程的预留预埋在工程设计交底的时候没能做到清晰明了，对于预埋预留的图纸说明不清楚、不详细或者有歧义存在，使得施工和监理单位对预留预埋的设计不能清楚的了解，对预埋件存在的作用没能明白的理解。

（3）施工单位对隧道预留预埋工程不够重视，缺乏认识，对质量掌控不言，管理不严谨规范，使用不合格的劣质管材。

（4）工程监理单位缺乏隧道机电方面的专业工程师，对专业知识认识不够。隧道预留预埋是隐蔽工程，监理单位缺乏专业知识，同时又对工程的重视度不够，使得工程的质量难以得到保证。

三、关于隧道预留预埋工程的建议

隧道机电工程预埋件的设计：

隧道记得预留预埋的工程设计图纸最后保持与土建工程设计图纸的同步设计和完成，如果不是出自同一个设计院，需要做好协调工作，以将预埋工程的设计位置和工程量加以确定，以免各自为战产生工程设计上的偏差和遗漏。隧道土建工程一般采用招标的形式进行工程承建单位的选择，在招标文件上应该含有隧道机电工程中预留预埋工程的项目清单，便于进行工程预算。

隧道机电的供配设计和监控设计如果来自不同的设计院进行设计，有必要针对机电工程的设计召开协调会议，对机电设计进行商讨和研究，以免两家设计产生冲突，也避免有遗漏产生。

隧道机电预留预埋在设计的时候就要将线缆的敷设加以充分的考虑，预留出合适的位置和空间，预埋尽可能地使用暗管，充分考虑安全性，保证机电工程在投入运行的时候能够安全、稳定。

设计完成后进行施工之前做好机电工程预留预埋的设计技术交底工作，做到清楚明了，对预留的意图、作用交代清楚，以使土建单位对预埋设计清楚明白。

做好隧道机电预留预埋工程的施工工作。施工单位在进行机电工程预留预埋的施工中，在进行二衬台车和模板的制作过程中要严格按照图纸设计，在模板台车上预留两处洞室和管道开口，以便与在需要的时候对位置进行调整。在施工现场做好施工技术交底工作，使施工队伍对预留预埋的位置进行了解，同时对施工工艺加以明确。对于隐蔽工程，严格控制材料的质量，对接头严格使用套管进行焊接，不可直接对焊，对连接端口的内口进行处理，并对接口进行防锈的处理，一定要确保管道的畅通，坚决抵制假通。保证洞室模板的刚度，避免混凝土发生跑模。配电箱施工完成后对空余钢管进行封闭，对接线的裸露处进行绝缘处理。

做好隧道机电预留预埋工程的监理工作。监理单位要履行职责，严格质量关，对预埋件材料的质量进行严格的控制，对隐蔽工程做好监管工作，尤其是接头的处理，按程序要求保留抽检资料。对二衬施工的工艺进行严格的控制，对于二衬试验段进行单独的验收。对于预埋管道进行细致的检查，保证管道的畅通，无假通的现象存在。在施工单位进场后，监理单位对预留预埋工程进行全面的检查，对发现的问题和缺陷技术沟通，及时修复，做好质量监督工作。

做好隧道机电预留预埋工程的项目工程管理工作。对隧道机电预留预埋工作加以重视，配备专业技术工程师，从技术方面做好质量控制工作。在设计阶段做好协调工作，使隧道主体工程设计和隧道机电预留预埋设计保持同步。加强二衬试验阶段的工程管理工作，定期对预留预埋进行专项检查，从而及时的发现问题并解决问题，保证机电工程的顺利进行，减少返工，从而减少成本的投入。

第六章　高速公路隧道施工安全管理

第一节　高速公路隧道施工质量控制与安全管理

保障隧道的施工质量和安全是一个系统工程，应从选择科学合理的施工工艺，采用湿喷工艺初喷混凝土，严格执行各项支护参数，施工积水及时引排，尽量使用分离式防水板，横坡及纵横向排水管充分考虑地层岩性及水文特征进行设计，按规范埋设备种电力管线及施工安全逃生管道等方面做好该项工作。

一、选择科学合理的施工工艺

开挖方法的选择。开挖方法的选择应充分考虑隧道断面尺寸及所处地形、地质、环境条件，选择适宜的开挖方法，严格按照施工工序施工，尤其是隧道施工进洞，必须尊重断面大小及洞口特殊的地形地质条件，严格按照设计要求施工。特殊地形地质条件下的施工工艺主要有：a）环形开挖预留核心土法；b）双侧壁导坑法；c）中隔壁法（CD法）；d）交叉中隔壁法（CRD法）。

开挖技术及质量控制。隧道爆破在无特殊要求时，一律采用光面爆破技术，且残留炮眼痕迹在开挖面上均匀分布，炮眼痕迹保留率应满足一定的要求，即硬质岩达到80%及以上，中等坚硬岩70%及以上，软岩达50%。开挖过程中，不同围岩地段，开挖面与支护断面间的距离应满足相应规范和设计要求，及时支护，使隧道受力结构体系早日封闭成环，确保结构受力稳定安全。台阶法开挖时，其台阶长度不宜超过隧道开挖宽度的1.5倍；双侧壁导坑法施工时，导坑形状近于椭圆形断面，其跨度宜为整个隧道跨度的1/3；左右导坑施工时，前后拉开距离不宜小于15m，导坑与中间土体同时施工时，应超前30m ~ 50m。

严格控制欠挖，拱脚及墙脚以上1m范围内严禁欠挖，这些位置是隧道结构受力传递的关键部位，必须保证受力面积。在隧道掘进过程中，应尽量减少超挖，不同地质条件下超挖值应控制在相关技术规范许可范围内，超挖部分必须用同等强度的混凝土回填满，确保隧道衬砌整体受力。

二、隧道喷射混凝土施工机具及喷射质量要求

隧道喷射混凝土采用干喷工艺既违反了规范，也不符合设计要求，结果导致隧道施工质量大打折扣。湿喷可大大降低粉尘浓度，消除对工人的健康危害，且回弹度低、水灰比易控制。喷射混凝土品质较高，要求隧道喷射混凝土一律采用湿喷工艺，并将湿喷机的技术说明书复印件及现场施工照片提交给驻地办审查后报建设单位核备。

喷射混凝土的骨料及水灰比须满足设计强度及喷射工艺要求，喷射前应清除侵入衬砌欠挖部分的岩块，喷射混凝土应饱满无空隙、表面平整，且保证钢筋保护层厚度不少于1cm，临空一侧不少于2cm。

三、隧道初期支护与二次衬砌施工质量和数量控制

锚杆施工质量及数量控制。中空注浆锚杆施作时应保持中空通畅，并留有专门的排气孔，水泥砂浆锚杆钻孔直径应大于杆体直径15mm，保证砂浆与锚杆和孔壁强力黏结，有效加固围岩；锚杆外端需留足5cm的露头，并用红色油漆标点示意，以便施作锚定板锁定锚杆，同时也方便进行数量及质量检测等计量工作。

钢筋网的铺设及尺寸要求。钢筋网铺设前应初喷一层混泥土，钢筋网应随受喷岩面起伏铺设，与受喷岩面的最大间隙不宜大于30mm；采用双层钢筋网时，第二层应在第一层钢筋网被初喷混凝土全部覆盖后进行铺挂；钢筋搭接长度不得小于30倍钢筋直径，并不得小于一个网格长边尺寸。

钢架（各种型钢及格栅拱架）间距及施工要求。相邻两榀钢架之间的距离必须满足设计要求，严禁偷工减料。钢架供脚必须放在牢固的基础上，应清除底脚下的虚渣及其他杂物。脚底超挖部分应用喷射混凝土填充；钢架应分节段安装，连接钢板平面应与钢架轴线垂直，两块连接钢板间采用螺栓和焊接连接，螺栓不应少于4颗；两榀钢架之间的纵向连接筋直径不小于18mm，纵向连接筋间距不应大于1m；钢架应垂直于隧道中心线，竖向不倾斜，平面不错位、不扭曲，上下左右允许偏差±50mm，钢架倾斜度应小于2°；钢架与围岩之间的空隙应用喷射混凝土充填密实，喷射混凝土由两侧供脚向上对称喷射，并将钢架覆盖，临空一侧的钢筋保护层厚度不小于2cm。

模筑混凝土衬砌施工质量控制。质量控制措施如下：

a）模板及支架必须具有足够的强度、刚度和稳定性，尤其是调整模板外伸内收的支撑杆，它是控制隧道二次衬砌外观及净空尺寸的关键；

b）模板必须经除锈、打磨、涂油后才可投入使用；

c）模板安装前，必须检查防水板、排水盲管、衬砌钢筋、预埋件等隐蔽工程是否符合设计要求，并做好记录以备查；

d）混凝土的配合比应满足设计和施工工艺要求，且应连续浇筑，如因故中断，其中

断时间应小于前层混凝土初凝时间或重塑时间，当超过这个时间后，应按施工缝处理；

e）拱部衬砌浇筑时，应在拱顶预留注浆孔，注浆孔间距不大于 3m，每一模板台车范围内预留注浆孔不少于 4 个；

f）在焊接或绑扎二衬内部钢筋时，必须用木垫板挡在后方，防止操作不慎击穿防水板，导致防水板失效，造成隧道二衬渗漏水；

g）隧道二衬拱脚是关键受力部位，其与仰拱的连接尤为重要，如果连接筋间距和位置及保护层厚度不能达到设计要求，容易造成应力集中，导致二衬变形开裂，所以在布设这个部位的竖向连接筋时，必须按照设计尺寸从隧道中心线向两侧放线定位，确保钢筋间距、位置及混凝土保护层厚度，经现场监理检查确认达到设计要求后方可进行下一步施工；

h）隧道结构体系的受力传递基本上是沿弧线进行的，隧道中的"矮边墙"不能保证隧道拱圈与仰拱有效顺接封闭成环，接缝施工质量难以控制，容易漏浆，混凝土密实度低，会造成衬砌渗漏水，导致电缆沟积水，边墙混凝土施工缝容易错台，破坏了衬砌混凝土结构的整体性，带来质量安全隐患，所以高速公路隧道禁止施作所谓的"矮边墙"，二衬混凝土浇筑前，必须严格按规范检查模板台车，浇筑必须一次完成。

四、隧道防排水及施工质量控制

顺向坡排水沟断面应满足排除隧道中渗漏水及施工废水的需要，并经常检查排水设施，防止淤泥堵塞，要确保水路畅通。在膨胀岩、土质地层、围岩松软地段，尤其是亲水性较强的围岩地段，排水沟中不得有积水，宜根据需要对排水沟进行铺砌或用管槽代替，及时将积水引排出洞，防止拱脚围岩遇水软化，降低承载力，影响隧道结构受力。洞内反坡排水必须设置集水坑，其位置应不影响洞内运输和安全，并装配好水泵及时抽水，集中汇流引排。

复合型防水板由于在加工生产过程中会降低防水板纵、横向扯断伸长率和厚度，其产品结构难以到达国家规范要求的指标，因此，高速公路隧道不易使用复合型防水板。防水板铺设前，应整平初期支护表面，清除表面突兀坚硬物，尤其是锚杆多余的露头应锯掉，凹陷处应用喷射混凝土或砂浆找平；防水板之间的搭接宽度不得小于 10cm，且绑扎或焊接钢筋时，不得损伤防水板，振捣混凝土时，振捣棒不得接触防水板。

环向排水盲管应使用柔性弹簧软管，其直径及抗压抗变形能力必须满足设计及规范要求，应紧贴支护表面或渗水岩壁安设，排水盲管展布圆顺，不得有起伏。

布设纵向排水管时，应用防水板将排水管向衬砌外侧卷起，这样才有可能充分发挥纵向排水管的作用，否则二衬后的积水不易被排出，将导致二衬漏水或渗水，电缆沟积水。

中心导水管坡度应符合设计要求，管路埋设好后，应进行通水试验，发现积水、漏水及时处理。

止水条、止水带的布设应严格按照相关技术规范施作，尤其是止水条，可事先在每一模板二衬前断面中心位置预留一个槽，将止水条卡入填实，预留槽的制作可将一木条或麻绳等易取出的物件预埋在二衬中，板的宽度或麻绳直径尺寸为 1／2 止水条宽，卸模后将其取出成槽。

五、隧道施工安全管理

隧道施工应作为安全标准化工地建设的重点，严格按照工地安全实施标准施工，规范指挥行为、作业行为和生产设施，实施标准化管理。

洞内通风管、高压风管、输电线、照明线、运输道路、人行道路要统一规划并加强维修，做到布设整齐、状态良好，机械设备要规定存放位置，料具要堆码整齐，应派专人负责保管。

成洞地段供电线路必须正确架设，未成洞地段应采用不高于 36V 的低压电源、动力线电缆供电，并固定位置架空敷设。

洞内洞外都应在醒目的位置设置宣传标语及警示标志，使作业人员随处可见，提高安全防范意识，洞口位置应设置值班室，进洞必须登记，佩戴安全帽。

为预防发生隧道坍塌封洞而导致无法逃生，在离隧道掌子面 10m 边墙附近布设逃生管道，管道采用直径 ≥ 80cm、壁厚 ≥ 4cm、长度 ≥ 40m 的钢管。

爆破起爆完毕后，应设专人进行检查，处理危石悬石，并设人监护，确认安全后，其他人员方可进入；同时要做好洞内防尘及降低粉尘工作。

瓦斯隧道应按照相应规范的要求，做好瓦斯气体浓度监测及预警机制。要高度重视瓦斯监测盲点，尤其是超挖空间气体浓度的监测要及时到位，必要时进行超前探测，有条件的地方可安装瓦斯浓度自动监测及预警系统，全天候监测预警，确保瓦斯隧道施工安全。

第二节　高速公路钻爆法隧道施工安全管理

针对高速公路钻爆法隧道施工过程中安全管理体系以及安全管理的方法与措施进行了讨论，结果表明，只有将安全生产的意识落实到施工的每一个环节，同时结合先进的安全管理方式，将安全生产的理念贯彻于每一位施工人员，如此才能最大程度减少施工事故的发生，实现项目的施工安全。

随着我国的经济不断发展，我国现有的公路与铁路资源已经不再能满足于现有的需求。为了实现适应于经济的发展步伐，很多的公路与铁路项目都相继进入建设之中。然而在很多项目的施工过程中，由于施工安全管理以及施工人员的安全意识薄弱，导致了很多大型项目的施工过程中，安全生产事故频发，这不仅仅对于施工人员的人身安全造成了很多的威胁，同时也导致项目承受了巨大的经济损失以及不良的社会影响。高速公路的隧道施工过程中，隐蔽性大且作业面比较狭窄，加上隧道施工的地质结构变化复杂，对于相关施工人员的施工技术与经验有着相当高的要求，同时也对施工过程中的安全管理问题提升了难度。隧道项目的钻爆法施工时，产生安全事故的可能性为其他施工方式的 3 倍以上。

本节结合自身的隧道钻爆法施工项目的安全管理经验，对于施工安全问题进行了简要的探讨。

一、施工安全的管理体系

安全生产责任制以及相应规章制度的建立。项目的成立初期，项目经理作为项目的总负责人应对于相关部门进行组织管理，设置相应的规章制度以及安全生产的责任制，将责任制管理落实到管理部门的每一个人。值得注意的是，生产安全制度以及规章制度的建立应结合实际工程项目进行设计，同时保证每隔一段时间进行相关制度的更新，以满足实际工程的需求。建立好完整的规章制度与安全生产责任制之后，应做好相关的组织学习工作，使得每一位施工人员的安全生产意识得到提升，确保他们对于自身的安全生产职责有着深刻的了解。同时做好相关的施工记录，以便安全生产责任制得以实行。如此才能有效实现安全管理体系有条不紊的得到落实。

安全施工管理组织机构的建立。施工项目的安全施工管理组织结构应由各级的安全生产管理人员以及项目的安全管理组合而成。为了有效实现项目的安全生产条件，相关的项目安全生产管理人员应具备相应的安全生产意识以及安全生产的管理能力。安全人员专职管理方面，项目部应设置出相应的安全总监以及安全专职管理员等，随时对施工现场的安全进行监测。

实现安全生产的标准化建设。依据高速公路的钻爆法隧道施工要求以及施工的特点，施工过程中应保证安全第一这一核心内容。同时项目施工过程中应严格依据相关的安全生产责任制以及安全管理制度进行标准化操作，通过监控设施及时排除一些隐患位置的危险，并建立相应的生产预防机制，及时规范化生产行为，保证每一个施工的环节都控制在标准范围之内；同时建立相应的安全绩效机制，以确保施工过程中施工人员处于一种安全的施工环境之下。此外，相关的项目负责人应对于施工项目的安全等级进行专业的评定，不断完善施工的标准化流程，同时通过合理的培养机制，有效地进行员工的素质培训，减小施工过程中安全事故的发生。

加强对于安全生产的培训。我们知道，要想减少施工过程中的安全事故，应有效的加强对于施工人员安全意识的培养。因此进行项目的施工之前，相关的项目部应积极组织各种安全教育，提高施工人员对于施工风险的辨认能力，实现安全事故发生时，能及时进行控制与应急处理，如此可以有效降低安全事故产生的影响。对于施工人员的安全生产方面的培训，相关的项目单位应进行定期的组织与安排。此外对于一些新上岗的施工人员，应对其施工技术进行严格的审查，对于一些审查不合格的工作人员，及时进行相关的安全施工培训，直到其通过相关的考核为止。进行隧道项目的钻爆法施工的安全教育培训的主要内容有安全评定结果的解析、安全施工的施工方案、钻爆法施工的相关操作规程、现场的应急措施等等。安全生产的教育培训应彻底落实。

二、高速公路钻爆法隧道施工时的安全管理

对于一些隐形威胁的控制与管理。为了防止施工过程中的安全事故的发生，进行隧道项目钻爆法施工之前，相关的项目部应通过实际项目的情况，合理的施工安全评定方式，对施工项目进行危险等级的鉴定。同时通过各种施工安全评定方式，对项目中的一些隐形危险问题进行控制与管理。在对项目的隐形危险进行及时的排除与控制的基础之上，项目部应及时制定出隐形危险处的安全施工方案，对于每一个操作的流程与细节进行严格的控制与监督，有效减少施工过程中安全事故的发生。

高速公路钻爆法隧道施工过程中的隐形危险主要有以下几种情况：隧道的结构失稳、高空作业时的支护稳定、爆破物品的安全运输与储存等等。不同的施工隐形危险，项目的侧重评定方式与侧重点都有所差异，因此进行危险源的排除与评定时，应根据实际施工情况，制定出合理的危险源的排除措施，确保施工过程中所有的危险源都处于一种可控状态之下。

施工安全检查。安全检查是项目实现安全管理的重要内容，同时也是进行安全管理工作的一项必不可少的内容。安全检查的目的在于通过对于施工人员、施工器械、施工条件、施工环境等各方面进行危险排除，有效地将安全事故的发生消灭于萌芽之中。通常而言进行隧道钻爆法施工时，生产检查应日常以及定期地进行，对于日常的安全检查，应由一些施工人员来进行，待安全检查之后，方可进行施工；与此同时，项目部应组织相关的项目部的负责人员进行定期的项目安全的验收工作。对于一些安全验收工作不符合标准的情况，相关的项目部应对安全责任人进行严重处罚。日常的施工安全关系着所有施工人员的人身安全，应予以特别的重视。

高速公路钻爆法隧道施工的安全技术措施。高速公路钻爆法隧道施工过程中应结合实际的施工情况，以安全生产为主要的指导思想，依据相关的施工标准进行制定各项施工的安全技术措施。高速公路钻爆法隧道施工过程中，安全技术措施主要在于洞口的开挖、钻爆施工过程、初期支护、衬砌、隧道内部施工环境的布置等等项目。制定好相应的高速公路钻爆法隧道施工安全措施之后，应给予上级部门进行审核，审核通过之后，方可进行实际的项目施工。

施工过程中事故的应急处理措施。为了及时处理施工过程中所发生的安全性事故，将事故造成的损失控制到最小。相关的项目部应根据实际情况建立事故的应急机制，使得事故发生后可以进行尽快地修复。在完成潜在危险的确认之后，项目部应立即设置相应的安全管理组织，制定相应的危险应急预案，并且设置相应的安全管理责任制。此外，在项目施工之前，应配置好相应的应急物资与器械，并对这些物品进行定期检查，以确保状态良

好。同时项目部应定期开展应急预案的相关培训，确保所有的施工人员在事故发生时知道如何自救与互救。

三、高速公路钻爆法隧道施工的辅助安全管理措施

安全生产平台的应用。目前，我国的很多施工企业都已经开始建立安全生产的管理平台，同时加大了对于项目安全生产的监控力度，并及时控制了施工过程中的各种管理动态，以便于施工过程中的项目预警与规范化施工。安全生产平台的建立，使得施工过程中的安全管理实现了网络化与程序化。经过安全生产平台，可以实现安全管理资料的录入，有效提升了安全管理人员的责任感与监督意识，使得安全管理工作得以贯彻。

HSE 管理体系的引用。近几年来，HSE 管理体系首先被应用于石油天然气的行业之中，得到了各界的广泛认可，使得 HSE 管理系统成了一种共同的行为准则，逐步进入了我国的建筑施工企业之中。系统的 HSE 管理体系在于突出科学的管理方式进行防范可能有的危险，结合全员参与的思想，将整体管理的思想应用于施工过程之中。HSE 管理体系的使用对于企业有着很大的好处，不仅可以节省资源，提升企业的管理水平，同时可以有效地改善企业的形象，确保施工过程中事故发生的概率变小。

随着施工安全事故的频发，越来越多的企业开始重视于施工的安全生产与管理。高速公路钻爆法隧道施工是一项潜在危险性很高的项目。只有通过精细化与规范化的安全生产管理，各种培训与教育的方式提升施工人员的安全生产意识，结合各种安全施工技术以及先进的安全管理体系，将安全管理的理念落实到每一个施工环节之中，如此才能最大限度减少施工事故的发生，实现项目的施工安全。

第三节　高速公路隧道机电工程施工安全管理

在高速公路隧道工程施工是一个涉及机电、通风、机械自动化控制等多个技术领域的复杂系统工程，技术复杂、施工质量要求和运行安全可靠性要求高，且具有施工线路狭长、工程量大、施工工期紧张、系统复杂、不同领域的技术集成度高等特点，本节重点就高速公路隧道机电工程施工安全管理进行了研究和分析。

高速公路行业作为中国当前蓄势待发的新兴产业，我国高速公路正处于高速的发展期。隧道维护在隧道运行和高速公路管理方面起着重要的作用，是高速公路不可缺少的组成部分。隧道机电设备的集约化管理是高速公路管理部门提高效率与效益的发展趋势，有利于我国高速公路更好地提高经营效益、增强服务型企业的竞争能力。随着智能交通（ITS）的深入和机电系统标准化、一体化、精细化管理进程的发展，相信我国高速公路隧道机电

系统维护会有更加美好的发展与未来。

一、高速公路隧道机电工程施工概述

隧道机电工程具有其特殊的作业流程，其中关键的一环就是安全工作的准备和落实，如：准备好标志、标牌、防护用品，正式作业前要按规定摆好反光锥、标志牌、引导牌、动态警示标志；作业人员穿戴好反光背心、安全帽以及安全带；然后经现场专业安全员检查通过后，安全保障人员各就其位，开始正式施工作业。特别是特种作业，如：电工作业中送电时就要从高压侧往用电侧逐级合闸，断电时就要自用电侧向高压侧逐级断电，并且是两人以上同时在场经严格检查挂牌后操作。如：隧道内高空安装，不允许带人移动脚手架的。特种作业人员持证上岗制度，专项施工方案论证制度，危及施工安全工艺、设备、材料淘汰制度，生产安全事故报告和调查处理制度《建筑施工安全检查标准》等。硬件设施包括按各式标牌和标志、各式电子警示和诱导标志、隔离墙（栏）、反光条、假人等。制定完善的安全管理制度并配备足量的硬件保障设施是避免现场事故的根本保证。特别是在隧道机电工程施工中，最前面有专人摇旗提示、按规定摆放距离标牌、引导标牌；使用反光锤桶封住延伸至洞外 500 米以内的施工区域。作业脚手架区域配备足量的安全保障人员；配备专门的安全管理指挥员，不间断巡视督导是行之有效的方法。

二、高速公路隧道机电工程施工准备

隧道机电安装工程正式开始施工前，应编制确定项目的施工总进度计划方案和单项安装工程的具体网络计划。在安排施工技术人员、现场管理人员组成项目管理部时，应组织抽调在机电、消防、通风、通信及自动化等相关专业且具有相对丰富的施工经验和较高理论水平的工程技术人员。在安装施工所需的机械设备准备方面，应注意配备足够的运输工具（如叉车、工具车等）和高精度测控仪器（如多功能信号源、光纤熔接仪、便携式误码检测仪等）。针对该隧道机电工程项目设备材料需求量大，设备质量要求高等特点，对于大部分重要的大型机械设备和材料选择采用国外进口的先进机械和优质材料，并根据各分部工程的具体工期要求，制定了具体明确的机械设备和材料采购方案。

三、高速公路隧道机电工程施工技术

（一）通风和消防系统施工

该隧道机电安装工程中，通风系统和消防系统的设备是主要的大型机械系统设备。隧道通风系统选用纵向射流风机通风方式，在隧道洞顶上分散均匀地安装了 15 台 1250mm、功率为 60kW 的射流风机 . 风机采用预制钢支架固定：消防系统供水设备主要包括有 2 台潜水泵（型号为 QXlO）和 2 台消防泵（型号为 XBD6.4/5—65 型），潜水泵安装设置在相应的集水井内，消防泵则设置在消防泵房内。在隧道洞顶上安装射流风机时，要求对每块预埋铁构件进行相应的额定载荷试验，每一块预埋构件的强度和稳定性要通过试验验证后才能进行设备安装，射流风机的钢吊架选材、预制、安装及焊接施工都应充分考虑到通风机长期悬空吊挂持续运行的特殊要求。确保通射流风机的长期运行安全。

（二）消防管道安装施工

消防管道接头处采用沟槽式方式进行连接，其主要安装程序如下：现场测绘，绘制消防管道系统（包括消防栓）加工草图，管材预制，管道支架、吊架预制，支吊架热镀锌处理，支墩混凝土浇注施工，管道、消火栓铺装，设备接口连接，管道吹扫，消防系统试压、调试。为了尽量提高施工效率，拓展隧道内施工作业面，可将管道切割加工、配件制作等工序安排在隧道外的相应场地上进行，待隧道内管道支墩、支架等基础设施完工后再将预制管道构件直接运进隧道内安装，但运输过程中应注意防止管道管口等易损部位或构件压槽碰伤。安装消防管道时，应按管道走向顺序依次铺装，并遵循先总管后支管、先大管后小管的基本原则，各总管和支管的三通接口处也均采用沟槽式管接头进行连接处理，消防栓应嵌入隧道侧壁结构内进行安装。

（三）电气及监控系统安装

隧道内通风机动力系统及照明系统，以及防雷接地系统等设备，隧道内的照明灯具主要吊挂在隧道洞顶纵向布置的桥架下方，局部侧壁上也安装了转向信号灯。隧道内监控系统主要包括有中央控制室内的计算机、网络服务器、控制台、智能火灾探测器、消防报警系统、扬声器、车速测定仪、紧急求救电话、区域性控制器、彩色摄像机及电力监控系统等设备。安装隧道洞顶部位的桥架时，由于隧道顶部沿水平方向存有相对较大的曲率，直接在洞顶放线定位安装桥架具有相当的难度。经项目部施工技术人员讨论和监理工程师的批准，先在隧道路面上放线定位，然后再用线坠将桥架的设计点位返至洞顶。鉴于隧道洞顶的桥架、灯具、通信电缆及其他测量、监控设备的安装量相对较大，还特别改装研制了二十多只移动式安装施工平台。

本节结合某高速公路隧道机电安装工程施工实践，对施工准备、通风和消防系统、消防管道安装、电气及监控系统安装等关键施工工序和技术进行了重点探讨，并对施工管理要点进行了总结，对同类工程具有一定参考价值。

第四节　EPC 模式下高速公路隧道施工安全技术管理

为了适应社会发展的需求，高速公路建设项目发展的也极为迅速，虽然高速公路的建造技术得到了完善和提升，但是隧道施工项目中依然存在很多技术问题和管理问题。EPC模式在我国现代公路工程项目实际运作中的引入运用，对我国实现公路工程项目全国性管理干预具有重大意义；EPC是由承包公司在接受业主委托之后形成的一种承包模式，必须根据合同开展工程项目。本节将针对EPC模式下高速公路隧道施工安全技术管理进行分析报告。

在传统的建设中，隧道施工是由要穿越的山体或进行地道打通建设，这两个施工都需要耗费巨大的资源，安全性较低。EPC是英文"Engineer-procure-construct"的缩写，含义是对某个工程负责实施设计、采购、施工，即工程总承包，是一种相对流行的承包模式，能够显著提高工程项目质量。在公路工程EPC模式下隧道施工的安全技术管理也得到了提高，本节将对此做出分析，报告如下。

一、我国高速公路隧道施工现状

随着社会经济的不断发展，我国高速公路隧道施工技术也得了显著提高，但即便如此，我们依然要承认，相较于西方施工技术高超的国家而言，我国依然望尘莫及。隧道施工由于空间小，地质条件变化复杂，很多风险因素都是不可控制的，从而无法确保技术和管理能够发挥出其真正的作用。相关数据显示，公路工程中重特大事故占总数的35%，死亡率超过30%，而单次死亡人数大于10人的特大安全事故占比高达50%。由此可见，隧道施工建设中，安全事故问题非常严重。

二、EPC 管理模式的内涵

EPC管理模式主要分为设计、采购、施工三个内容，指的是工程项目承包商全权负责项目的设计，物资采购及施工等工作，是一项总体性工作，并具体负责与该工程项目的试运行工作相关的服务项目，因此也被称为交钥匙工程。承包方承担了更多的任务、更细化的责任以及更大的风险，但是却降低了建设方的风险与责任。但是在EPC模式下建设方与承包方都明确了各自的权利和责任范围，这样既能让建设方从琐碎的事务中解放出来，进一步把控工程项目的大方向，也能方便承包方对项目实施灵活性规划和安排，确保工程项目的顺利开展。其缺点在于建设方参与施工过程不多，控制具体工作的能力较弱。

三、高速公路隧道施工中存在的问题

勘察地形不到位，增加施工难度。不同地域的地理条件也不尽相同，地形、地质的复杂程度也不同，因此对隧道的施工技术要求也有所不同。在开展高速公路隧道施工时，必须仔细勘察施工区域的及周边的地理环境，经过分析研究确定合理的施工方案，有效降低安全事故的发生率。准确判断周边的地形地势，确定所选区域是否具备隧道施工的条件；如发现所选区域处于泥石流频发地带或岩石断层时，在进行隧道施工时务必做好防护措施；而在隧道施工前期没有做好勘察工作，在具体施工中也会忽略掉这一问题，当有突发状况时，无法及时应对，严重影响到隧道施工的质量及工期。

工期短，隐蔽工程多。我国的高速公路隧道项目施工的周期都很短，这种情况使得施工质量及安全性得不到保障，同时由于时间紧迫，也会引起操作失误，设计图纸和施工图纸之间存在误差等；在短时间内施工使得误差的存在是无法避免的，而且容易使完工后的质量检验流于形式，并未认真检查，存在很多安全隐患。隧道属于地下工程，无法掌握工程结构，受到地下施工检查效果的影响，使得隐蔽工程较多；此外，受到各个工序之间关联性的影响，如果无法尽早发现隐蔽工程，严重威胁到隧道工程的安全性。

四、EPC 模式下高速公路隧道施工安全技术管理措施

做好准备工作。在开展隧道工程以前，必须实地考察不同路段的地质条件，即使是同一条公路也要分段检查，从而得出全方位的勘察数据，了解施工区域内的岩层结构及地下水情况，实施动态调整公路隧道施工设计方案，即以公路隧道施工进度的实际情况为依据在遇到问题时随时调整施工设计，确保工程的安全性及质量；保证实际开挖地与设计图纸相符，以免因为不必要的问题而延长工期而造成经济损失。此外，还需细致考察施工区域内的地质、水文条件，为隧道施工提供正确的指导意见。

安全管理责任制。安全管理机制对隧道施工安全管理工作的开展具有重大意义，在实际中，必须结合施工的具体情况，制定完善的安全管理机制，同时将企业效益同安全管理质量结合起来；在隧道施工项目中，第一责任人为项目经理，成立由专业的管理人员组成的管理机构，负责全部隧道安全管理活动；鼓励施工人员参与到安全管理中，结合现场制定对应的安全管理制度，明确每个人员的责任，确保其能够按照制度开展管理活动。

增强安全风险防范意识。在隧道施工开展中，必须定期开展动态危险源调查、项目危险源清单、危险源辨识及风险评估、重大危险源清单、重大危险源调查、重大危险源辨识及评价等工作。此外，还要对特种设备、民爆物品、隧道专项施工安全监测及临时用电情况进行检查，机械设备进场前必须做好检验工作，确保机械设备性能优良后方可进场施工，制定机械设备的检查、维修、保养工作方案，保障现场所使用的机械设备均处于性能良好状态，同时建立相关档案。

易燃易爆、有害气体的监测。隧道施工安全技术管理中易燃易爆气体（瓦斯）和有害气体的监测是不可忽略的关键要素；目前，我国对隧道瓦斯浓度的监测主要采用人工监测和自动监控，检测人员使用便携式瓦斯检测仪在检测点直接读取数据；在开展隧道施工前，必须安排专职人员对隧道内的瓦斯实施检测，确保隧道内瓦斯浓度低于规定的范围，以免实施期间发生瓦斯爆炸等安全事故。对于开挖面、断面等地方应安装有害气体监测装置，利用检测仪实现监测功能，使气体浓度信息及时传递到后台，以便工作人员做出防范，确

保隧道施工安全进行。

隧道围岩问题。在施工前，技术人员必须对隧道中围岩的情况进行勘探，只有掌握实际情况，才能做出科学、有效的改善策略；以 V 级围岩为例，V 级围岩受风化及侵蚀的影响严重，使得岩石稳定性较差，传递荷载的性能也较差，为更好的解决这一问题，可以采用台阶施工方式实施开挖作业，这种不仅能控制台阶高度，也能控制长度。此外，施工中必须在隧道围岩布置监测点，主要监测点为变形、沉降，以便及时获取围岩结构变化信息，做出预警以防安全事故的发生。

安全应急预案。在隧道施工中，任何安全事故的发生都是不可预料的，因此必须制定安全管理制度，确保在出现安全事故后，有关单位能及时做出反应，有效控制事故的发生及扩大。此外，在制定应急预案后要定期组织施工人员进行演练，对突发状况进行现场模拟，结束后仔细记录演练情况，总结演练中的问题并进行修改完善，确保施工人员在发生安全事故时按照指挥迅速处理问题。

隧道施工安全的保证措施。隧道内应设有逃生管道，采用特殊钢板制成，随着隧道的掘进，逃生管道也要不断地向前移动；一旦施工中发生事故，洞内的工作人员可通过逃生管道撤离现场，降低隧道事故的伤亡数量。此外，监控技术不仅能够有效保障施工人员的人身安全，从根本上减少安全事故的发生率；还可以通过对现场施工质量的监控，确保施工技术的合理性，进而保障施工安全。

隧道施工的安全和质量直接影响到人们的生命财产安全，因此在每个环节都要把控好质量，在每个安全事故中总结经验教训，制定合理有效的安全技术管理条例，为提高隧道施工的安全性和质量奠定基础。

第五节　高速公路隧道消防技术措施及维护管理

结合隧道火灾的危险性及特点，分析了隧道建筑的防火设计要求，从火灾报警设施、水喷雾灭火设施、水泵接合器、给水管等方面，阐述了隧道消防系统的维护管理措施，有利于保证高速公路隧道的消防安全。

近年来，高速公路隧道内时有火灾事故发生，2014 年 3 月 1 日，位于山西省晋城市泽州县的晋济高速公路山西晋城段岩后隧道内，一辆山西铰接列车追尾一辆河南铰接列车，造成前车装载的甲醇泄漏，后车发生电气短路，引燃周围可燃物，进而引燃泄漏的甲醇，并导致其他车辆被引燃引爆。对此，如何在高速公路隧道内运用消防技术措施防止火灾发生、迅速扑灭已发生的隧道火灾，成为高速公路运营管理单位所要研究的一个重要课题。根据相关法律法规、现行隧道养护技术规范及本人多年来对隧道养护管理的经验，结合目前隧道火灾事故的特点，阐述高速公路隧道消防技术措施及维护管理。

一、隧道的火灾危险性及其特点

火灾致灾因素。火灾致灾因素主要有以下三种：由车辆自身故障导致在行进过程中起火自燃或发生车祸引起火灾；由于运输易燃易爆危险品的车辆物料泄漏遇明火导致发生爆炸或燃烧；由于隧道内电气设备或电气线路发生故障引发火灾。

火灾危险性。隧道建筑空间特性、交通工具及其运输方式，不仅决定了隧道火灾危害后果与一般工业与民用建筑火灾之间存在的差别，也决定了不同隧道火灾之间的差异。隧道火灾危害性后果除人员伤亡、直接经济损失外，其特有的次生灾害和间接损失，甚至比前者对社会、生活以及区域经济的影响更为严重。

人员伤亡众多。长、特长公路隧道内一旦发生火灾，若不能及时发现、及时扑灭，火势就会沿隧道纵向快速蔓延，导致隧道内司乘和工作人员窒息、灼伤、中毒甚至死亡，隧道内火灾常常以造成大量的人员伤亡为结局。

经济损失巨大。隧道火灾还会造成隧道设施的严重毁坏，引起短则数小时，长则数十小时甚至更长时间的道路效能中断，隧道结构破坏、隧道设施设备损坏、交通工具及车载货物严重受损或者被烧毁，造成无法估计的经济损失。

次生灾害危害严重。隧道火灾引发次生灾害是隧道火灾最为典型的灾害后果。通常，隧道火灾发生后会引发交通事故、爆炸、人员中毒等次生灾害。一方面会助长火灾的扩大蔓延，加重火灾危害性后果；另一方面，会打破原有安全疏散、灭火救援和交通控制等秩序，增加安全疏散和灭火救援难度；第三方面，次生灾害的突发性和随机性，会对隧道内的驾乘人员和救援人员构成潜在威胁和突如其来的伤害，可见隧道火灾的危害性十分严重。

火灾特点。隧道火灾是以交通工具及其车载货物燃烧、爆炸为特征的火灾，其火灾特点如下：

火灾多样性。隧道火灾及其规律因交通工具、车载货物、隧道类型以及火灾时的交通状况等因素而复杂多变。从国内外隧道火灾统计资料来看，隧道火灾中 A 类（固体）火灾发生频率较高，B 类（液体）火灾、混合物品火灾造成重特大隧道火灾的频率较高。

起火点的移动性。隧道火灾时，驾乘人员因视觉受限和特殊视觉感应，不能对火灾做出快速反应，起火车辆会继续在隧道中正常运行，即便驾乘人员发现火灾，为了便于报警、处置，公路隧道中的机动车通常会运行到紧急停车带停下，列车会尽量保持牵引动力驶离隧道，到达开阔空间后进行处置。交通工具的可移动性，决定了隧道火灾起火点会随车辆运行发生位置改变。

燃烧形式多样性。隧道火灾的可燃物主要由交通工具及其车载货物提供，可能出现气相、液相、固相可燃物燃烧，当可燃气体、蒸气预混浓度达到爆炸极限时，还会发生爆炸，这是隧道火灾燃烧形式多元化的表现。隧道越短，横断面尺寸越大，其火灾越接近地面建筑火灾；隧道越长，其火灾越近似于地下建筑火灾。在没有强制通风的情况下，受燃料控制燃烧的持续期间较短，整个燃烧过程主要是受通风条件控制的煅烧，燃烧产物中一氧化碳生成量较多，属于典型的缺氧煅烧。

火灾蔓延跳跃性。隧道火灾扩大蔓延受通风条件、交通状况等因素影响，强制通风能改善隧道内的煅烧条件，交通堵塞为隧道火灾提供了更多类型、数量的可燃物。隧道内可燃物的类型、数量、分布等，取决于卷入火灾的交通工具及其车载货物情况。交通事故、列车颠覆或车辆停在隧道内，火场热量主要以热辐射和热对流进行传递，当热量足以点燃相邻车辆或者车载可燃货物时，即使车辆之间有一段距离，火灾仍能够跳跃式蔓延。此外，油罐车或者其他易燃物品运输车辆起火，可能发生爆炸，出现隧道火灾跳跃性蔓延的极端形式。

火灾烟气流动性。

安全疏散局限性。

灭火救援艰难性。

二、隧道建筑防火设计要求

针对公路隧道火灾特点，设计人员对隧道工程采取主动防火和被动防火两种措施。主动防火设计从防止火灾发生和对火灾采取及时扑救的角度出发，包括内部空间布局、照明系统、通风系统、消防设备布置、灭火发生前后的火灾探测、报警、灭火及疏散系统，以及隧道的运营管理和灾情发生时的应急方案等一系列设计；被动防火设计主要是通过采取提高衬砌混凝土材料的耐火性能、喷涂防火涂料、安装防火板材等防火保护措施来保证隧道结构安全，使灾后只需进行简单的修护而不影响隧道的正常使用。

三、隧道消防系统的维护管理

根据公路隧道养护技术规范，隧道消防设施应经常检修，并在检修期间采取相应的防灾措施。

火灾报警设施。a. 每季度对点型感烟、感温探测器、双／三波长火焰探测器、线型感温光纤火灾探测系统、视频型火灾报警装置、手动报警按钮、火灾报警控制器等设施进行表面清洁，同时检查防水性能和线缆连接是否正常。b. 每年应对以上设施各回路的报警随机抽检试验。

消火栓及灭火器。a. 每季度检查消火栓有无漏水、腐蚀，软管、水带有无损伤，同时对室外消火栓进行放水试验及水压试验。b. 每季度检查灭火器的数量及其有效性，检查灭火器的腐蚀情况，同时检查设备箱体及标识的完整情况，检查阀门有无漏水、腐蚀，操作试验是否正常，导通试验是否正常。c. 每年检查泡沫消火栓的使用与防渣情况，每年对消火栓进行放水试验及水压试验，寒冷地区消防管道的防冻检修，检查阀门保温装置的状况。

水喷雾灭火设施。a. 每季度检查系统组件工作状态，检查设备外表，检查管路压力，检查报警装置，检查系统功能等是否正常。b. 每年检修清洗雨淋阀本体的密封圈，检查阀瓣断头和锁紧销，清洗控制阀和密封膜，进行管网耐压试验。

水泵接合器。a. 每季度清洁表面、内部，检查密封性。b. 每年检查送水加压功能是否正常。

水泵。每季度检查水泵运转时有无异响、振动、过热，压力上升时闸阀的动作是否正常；检查外观有无污染与损伤；检查轴承部位加油与排气情况；启动试验与自动阀同时进行；紧固泵体各部连接螺栓；消除离心泵泵内垃圾。

电动机。a. 每季度检查电动机运转时有无异响、振动、过热，外观有无污染与损伤，电压、电流检测，启动试验。b. 每年检查各连接部位情况，绝缘试验。

给水管。a. 每季度检查给水管有无漏水，闸阀操作是否灵活。b. 每年检修管支架是否腐蚀、松动，洞外及隧道内水管的防冻、防烟雾腐蚀，管过滤器清洗。

气体灭火设施。每年检查气溶胶，与火灾报警控制器联动试验。

消防车。每季度对消防车辆进行保养，检查灭火装备是否正常。

消防水池。a. 每季度检查水位是否正常及液位检测器是否完好；检查泄水孔是否通畅。b. 每年对水池进行清洁，寒冷地区进行保温防冻检查。

电光标志。每季度检查、调节 LED 集束像素管的发光亮度，检查显示功能是否正常，检查电光标志外观有无污染、破损、锈蚀，字迹是否清晰。

消防设施的标志应始终保持完好、醒目。

第六节　高速公路总体设计及管理

高速公路作为一项系统性的综合工程，具有整体性强、技术含量高、涉及资金多、建设规模大、线形要求高等特征，与其相关的工程方案相对复杂，如交通工程、立交桥、隧道、涵洞等。在高速公路设计过程中，涉及水土保持、安全设施、土建施工、环境保护等专业工作，需要始终坚持总体设计的原则，采取切实可行的管理方法，以此节省土地资源和资金投入，减少对周边环境造成的负面影响，更加的满足工程实际要求。本节就对高速公路总体设计及管理方法进行分析。

由于高速公路工程有着较广的涉及面，技术要求严格且综合性高，在总体设计工作中应结合项目的定位和功能，准确把握关键点，以交通量组成为依据确定线形和设计指标与设计速度，从不同角度考虑投资成本、远期发展、地方规划、经济效益、现场条件等，选择科学的设计方案。通常在山区地形的公路设计环节，应把握隧道对环保、工程量、线路总体纵、平起控制作用的特征，兼顾好其他专业的设计需求，以此实现最大化的社会经济效益。

一、高速公路总体设计概述

指导思想。高速公路发展的核心与本质就是以人为本。在新时期背景下，公路勘察设计工作的理论基础为"六个树立、六个坚持"，而这也是公路建设与设计中"坚持可持续、协调、全面的科学发展观、坚持以人为本"的具体表现。对于山区高速公路的总体设计，其指导思想为"创新、和谐、安全、经济、环保"；对于平原微丘区的高速公路总体设计，其指导思想为"创新、环保、安全、经济、舒适"。

山区的水文、地质、地形条件复杂，横坡陡峻、沟壑交错，存在较多的不良地质病害，加上生态环境相对脆弱，一旦遭到破坏，往往难以在短时间内回复。如果山区高速公路的设计对技术标准高，极易增大路基的填挖高度，出现很多深挖高填的路段，对区域自然环境造成破坏，甚至引发地质灾害，不利于公路的安全稳定运营。所以山区高速公路必须要遵循"环保优先"的原则，对各项技术指标予以灵活运用，始终坚持生态选线、地质选线、地形选线，将公路建设与环境保护相结合，实现自然环境与公路建设的协调发展，最大限度保护周边环境。另外，平原微丘区道路纵横、地形平坦，产业布局十分密集，而高速公路对区域经济的发展有着积极意义，强调平纵组合协调、线形顺适舒展，要求路线顺直且短捷，以实现快速高效、视觉良好、行车舒适的目标。一般保证用路者利益和公路功能的基础上，应该对环境与线路之间的关系予以正确处理，注重公路景观设计、环境保护设计，使公路与周边环境相融，形成独特的视觉感受。

当前"以经济为主"的设计思想虽与公路交通发展理念不相符，但不等于公路设计不需注重经济性，因此在设计中不仅要考虑工程造价，还需形成全寿命周期成本的理念，对建设、规划、运营、养护等过程进行统筹考量，有效解决工程结构抗疲劳性和耐久性、环境景观协调性、人车行驶安全性等问题，进一步延长公路的使用期限。

理念及原则。对于高速公路的发展来说，其不仅要实现自然、路、人的统一和谐，还要发挥公路运输的功能，实现公路交通的可持续发展。因此在高速公路设计过程中，必须要有机结合自然景观，以保护环境为基础来选择线路，断面形状要与周边自然相融，且自然起伏的地形要与截水沟、边沟、边坡、路基、坡顶、护坡道、路肩等相适应，借助原始的地貌地形，有效保护环境及生态资源。此外，在高速公路总体设计工作中，应该遵循如下两点原则：①经济合理和安全性相结合的原则：根据《高速公路路线设计规范》，严格遵循相关文件的规定，尤其是服务、管理、养护设施等方面，合理设计高速公路；②差别化设计的原则。针对不同的地质地形条件、功能条件进行差别化设计，如通道桥涵、防护工程、排水工程等，严禁千篇一律，以免增加施工难度、建设成本，影响公路工程的安全运营与作用的发挥；③可持续发展原则：在总体设计中要保护环境、尊重自然，尽可能少拆迁、少占耕地、少砍伐树；同时注重"线内景观"的设计，使其与环境、地形相协调，实现技术指标的顺畅和连续，建设成景观优美、顺畅安全、功能齐全的高速公路。

二、高速公路总体设计及管理要点分析

道路桥梁。

线路设计。在高速公路的路线设计工作中，应该始终遵循科学合理、安全经济、可持续发展的理念，对其平、纵横断面的协调性予以把握，合理控制工程造价，以此减少支出费用。同时设计道路线形时，必须要注重其协调感与美观性，将地形与道路曲直程度相结合，如保证路边景观的自然、清新，使其更为美观协调，实现建筑与环境的和谐统一。在路面的平面设计中，要发挥出曲线的作用，重视路线总体走向与沿线特点的设计，采用不同的形式加以设计，争取让总体设计适应周边环境。当然设计中要注重水系、高压电网、高速公路网、丘陵岗区与其他交通方式的衔接。除此之外，设计路线的纵面时，应该立足实际，有机融合地方路网规划，利用低线位选择纵断面设计方案及通道设置位置，使路基的控制高度得以降低。

主体线位。对于高速公路的主体线位而言，其涵盖隧、桥、路等方面，而同一走廊是由桥梁、路基、短隧道群、长隧道等方案组成，各方案的比较成为总体设计中极为关键的内容，对判断设计是否有新意有着决定性的作用。组合选择方案时要从项目整体规划出发，适当纳入每公里造价、土石方价格、占地指标、桥隧总体比例长度、借方弃方总量等项目，科学进行控制和评估，确保规划设计工作的顺利开展。

路基设计。高速公路路基设计的目的旨在满足公路建设技术指标，防止出现较大的填方挖方或水土流失，降低工程造价。要想加强路基的排水设计与防护，必须要对原有的地貌、地形予以考量，保障原有水系的基础上满足工程景观与结构要求；或者是以国家保护耕地制度为基础，尽可能降低路基的高度，与景观设计相配合，彰显排水防护的功效。在桥梁设计过程中，不能将桥梁的水文计算作为控制要求，而是要结合纵坡、地形等，对桥梁的高度及长度进行控制；若桥墩不会对排洪造成影响，则需借助斜桥正作进行桥梁的跨越冲沟。值得注意的是，桥梁的设计应符合设计流量、桥下净空等指标，与周围环境融为一体，科学确定下部、上部的结构类型，以增添公路亮点。

其他专业。一般其他专业的总体设计及管理要点可从三个方面进行分析：①附属区。设计附属区建筑布局时，需要满足正常使用、机电工程对其的实际要求，密切配合其他部门的作业，合理设置相关排水处理、预留管道等工作，科学安排基础配套设备；②绿化景观。景观设计是实现更高层次公路发展的关键手段，在设计中需要积极打破传统单一的绿化与防护，使其具备更高的水准；或者是遵循适地适树、因地制宜的原则，以公路沿线的实际情况为依据，分段、分类进行设计，将自然环境与所建工程相结合，使两者交相辉映，凸显以人为本的理念；③机电工程。结合高速公路的照明设计、监控、收费、通信的标准，对各个路段的照明、通信、监控等布置方式予以选择，在此基础上科学设计机电工程。值得注意的是，监控必须要能对公路上的交通状况进行实时监控，提供及时准确的交通信息，

减少交通事故的发生，确保道路的畅通及安全，促进交通运输效率及汽车驾驶员舒适性的提升，但也要考量经济效益，严禁盲目追求完全的监控。

综上所述，高速公路的总体设计作为一项系统工程，是以综合考虑设计标准和建设规模为基础，协调好各专业设计、全线总体布局，这不仅要处理好主体工程与各专业、附属工程之间的协作和配合，还要体现公路节约、环保、安全、质量、使用功能的基本要求，确保设计成果的统一性、科学性、完整性。由于公路总体设计包含自然等各种因素，只有综合分析这些因素，从线路、主体线位、路基等层面进行设计，才能让设计更加系统和完善，建造出更高水准的高速公路，发挥出公路应有的功能，实现路、人、自然三者的协调发展。

第七节　高速公路隧道通风系统工程施工技术及安全管理

某高速公路隧道工程为双洞单线隧道，左右线间距 38 ~ 60m，为了满足各阶段施工作业通风需要和节能降耗为目的，需要分阶段确定通风系统的施工方案。下面结合工程实例，对高速公路隧道通风系统工程的施工技术及安全管理进行了总结和分析。

一、工程概况

某高速公路隧道工程为双洞单线隧道，左右线间距 38 ~ 60m，开挖断面：单线正洞 84.01m²，斜井 46.43 m²。洞内存在有较高的瓦斯和硫化氢气体。因此，对于通风系统工程的施工提出了更高的要求。

二、施工各阶段实施通风方案

根据施工组织方案的施工阶段，结合本工程特点，为满足各阶段施工作业通风需要和节能降耗为目的，分阶段进行通风系统工程的施工方案进行确定。

第一阶段：跃龙门隧道 2 号斜井施工，最长独头通风长度 599m。

通风方案：采用"压入式"通风方式。在跃龙门隧道 2 号斜井洞口设置轴流风机，接风管至掌子面进行压入式通风。

第二阶段：从进正洞施工左、右线至小里程方向贯通，共往 4 个掌子面通风。

通风方案：采用"风巷通风 + 风箱 + 接力压入"通风方式。在跃龙门隧道 2 号斜井上半部隔成一个进风风巷引新鲜风进入风箱；在风箱上对应各巷道设置 4 台轴流风机往 4 个作业面压入供风，新鲜风用风管送至掌子面，浊流风通过巷道经斜井排出。在交叉口和巷道内设置射流风机引流，加速浊流风的排出，防止巷道内清浊循环影响通风效果，风道应从洞口延伸 30m，防止污浊风回流。

第三阶段：大里程方向贯通后，正洞左右线往小里程方向掘进直至小里程方向与三号横洞工区贯通，共往 2 个掌子面通风。

通风方案：采用"压入式"通风方式。在跃龙门隧道出口左右线右设置 1 台轴流风机往 2 个作业面压入供风；浊流风通过左、右洞排出至隧道出口。

三、施工过程中通风机的安装与监测管理

风机安装与移动。首先，应该确定风机的位置，对该位置进行相应的加固处理。其次，应该安排维修工对安装后的风机进行检测，确保风机能够正常的运行。再采用吊装设备将风机移动到风机确定的位置，对风机进行加固。最后，由风机技术人员和维修人员一起，对风机进行调试，确保能正常使用。

通风监测管理。

瓦斯、硫化氢监测。对瓦斯隧道的瓦斯浓度监测应采用人工监测，专职瓦斯检测员使用便携式瓦斯检测仪在测点处直接读取数据。应该安排专职的瓦斯检测人员定期地对隧道内的瓦斯进行检测，确保含量低于规定的要求。

其他项目监测。测定方法为电化学法。采用人工监测，在测点处，按照仪器说明操作，用检测仪直接读取测定对象数据。

通风监测要求。监测人员应该做好换班和巡回检查制度，对数据做好监测，并填表进行汇总，及时向相关负责人汇报结果。对于重点地段，应该加强监测的力度，不得空班漏检，虚报数据等。

安全与环境状态评估。当测定结果均小于卫生标准时，可以认为环境是安全的、良好的；当测定结果大部分指标符合标准，仅个别指标略微超标时，可以认为环境是安全的、基本良好的；当测定结果大多指标出现稍微超标时，可以认为是安全的、环境较差的；当虽测定结果大部分指标符合标准，但个别指标严重超标时，可以认为是不安全的，环境很差的。

四、隧道施工过程中通风系统的安全管理

安全管理措施。在隧道通风系统工程的施工中，加强安全管理措施至关重要，应该合理布置通风设备，严格管理，确保通风的效果。现场施工人员，应该始终将安全管理放在第一位，对于发现的各种安全隐患应该上报。

管理制度。对于通风系统工程的安装人员和操作人员，应该经过严格的培训，持证上岗，同时，应该熟悉系统的性能，在通风系统工程投入使用后，能够对项目进行验收，在运营期间，加强巡视和维护工作，确保通风系统的各项性能和技术指标能够满足设计要求。

通风系统定期检查制度。每周对通风系统进行检查，架子队长每天对通风系统必须作例行检查，通风工必须做好日常巡查；通风系统运行正常后，每 10 天进行一次全面测风，对掌子面和其他用风地点根据需要随时测风，做好记录；每周用风速测定仪对风速进行人

工检测，检测结果与自动监控系统相应时间、位置、风速值进行核对，确保风速满足施工要求且回风巷风速不得低于 1m/s；每周在风管进出口测量一次风速、风压，并计算漏风率，风管百米漏风率不应大于 1%，对风筒的漏风情况必须及时修补；建立通风系统运行管理档案，档案包括各种检查记录、调试记录、测量记录、维护记录、运行记录等；值班人员每天按班组对通风系统运行情况进行记录，架子队长每天分别对运行记录予以审核、签认，并建档保存。

通风管理交接班制度。须实行通风班组交接班制度，交接双方签字认可，对上一班存在的问题、隐患、需注意事项、仪器设备状态等必须交接清楚，交接班记录由架子队长每天定时予以审核签字。

瓦斯、硫化氢隧道通风安全技术措施。防止瓦斯、硫化氢集聚的风速不得小于 1m/s；在施工期间应实施连续通风；巷道通风时，除用作回风的横通道外，其他不用的横通道应及时封闭，平导洞口应设两道风门；压入式通风机必须装设在洞外或洞内新风流中，避免污风循环。瓦斯工区的通风机应设两路电源，并装设风电闭锁装置，当一路电源停止供电时，另一路应在 15min 内接通，保证风机正常运转；通风班组具体负责按照经批准的通风方案进行通风系统的安装、使用、维修、测风等工作。洞口设置通风风量记录牌板，每班每次通风情况由当班通风工及时记录于牌板上，记录牌板要根据通风情况随时进行更新；建立通风系统运行管理各种检查记录、调试记录、测风记录、维护记录、运行记录等。

在隧道施工过程中，通风系统的安装质量是确保通风效果的关键，通风效果是确保施工人员健康的重要保障，因此，在整个高速公路隧道工程通风系统的安装中，对于通风系统工程的施工质量和安全管理极为重要，是确保隧道项目安全作业的关键。

第七章 高速公路隧道施工安全风险管理

第一节 高速公路隧道施工风险管理问题

施工企业应及时确定隧道施工中的各种风险因素，并采取相应的风险管理识别措施，做好风险的评价工作，利用各种质量安全手段，进一步提升高速公路的隧道施工水平。论文通过分析高速公路隧道施工的风险特征与产生原因，简单论述了具体风险的应对措施。

一、隧道风险管理研究现状

公路隧道施工具有工程量大、技术复杂、工期长、涉及面广等特点，面临着大量的风险和不确定因素，而且这些风险具有复杂性、多样性、综合性、突发性及偶然性的特点。在进行隧道施工之前，进行地质勘查分析，对岩层的分布以及内部构造进行了解，但是这些基础性的工作并不能够完全保证施工的绝对安全，隧道施工作业强度大且面临着不同的技术难题。一般来说，隧道施工的工程规模都是相对较大的，而且施工工艺相对复杂，它需要做好各个方面的准备工作，并对突发状况有必要的应对措施。与此同时，我们也要认识到隧道的施工是多学科和多个工种之间综合应用的过程，所以需要由一支专业化程度高，风险意识强的建设队伍，这是预防工程安全事故的重要保证。

二、高速公路隧道施工风险的特点及原因

高速公路隧道特点。高速公路隧道的自身特点决定了其风险存在的必然性。隧道工程属于地下工程，具有一定的不确定性及复杂性。大量的工程实践证明，在地下工程施工期间，施工人员无法准确预测其潜在风险，因而极易引起重大安全事故，为国家与人民带来了巨大的经济损失。为了进一步降低风险概率，减少事故带来的经济损失，地下建设施工人员应科学合理的分析工程的潜在风险。

高速公路隧道施工风险原因。高速公路隧道施工原因与其自身的地质条件、施工复杂性等都具备一定关系，加上风险因素的干扰，则很容易引发严重的安全事故。隧道工程所处的地质环境比较复杂，需要穿越很多围岩，变化幅度较大。设计期间，实际穿越围岩类

型存在很大差别，且实际工程往往更加复杂，也具备一定的突发性。比如宜万铁路在野三关隧道便发生了很大的透水事故，经调查发现，引起事故的直接原因便是当地的连续降雨天气，以致产生了大容量的承压水体，但勘探工作没有及时发现，以致岩体揭露后引起岩溶失衡，引起了特大型的突水事故。隧道工程工期长、规模大，施工中将会涉及多个工程主体，因而极易出现被忽视的风险因素。土体材料容易产生干扰作用，以致隧道施工风险出现演变与转化，简单的风险因素也会转变为复杂的风险因素。

三、隧道施工风险识别方法

在管理施工风险之前，应先做到识别风险因素，并掌握正确的识别方法。

专家调查法。这是较为常用的一种风险识别方法，其中应用最为广泛的是德尔菲与头脑风暴法。在使用德尔菲法之前，施工企业应该预先设计调查表，而后专家凭借自身经验进行作答，最后回收表格进行数据分析。但这种方法也存在很大缺陷，它主要依靠专家的主观判断，其结果缺乏深度，一旦表格内容出现纰漏，很容易遗漏关键的风险因素。因此，德尔菲法比较适用于风险较小的工程项目。这种方法比较适合目标较为明确的情况。

事件树与故障树法。事件树主要利用图形表示事件的发生过程，某些事件发生后将会激发更多的事件链条，而事件树法可以追踪事件的破坏过程，并评价其可靠性。随着事件总数的增加，此图形会如同大树那样开枝散叶，可以帮助人员清楚认识整个事件的发生过程。而故障树理论则可以逐层分析事件的发生原因，并明确其逻辑关系，从而可以系统性地评价事件结果。在风险识别管理过程中，事件树与故障树理论使用范围比较广泛，既可以被用作定性风险识别，也可以定量估计风险。因此，在实际工程中应综合使用这 2 种方法，这样可以在预测故障原因的基础上，及时了解故障发生的可能结果。

幕景分析法。幕景分析法可以识别引发风险的关键因素，主要利用图表或曲线模拟事件的发生过程。但由于事件中一般包含多种风险因素，因而需要利用计算机进行模拟分析，且模拟过程中应重点关注以下几个方面：当某种因素变化时，事件将会向何种情况发展，期间会产生怎样风险。此时整个事件便如同电影般放映在人们面前。但这种分析方法主要依靠过去的知识体系，经验信息存在一定偏差，因而会导致很大误差。

四、高速公路隧道施工风险的应对措施

塌方风险。在高速公路隧道施工过程中主要存在2方面的塌方风险：（1）自然风险因素，工程受地下水变化、地质条件变化等影响，产生塌方现象；（2）人为因素，当施工过程使用不恰当的技术方法后，极易引起工程塌方。对此可以采用预加固围岩的方法，利用预注浆方法进行加固围岩，提升工程的稳固性。利用预切槽方法减小围岩的变形程度，加固工程主体。隧道工程施工之前，应采取有效的排水措施，减少隧道内的储水量。施工过程中利用眼镜法、短台阶法等施工技术，并加强初期的支护承载力，通过增加钢筋网来增强

混凝土的实际厚度。做好围岩的加固工作，一旦发现异常情况应及时处理，并提升混凝土的强度等级，增加其厚度，并设计永久性的混凝土支护措施。

岩爆风险。在高应力条件下，高速公路实行地下工程存在一定的岩爆风险。开挖产生的载荷力，会导致岩洞预应力重新分布，极易引起弹射、剥落以及松脱等故障现象。对此应该采取以下几种措施：（1）当高速公路隧道项目设计坚硬且埋度较深的岩层时，应该及时预防可能发生的风险因素；（2）重点关注发生岩爆问题的频繁部位，并将其作为重点的防范内容；（3）利用钻孔、松动岩石等方法，充分释放岩石中的预应力，以便将发生岩爆的风险降至最低；（4）对岩体进行洒水工作，将其全部浸湿，并利用高压喷射水枪冲洗开挖后的岩体，以便充分释放其内部能量；（5）一旦实行开挖工作之后，应该在隧道的拱顶与边墙喷射混凝土材料，而后加固钢筋网设施，以便减少岩爆的发生次数，缩短岩层充分暴露的时间；（6）在岩爆风险发生范围内应设置专门的防护网措施，且施工人员应穿戴专门的防护用具，提升施工的安全系数。

涌水风险。在高速公路隧道施工过程中，涌水也属于情况比较严重的高发型地质灾害。形成涌水的主要原因在于采空区、大型溶洞以及断层处存在积水，对此应该采取以下措施进行处理：（1）查明暗河、溶洞水源之间的隐形关系，并利用开挖水槽、设置暗沟、铺设排水沟等方法进行堵水，如果暗河的流水量较小，则可以寻找其他出口分支进行引流，也可以通过注浆进行堵水；（2）利用抽水机与管道排水相结合的方法，分段设置集水井，并在开挖部位与固定泵站之间设置临时的移动泵，从而将积水排至固定部位。

高速公路的隧道安全管理贯穿整个施工项目始终，为此需要施工单位的严加重视，并做好施工人员的安全培训工作，利用多种新型技术方法全面监管工程的质量水平。总而言之，对于我国日益增多的高速公路隧道项目而言，只有进行有效的风险评估方法，并制定针对性的风险管理措施，才可以确保高速公路隧道工程的质量水平。

第二节　高速公路隧道施工风险管理举措

随着经济发展速度的增快，公路建设的步伐也紧随其后，但是由于高速公路建设中技术难度较大，并且整体地理条件和项目实施条件比较恶劣，就导致项目运行中经常产生很大的施工风险，如何在实际施工中针对相应风险进行有效的管理，需要相关单位在实践中认真思考。本节对于高速公路隧道施工基本风险特征以及产生的原因进行了简要的分析，并对施工队伍应该进行的风险管理操作程序进行了阐释，着重介绍了具体的风险管理措施，旨在提升行业内部对于风险管理重要性的认知。

城市化进程的推进使高速公路建设事业得到了长足的发展，针对不同的地质地貌要进行优化项目设计，并对可能产生的风险进行科学化的预估，保证基本风险管理措施的有效实施，建立更加完整的风险管理体制。

一、高速公路隧道施工基本风险特征以及原因

高速公路隧道施工基本风险特征。基础的水文条件和基础的地质环境，是影响整体高速公路建设的最大因素，在实际的工程运行过程中，施工风险具有不确定性和隐蔽性，还会随着工程的推进产生临时的变动，甚至是风险可能性的增大。另外，由于高速公路隧道施工牵涉很多因素，若是发生就会产生严重的后果，相关管理人员只有对基础施工条件进行集中化的关注，才能实现风险特征的有效管控和预防。

高速公路隧道施工基本风险产生原因。对于高速公路隧道施工来说，复杂的地质条件会加剧风险的产生，预期设计会与实际的情况产生偏差，风险就增添了突发性的特征。在施工中，基础的施工规模较大就导致施工的难度增大，项目运行使用的机械数量也逐渐增多，整体工艺也十分复杂。除此之外，就是相关人员的施工风险意识淡薄，对整体工程的监管力度不够。由于高速公路隧道施工而基础工期较长，若是管理机制一直处于松散的状态，就会导致施工风险的加剧。

二、高速公路隧道施工风险管理基础程序

基础风险项目的种类甄别。对于高速公路隧道施工来说，风险甄别是最为基础的项目，相关工作人员要对基础风险的种类进行细致的甄别，建立相应的识别报告以及对潜在的风险因素进行合理化的汇总。对整体风险形势进行科学预估，强化风险源的识别机制，利用相关工程施工因素进行集合结构的建立，以基础时间节点为基础依据，配合使用层次分析法对相应因素进行集中的识别以及处理。

基础风险项目的等级评估。风险等级评估是对风险评价和预估的有机结合，对高速公路隧道施工的相关施工因素进行集中的分析和处理，并对风险要素和风险产生的影响进行科学估算。在高速公路隧道施工风险预估过程中，相关人员要依据工程施工进程对风险可能出现的时间、结果以及范围进行优化的估算，实现有效的风险监控以及应对措施的实施。

基础风险项目的应对措施。对于高速公路隧道施工过程来说，只有运行基础的应对措施才能实现整体施工项目的顺利进行。一方面要针对风险对象采取相应的应对措施设定，实现风险项目的削减和规避，另一方面要在风险发生后，进行财务措施的有效安排和规划，保证具体应对措施能实现风险的有效转移。

基础风险项目的实时监控。对于高速公路隧道施工来说，基础的监控项目是整体施工过程的收尾，需要相关工作监管人员给予必要的关注，要集中落实和优化，保证全过程的及时监管和数据收集整理，充分发挥监控过程的连续性和科学性。另外，相关管理人员要依据基本的监控原则，对相关项目进行集中的跟踪和评价，以促进整体施工项目的顺利完成。

三、高速公路隧道施工风险管理举措分析

高速公路隧道施工风险之岩爆风险。对于高速公路隧道施工来说，岩爆风险发生在高地应力条件中，由于硬脆围岩被挖掘时弹性应变能力的释放，发生剥落松脱的现象。需要相关工程建设人员提前预估，转移超前释放孔于边墙位置，预先释放岩层原始应力，进行钢筋网与锚杆的加设，以保证岩爆次数的减少，也要对施工人员进行必要的安全维护，若是发生岩爆，要及时查找岩爆点。

高速公路隧道施工风险之塌方风险。在高速公路隧道施工运行过程中，会受到地下水变化和人为设计方法不当的影响，产生塌方风险。相关项目施工人员要利用预注浆措施实现围岩的预加固，并结合防排水措施对地表水进行有效的引排，集中增设钢筋网并且设置加密钢架，并对衬砌混凝土进行集中的厚度升级。

高速公路隧道施工风险之涌水风险。对于高速公路隧道施工来说，涌水风险是比较高发的风险，主要是由于暗河和断层引起的。相关工程人员要针对隧道的基础位置进行相关自然条件的查询，利用注浆法进行科学化的堵水，也可以采取抽水机和管道排水结合的方式，设置基础集水井和固定泵。

高速公路隧道施工风险之岩溶风险。相关工作人员可以在高速公路隧道施工过程中，利用干砌片石和浆砌片石对整体土层进行回填压实，强化基础混凝土衬砌作业，要以岩石的破损基准为理论依据加设防护防拱。若是遇到规模较大的岩洞，就要采取加固和相应的跨越处理，要采取相应管棚注浆预加固微震爆破等操作助力整体高速公路隧道施工的顺利运行。

高速公路隧道施工风险之瓦斯风险。相关工程人员要进行基础照明设备的安装，采取相应的防爆型号，并且要按照基本的封堵技术进行瓦斯的防护，并利用气密性混凝土进行实际的封闭衬砌，也要加强隧道内部的实际通风，对整体瓦斯数值进行良性的控制。

总而言之，对于高速公路隧道施工风险的预估和防护，要实现基本工作的优化落实，保证风险管理措施的可行性和科学性，只有风险维护措施应用得当，才能实现高速公路隧道施工项目良性发展。

第三节　隧道施工安全风险与施工管理

隧道施工建设是我国公路交通建设中一个极为重要的部分，其施工质量和安全对我国市场经济建设具有极为重要的影响。而公路隧道施工环境相对而言较为特殊，受当地地质气候等方面的影响较大。论文主要针对隧道施工安全风险管理的重要性与存在的问题进行

分析，并阐述在施工管理中的具体措施。

目前，人们的生活水平不断提高，道路运输的需求量也越来越大，为了缓解日益增加的交通压力，我国对桥梁和隧道工程建设提供了极大的支持，而隧道工程施工有其特殊性，相对而言较为隐蔽也比较复杂，施工时风险较多，而且施工环境较为恶劣，地质情况不确定因素较多，因此，为了排除隧道施工中的隐患，在施工中要注重工程管理工作。

一、隧道施工风险管理的重要性

相对而言，隧道工程施工时间较长，施工过程中容易产生很多隐患，进行隧道施工前，施工人员必须要做一些准备工作，比如，对实地进行勘察等，从而制定更加符合实际情况的施工方案，而且要对施工风险进行初步评估。一般来说，建设工作的风险评估在设计阶段进行，而对于全过程的评估相对而言较为缺乏，很容易使施工过程中出现各种不稳定因素。所以，在隧道施工建设中，对施工进程进行安全风险评估十分必要，施工企业需要给予足够的重视。

二、隧道施工存在的安全风险问题

隧道施工方案缺乏针对性。目前，在施工过程中，虽然很多施工方会制订一些施工计划，但是，在实际运用中，存在一些不合理的因素，而大部分施工方案只是针对一个或一部分影响因素而提出，但是，不适合用于工程在不同地段的不同情况。

隧道施工管理不到位。隧道施工管理不合理，也是导致隧道施工建设中存在安全隐患的主要原因之一。一些施工方因为对一些常用隧道建设方案比较熟悉，因此，对内部员工的要求和管理比较松散，而一些施工类的技术人员和操作人员因为有一定的隧道施工经验，因此，在具体的工作中盲目按照经验实施，而没有严格按照相关规定进行施工，很容易使施工制度和施工方案变成一种形式，无法发挥其实际效用。

隧道施工风险评估不完善。目前，很多隧道施工风险评估制度仍然在其发展初期，对施工过程中与施工完成后的风险评估中存在一些缺陷，这样的情况很容易使施工过程中出现一些突发的安全事故。而一旦在施工中出现问题，很难及时采取补救措施，从而错过风险防控的最佳时机，使整个施工工程的品质都受到威胁。

围岩测量手段落后监测不到位。围岩稳定性测量工作在隧道施工安全风险评估中是一个极为重要的因素，对围岩进行测量时，其准确性和可靠性会对隧道整体的施工质量和安全造成直接影响。但是，一些施工单位的安全风险防范意识相对薄弱，对围岩测量方案的设计不够全面，因此，期测量结构常与实际情况存在较大差距，例如，存在测量点设置不规范以及测量点间距不符合要求等问题，从而导致测量数据出现较大的误差，在很大程度上使测量结果并不可靠，隧道施工整体安全得不到保障，甚至会引发隧道坍塌。

施工人员整体素质和安全意识不强。我国隧道工程的发展还在初级阶段，大部分施工人员在操作过程中盲目相信自身经验，随意改变操作方式，现场的安全和管理都得不到保障，时间长了容易酿成重大事故，影响整体施工效率，导致更加严重的后果。

三、隧道施工现场管理办法

科学编制施工管理方案。进行隧道建设前，施工单位需要进行详细的准备工作，对于当地的地质地貌以及气候环境水文环境进行深入的考察和了解，在隧道监测过程中存在的一些隐患，获取各种可能导致事故的情况，按照考察结果进行总结，以此制定科学合理的施工方案。施工方案制定后，需要由专业的审核人员进行全面的审核，审核通过后才能用于施工。

切实落实施工单位安全管理责任。施工单位需要制定在施工过程中的安全管理措施，施工过程中的责任需要落实到不同的责任人，例如，施工方可以选拔一些专业人才负责施工安全，加强对施工现场的安全管理，一些施工方强化技术交底制度，使施工整体情况和安全管理都能落实到实际操作中。在施工过程中，监理人员发挥其作用，对施工现场进行严格的监督与管理。

完善隧道施工安全风险评估方法。隧道施工安全风险评估可以从以下几点进行完善：（1）可以对工作人员进行培训并学习先进的科学技术方法，如进行周期性培训，借鉴国外先进的科学技术；（2）还能够通过将理论与实践相结合的方式对评估方法进行完善，需要评估人员到施工现场进行实际勘察，并根据理论依据对采集的数据信息进行详细的分析，并预测其变化趋势，从而对施工过程中的一些安全影响因素进行可靠的评估，为施工方案及安全措施的确定提供依据。

加强围岩测量质量管理。在隧道围岩测量的过程中，需要对围岩进等级划分，按照等级的差异对围岩实施不同的测量计划。一般情况下，隧道坍塌是一个比较缓慢的过程，是由于围岩的稳定性出现问题导致。所以，施工单位需要安排专业人员对围岩进行测量，并且要使用先进的设备对其进行定期检查，如果围岩的稳定性不符合要求，要立即停止挖掘，分析围岩出现变化的原因并采取支护措施，防止出现安全问题。

增强隧道施工人员的安全意识。提高施工人员的安全意识在施工中极为重要。施工前，施工方需要对工作人员进行严格的选拔，并且按照工作情况进行分类，根据不同的施工内容对员工进行相关培训，增强施工人员的安全事宜，使其深入了解安全施工和管理，减少安全事故的发生。

隧道的安全建设对我国道路工程建设有重要的影响。其隧道建设相对而言时间较长，因此，在施工过程当中容易出现各种安全隐患，施工过程不能得到完全的保障，因此，对隧道施工建设进行风险管理极为重要。进行隧道施工前，相关人员必须提前做一些准备工作，另外，风险评估不仅要在设计阶段进行，还要贯穿隧道建设的全过程，只有这样才能确保隧道施工过程的安全。

第四节　高速公路隧道安全风险评估及现场管理

　　阐述了高速公路隧道安全风险评估的重要性，分析了高速公路隧道安全风险的评估，提出了高速公路隧道施工现场管理的有效措施，以提高高速公路整体质量与运营性能，保证高速公路隧道施工的安全性，顺利完成隧道施工。

　　近年来，随着我国公路交通事业的迅猛发展，我国高速公路工程在数量和规模上都有了很大的增长，尤其是随着高速公路项目不断向西部山区延伸，高速公路隧道工程项目也越来越多。在高速公路建设发展过程中，隧道工程施工中的安全问题和管理问题一直是全社会关注的重点。随着隧道工程项目数量的不断增长，施工过程中的安全问题、管理问题也越来越突出，就近年来隧道施工实际情况来看，其中一些安全及质量问题频频出现。这不仅会对高速公路建设质量产生影响，同时也会在很大程度上影响社会稳定发展。因此，在高速公路建设过程中，要提高对隧道施工的重视，针对隧道施工不仅要加强施工现场的管理，同时还要加强隧道安全风险评估。

一、高速公路隧道安全风险评估的重要性

　　高速公路项目是一项长期、系统、复杂的建设工程，其中涉及诸多人员、机械、工艺等，其具有较高的复杂性、难度性、技术性。而隧道施工相比其他施工项目而言，要更加复杂、危险，并且隧道施工具有一定的隐秘性和不确定性。要想更好地保证高速公路隧道施工安全，就必须加强对风险的评估和识别，进而采取有效的措施进行预防和控制，只有这样才能最大限度保证隧道施工安全。由此可见，安全风险评估在高速公路隧道建设过程中有着尤为重要的作用和意义。在高速公路隧道工程中，如何识别风险、如何评价风险、如何管理风险，使风险得到全面的控制是需要重点考虑的问题。这就需要在高速公路隧道工程建设过程中，采取合理、科学、有效的风险评估方法，尽最大可能对风险进行控制。隧道工程属于地下工程，特殊的施工环境以及特定的施工工艺都会增加隧道施工的难度，同时也会增加隧道施工的安全隐患。而通过实施隧道施工安全风险评估，就可以有效地对风险进行管理和控制，从而有利于降低工程事故的发生。当高速公路隧道施工的安全性得到了保证，那么也可以在很大程度上加快隧道施工进度，同时有效提高隧道施工质量。

二、高速公路隧道安全风险评估分析

　　风险因子辨识与确定。要想对高速公路隧道施工进行安全风险评估，首先就需要对隧道施工中的风险因子进行识别，比如可以采用专家调查法通过简单的计算和分析，并根据

隧道施工的特点和规律，对风险因子进行预测。专家调查法的具体实施步骤如下：首先成立预测领导小组；其次对预测目标进行明确；之后选择参加预测的专家；最后编制调查表进行风险因子调查。在综合考虑隧道施工风险因子的辨识与分析后，对隧道施工的风险因子进行确定，进而根据确定的风险因子制定出针对性的处理方案。根据调查和分析，高速公路隧道施工的风险事件确定主要可以分为塌方、瓦斯、大变形、岩爆等。针对不同的风险事件，要展开充分的分析和总结，了解风险事件的成因及后果，进而才可以更加针对性地对风险事件进行控制。

高速公路隧道施工风险防控对策。在高速公路隧道工程施工过程中，由于施工条件、施工环境、施工工艺、施工人员等多方面因素的影响，容易存在诸多安全隐患，比如塌方、瓦斯、大变形等安全风险。针对不同类型的风险事件，在进行科学合理的安全风险评估后，就需要采取有效的措施进行风险防控。

就塌方风险而言，在隧道工程施工过程中，塌方主要是由于地质因素以及设计因素的影响而发生的，因此，这就需要在隧道工程施工之前，加强对地质的勘查工作，以及严格做好施工前的准备工作。

就瓦斯风险而言，由于瓦斯特有的性质，就需要加强前期对瓦斯的监控量测，以此来防控瓦斯风险。比如只要能够监测到有瓦斯气体的存在，就应该在通过瓦斯层前后各 15m 处严格按照瓦斯隧道进行施工。

总而言之，无论是哪一类型的风险事件，都需要对隧道安全风险进行充分的评估和分析，只有对风险事件的本质特征、成因背景、发展规律等有充分的认识，才能够更加科学、合理地采取防控措施。针对高速公路隧道施工安全风险问题，还可以通过建立健全完善的风险预警体系来防控风险，比如制定详细、明确的施工操作流程，各项施工环节都需要严格按照设计要求、相关规定展开施工。

三、高速公路隧道施工现场管理措施

在高速公路隧道施工过程中，除了需要对安全风险进行科学的评估和防控外，同时还需要做好施工现场的管理工作，通过全面、科学、严谨的管理和监督，来促进施工的顺利开展，同时保证隧道施工的安全性和有效性。以下就是针对高速公路隧道施工提出的几点现场管理策略。

施工材料管理。在高速公路施工建设过程中，材料是尤为重要的主体，其与施工质量、施工安全性等都有着直接的联系，因此，在高速公路隧道施工现场要加强对施工材料的管理。通过对施工材料进行严格的监督和管理，以此来保证施工质量。在高速公路隧道施工现场，管理部门需要对施工材料的进场进行严格的管理，比如查验材料的出厂合格证、对材料进行试验等，只有材料通过查验、试验后，才可以进入施工现场投入使用。在材料进场后，还需要安排专门的管理人员对材料进行看管，避免材料丢失、受潮等。施工现场材料的使用需要严格做好登记和记录，要做到每一个环节的施工材料其使用、去向都清晰明了。只有加强了施工材料的管理，才能更好地保证施工材料的质量，进而提高整体隧道施工质量和效率。

机械设备管理。机械设备是高速公路隧道建设过程中尤为重要的组成部分，机械设备的运行效率、质量性能与施工质量和进度有着直接的关系，因此，在隧道施工过程中需要高度重视机械设备的管理。比如对于施工现场的机械设备应该加强维修和养护，技术人员需要定期对机械设备进行检查，如果发现机械设备存在问题和不足，就需要及时采取有效的维修养护措施，确保机械设备的正常运行。

施工人员管理。在高速公路隧道施工现场管理中，对施工人员的管理尤为重要。为了有效提高高速公路隧道施工质量，确保施工进度及安全性，就需要加强对施工人员的安全管理、教育培训等。通过有效的管理和监督，提高施工人员的综合素质及综合能力，进而促进施工人员在隧道施工中能够充分发挥其作用。对于一些重要的技术人员及管理人员，应该进行严格的挑选，比如需要持证上岗，并且具有一定的施工经验及技术操作能力。对于施工现场的施工人员可以采取责任制管理制度，将具体责任落实到施工人员身上，这样可以对施工人员起到一定的约束作用，同时也便于施工现场的管理。

综上所述，安全风险评估以及现场管理是高速公路隧道建设过程中尤为重要的工作内容，通过对隧道施工进行科学合理的安全风险评估，可以有效预防风险，保证施工的安全性和可靠性。通过对隧道施工进行全面有效的现场管理，可以在很大程度上促进隧道施工的顺利开展，同时有效提高施工的质量和效率。因此，在高速公路隧道施工中，应该提高对现场管理以及安全风险评估的重视，比如加强对施工现场的全面无缝隙监督和管理，建立隧道安全评价体系等。只有这样才能更好地保证高速公路隧道施工的安全性，进而促进隧道施工顺利有效开展。

第五节　大断面微瓦斯隧道施工安全风险与施工管理

我国的发展成就举世瞩目，特别是基础设施方面走在了世界的前列。高速公路，高速铁路等飞速发展，路网不断延伸和补充完善，从最初的平原地区，逐渐向山区地带转移。隧道工程在高速公路、铁路的含量占比越来越高，不良地质、涌水突泥、瓦斯等高风险隧道急剧增加，因此需要针对性采取防范措施，加强施工管理，将施工过程中的风险降到最低。本节结合西部某黄土隧道工程进行了研究，并提出一系列提高安全的措施。

我国建设了许多铁路以及公路，并在大量实践的基础上，制定了隧道建设标准规范。作为隧道工程危险物质之一的瓦斯，容易引起爆炸、造成氧气稀薄甚至窒息等工程状况，在历史上因为失误发生瓦斯事故的事例数不胜数。在大断面地区建设隧道时，如果遇到瓦斯，危险系数呈直线上升，安全风险极高。本节在具体工程的基础上，研究制定了提高瓦斯隧道施工的安全以及控制风险的方法。

一、工程情况简介

本节所选取的工程案例为张家湾隧道位于自贡市荣县铁厂镇张家湾，距离铁厂镇约4.5km，隧道出口附近有乡村公路通过，交通较为便利；隧道进口位于猴子沟附近，高差较大，没有路通过，交通条件较差。隧道分为双线：右线进口桩号 K79+525，出口桩号 K83+042，全长3517m，隧道左线进口桩号 ZK79+512，出口桩号 ZK83+030，全长3518m，最大埋深266m左右，采用三车道，设计行车速度120km/h，净高5.0m，建筑限界净宽15.25m。该隧道为特长隧道，隧道为微瓦斯。

隧道区地质构造较简单，岩层产状平缓，呈单斜构造。本隧道埋藏较浅，最大埋深仅266m，围岩主要由三叠系上统须家河组（T3xj）砂岩和炭质页岩组成，属软质岩，岩体呈中风化，较为完整。地下水类型主要为基岩裂隙水，地下水一般呈点滴状或线状出水为主，对隧道开挖影响较小。隧道穿过水库下方，该段地下水含量较大且补给量巨大，水库水压力使水库附近下方岩体完整性降低，该段隧道围岩为Ⅴ级。其余隧道洞身段围岩主要为Ⅳ级，隧道开挖后，洞室受构造裂隙和岩层层面控制，拱部围岩自稳时间较短，无支护或未及时支护时易沿层面离层坍塌，围岩局部会出现掉块、落石；洞室肩部也易发生松动变形、小坍塌。

二、主要风险

根据施工地点的实际情况、施工要求及相关资料可知大断面隧道工程必须克服以下难点：

①大断面隧道开挖时危险性严重。②大断面隧道工程需穿越古桥沟水库，工程支护工作受水库水压力影响大，支护设施易变形，施工难度增加，严重威胁施工员生命安全。③该隧道工程区域含有部分瓦斯，施工时需要按照微瓦斯设计施工，时刻保证施工人员的安全。

总之，大断面隧道施工需面对塌陷、支护困难、瓦斯灾害等难点。这些难点会导致施工困难、施工进度变缓及施工安全无法保证等问题。所以在工程开始之前，必须明确以上问题的解决方案及各项应急预案。

三、控制安全风险、强化施工管理措施

（一）大断面隧道坍塌以及变形控制

（1）渗水的控制。目前而言，一般施工单位采用超前小导管进行隧道渗水的控制，

通过对其密度、深度等参数的调节，来满足现实的需求。隧道掌子面以及即将施工的四周，安置了环形排水沟，以便将周边渗水引到水坑内。在进行超前小导管的安装时，需要采用麻花钻做打孔处理。

（2）施工队的工作人员应该本着简短、迅速、严格、及时的四大原则，在处理黄土溶于水引发掌子面崩塌的问题上，老林山隧道施工掘进方法使用的是CD法、环形开挖法等，保持隧道的稳定。

（3）检测人员使用高精度的测量仪器，对大断面隧道的掌子面情况做实时跟进，确保安全平稳，避免出现事故，造成人员伤亡。选取四人小组组成隧道后期检测团队，每天实地测量统计，一旦出现问题，立刻汇报到上级，停止工程的挖掘，等待处理。

（二）瓦斯隐患的排除技术

隧道通风优化。大断面隧道施工的时候，应该保持一定的通风，要保证隧道内风速、空气中含氧量、瓦斯比例的数值符合相关规定，确保施工员的人身安全。在隧道口放置的风机要距离瓦斯通道30m开外，也应该准备一个备用风机，以防万一。

瓦斯监测。在整个隧道中，应每隔一段距离放置一个瓦斯检测仪，随时掌握瓦斯的含量。

完善施工方案。机械工作的同时应该结合人工操作，机械化大规模推进，人工精密控制，确保每次进度保持在1m以内，将瓦斯的溢出量降到最低，保证隧道轮廓的坚固。检测人员要定期对隧道的水平收敛以及纵向沉降进行测量，根据数据的变化及时做出方案调整，防止隧道发生塌方或者瓦斯引发危险。施工时使用压入式通风，出渣与通风交替进行，测量完瓦斯浓度之后，工人再进一步施工。

火源控制。各项动火作业必须按照相关安全规范执行，如电焊、气焊、气割等作业。相关流程必须由专人审核及管制，实现专人专项，不得私自进行动火作业，严格管控好每一个环节。

设备选用。在瓦斯含量低或没有瓦斯的工作区域可以采用非防爆型电气及施工设备。在瓦斯含量超过安全标准的区域，所使用的设备必须符合安全防爆规范，例如防爆的施工设备及照明仪器。

（三）使用坍腔瓦斯技术防治灾害

隧道在穿越过程中由于会遇到自然形成的坍腔。很多的隧道瓦斯爆炸的安全事故都是由于隧道的坍腔内积聚了大量的瓦斯。大量瓦斯的存在不仅会导致安全事故，而且会严重的影响技术人员对坍腔进行技术的处理，如果处理不当，还会导致隧道出现二次塌方，造成严重的安全事故。由此可见，第一方面，坍腔内大量瓦斯的存在大大提高了对坍腔进行处理的难度。在利用注浆或是回填的处理技术对坍腔进行处理的时候，都要将坍腔内的瓦斯浓度控制在一定范围内，对施工过程中所需要的机械设备进行防爆处理。

第二方面，隧道内坍腔都是自然形成的，所以具有一定的不规则性，因此就非常的容易导致局部的瓦斯积聚，实用技术进行瓦斯排放的难度就有所上升。瓦斯极其易燃，当大量的瓦斯聚集坍腔内时，是存在相当大的安全威胁的，因此在进行对坍腔进行施工处理之前必须要及时地采取一些措施来有效地排除坍腔内的瓦斯，从而降低瓦斯浓度，这样才能进行安全的施工。根据本隧道的自身特点，在以下的几个方面都采取了相应的有效措施：

①在地质的超前预测方面。准确的预测本隧道前方地质的实际情况，摸排清楚隧道内湿陷性黄土的分布情况，从而采取相应的有效措施预防坍塌性的安全事故发生。②在建立可靠的供电系统方面。在对隧道进行施工的过程中，一个可靠的供电系统是极其必要的，施工方必须要配齐施工过程中所要用的备用电源或者是相应的应急供电设备，这样才能确保在施工过程中进行隧道通风系统不断电。③在加强施工通风方面。在隧道内安装局部风扇，有效的规避通风死角和循环风的产生，而且提高通风的效果，以至于能够真正地将隧道内的瓦斯浓度降到安全线一下。尤其是在坍腔处要安装局部风扇，并且保持不断地通风。④在认真做好瓦斯检测方面。对隧道内的坍腔认真做好瓦斯浓度的检测是保证处理坍腔施工安全的必要条件。对坍腔内瓦斯检测的方式有以下三种：a.人工检测；b.使用仪器自动进行瓦斯检测；c.人工检测和仪器自动检测相结合。根据坍腔的真实情况，采取以上三种方式进行作业。

综上所述，笔者主要研究论述了大断面微瓦斯隧道施工中的安全风险控制，并以老林山隧道为例，提出了施工管理的防范措施：①在大断面隧道施工中，如果采用本节提出的控制措施，可以取得良好的效果，避免隧道塌方；②当遇到微瓦斯的时候，工作人员必须查明现场瓦斯浓度，从而选择最有效的防治方法，提高安全系数；③如果大断面隧道处于湿陷性的地质中，此时塌方的可能性较大，另一方面，如果坍腔中出现集中性的瓦斯，就要第一时间采取措施对其进行消散，营造安全的施工环境。

第六节　连拱隧道的施工安全管理

隧道工程的地质条件通常比较复杂，往往会产生许多不易察觉的安全隐患。尤其是连拱隧道，由于形式比较复杂，施工过程存在着很大的风险性，因此，对连拱隧道施工进行严格的安全管理非常必要。结合连拱隧道工程中容易存在的安全隐患，对相应的施工安全管理进行分析。

一、连拱隧道施工安全事故类型及原因

施工场地的地质灾害。在隧道工程中因为地质灾害而引发的安全事故比较常见。通常在隧道施工过程中施工人员需要面对各种不良地质情况，其危险系数非常大。某些施工现

场施工人员在面对不良地层时，没有针对不良地质采取必要的应对措施，仍然采用已经设计好的施工方法，这样做很容易发生施工安全事故。比如涌水、瓦斯、突水、突泥等安全事故。

支护强度不够引起的安全事故。由于隧道工程中的基岩自身结构承载力不足，或者初期支护层、超前支护加固层、二次衬砌、偏压中隔墙和仰拱等结构强度下降或者不足而引起的塌方等事故也比较常见。在隧道工程中支护结构相关参数的设计，往往是根据隧道围岩的压力来确定的。但是在实际的施工过程中，往往会出现这两种情况：一种情况是施工人员在进行钻爆作业时，技术控制不到位，钻爆作业对周围岩层的扰动或破坏较大，从而降低了隧道围岩结构的承载力，从而降低了结构的稳定性；另一种情况是在进行导洞施工、中隔墙施工、超前支护和初期支护施工时，施工时为了节省用材，减少了钢筋、钢架和锚杆等关键材料的使用量，或者施工工艺操作不规范，也会导致隧道支护结构的强度下降。如果隧道支护结构下降到一定限度，就会导致支护无法承载上部围岩的超大应力，从而造成各种塌方事故的发生。

开挖方法不对引起的安全事故。根据连拱隧道工程不同的围岩级别，选择合理的开挖方法非常关键。隧道工程根据不同的地质条件，其开挖方法也各有不同，比较常见的是开挖方法有中隔壁法、台阶法、交叉中隔壁法、侧壁坑法等许多开挖方法。如果试时选择的开挖方法不正确，便很有可能导致塌方事故。在连拱隧道施工过程中，通常选择偏压式连拱墙施工方法，这种方法如果开挖方式选择不合理，对中隔墙的偏压影响非常高，也较容易发生安全事故。另外，引起塌方事故的另一个重要原因，便是施工过程的安全控制问题。施工过程中施工人员由于安全意识不强，为了施工方便或者工期需要，盲目的追赶进度，开挖时有意识地扩大了开挖进尺或者断面，从而导致各工序之间的施工距离被盲目拉大，支护、封闭工作往往不能及时完成。这也是导致隧道工程事故多发的直接原因。

监控测量不到位引起的安全事故。施工监控测量是连拱隧道工程安全稳定进行的重要手段，通过有效的监控测量能够使安全管理人员对各类支护变形情况、应力变化情况进行及时的监控和评估。在连拱隧道工程中，中墙所承受的应力情况比较复杂，对其进行严密的监测非常必要，施工过程一旦发现任何异常情况，如果能够尽早地采取补救措施，便会避免安全事故的发生。但是在实际的施工过程中，往往存在监控测量人员安全意识不强，对工作不负责、甚至是随意编造数据的情况，这无疑会给连拱隧道的施工安全管理带来极大的危害。

二、连拱隧道工程的施工安全管理对策

施工前制定安全管理对策：

制定安全控制措施：在连拱隧道工程施工之前，需要制定一系列的安全控制措施，其中包括组织措施、技术措施、制度措施、安全措施等各项有利于隧道施工安全、顺利进行

的措施。对进洞的人数进行登记记录，设置专人进行严格的安全装备检查，严格控制进洞人数。同时控制出完善的安全生产规章制度及施工作业规程，以保证施工人员在施工过程能够遵守各项安全制度及操作规程，尽量避免或减少事故发生的概率。

进行必要的安全教育：针对施工隧道的具体情况，以施工之前对全体工程人员进行必要的安全教育。教育内容可包括施工安全意识、工程概况及技术交底、机械设备使用安全等各项关于安全教育内容。以提高施工人员的安全意识和自我保护能力。

制定科学的应急预案：施工之前还应该制定出科学的救援应急预案。对隧道塌方等事故进行应急演练和相应的应急保障预案。协调好各交通、公安、消防、安监、医疗等相关单位，进行必要的突发事故安全演练。对隧道存在的高危隐患进行安全评估，并制定相应的预防处置措施。进行突发事故应急演练时，可对人员的自救、现场的援救等内容等进行全面检验。在演练后还应该召集各相关部门进行客观的评价，从而能够通过演练提高全体人员的事故预防及处理能力。

施工技术的安全保障措施。在连拱隧道施工过程中，应该针对不同的岩性及时调整爆破的参数，施工过程中尽量使用光面爆破技术，依据勘察、测量、计算的岩性对爆破参数进行及时调整。尤其是对炮眼、药量以及连线的控制，然后根据爆破效果找到存在的问题；超前支护施工时为提高支护效果，小导管采用加厚无缝钢管，对局部围岩不良地段需要在钢管中插入钢筋，以增加刚度；施工过程中需要定期对地质情况进行超前探测，以了解围岩的特性，防止地质灾害的发生；新奥法施工是目前较为科学的施工方法，它可能通过监控测量等手段，来监控和判断围岩的稳定性，判断支护参数的合理性。连拱隧道施工应该充分利用这一手段，制订出不同施工阶段的合理监控测量计划，并对各项数据进行汇总和分析，以科学指导施工。同时在施工过程中还应该重视目测观察，根据丰富的经验对观察到的信息进行准确判断，并及时采取有效的事故预防对策和安全保障措施。

连拱隧道的形式比较特殊，施工工序比较复杂，施工安全管理尤其重要。在连拱隧道的施工过程中，除了需要进行缜密的施工安全组织工作以外，还应该对各道工序的质量问题进行严格控制，尤其是对开挖支护工序的质量控制，尽量保证一次成优，安全稳固。

第七节　高速公路隧道施工全过程风险动态

高速公路隧道施工是一项比较危险的工作，整个施工流程需要做好全方位的勘察，由于是在隧道中完成工作，难度系数相对来说比较大，加上其本身就具有一定的风险性。在进行施工的过程中，施工方首先应该对地质进行勘察，在了解环境的基础上设计可行的方案然后进行施工。近年来，随着我国经济技术的快速发展，如何对当下隧道工程动态风险管理中存在的或大或小的问题，进行妥善的处理和更加深入的研究成为当下亟待解决的重要问题。

一、隧道施工过程中风险动态分析与反馈设计方法的研究背景

随着经济技术的不断发展，我国的道路设施也在不断地完善，高速公路的普及使得我国的交通运输更加的便利，使得省市与市县区之间的经济交流更加密切，频繁的贸易往来从而带动了经济的发展。近年来，我国对高速公路的建设十分的重视，同时也引起了人们的广泛关注。隧道本身就具有其本身特性的优势，在不破坏原有环境的基础上，使高速公路具有行程便利的优点。伴随着高速公路在全国范围内的大面积铺设，一系列高速公路隧道相继建成，我国已经成为世界上拥有公路隧道最多的国家。虽然我国的公路隧道建设取得了令人瞩目的成就，但是起步较晚所导致的相关技术知识的积累较少的问题还没有得到有效解决，这就造成至今为止我国的公路隧道建设技术仍处于初步阶段，在高速公路隧道施工的工程中，因为隧道需要挖掘，在挖掘的过程中就容易出现挖掘面过大而产生坍塌等现象，这就意味着虽然我国的公路隧道建设技术手段在不断的发展和进步，但是在施工过程中仍然存在着诸多的危险，极其容易引发事故。这些事故的发生，不仅仅会耽误工程建设的进度，延误交工日期、提高工程费用，还可能对施工及技术人员的生命安全造成威胁，给公路隧道日后的维修养护工作造成极大的困扰，甚至可能造成质量隐患或者根本无法正常使用。由于高速公路隧道的施工过程中具有风险性，工人在施工的过程中容易引发事故，这就要求在施工的过程中要加强施工人员的安全保护教育，在施工之前做好一切准备工作，又因为其隧道工程具有较高的风险系数，这就在一定程度上要求施工的整体团队要具有对风险的认识，管理高层要具有组织领导的才能，才可以最大限度地避免事故的发生。因此，在我国高速公路快速发展的大背景下，对于高速公路隧道施工全过程风险动态分析与反馈设计方法的研究刻不容缓，只有这样才可以更好地减少高速公路施工过程中的各种风险问题，保障高速公路隧道的施工安全，保障隧道的施工质量。

二、公路隧道施工全过程风险动态分析与反馈的目的及意义

高速公路隧道施工的过程具有危险性、不易挖掘性等特征，这就决定了其在施工过程中可能突发勘查设计所不能预见的风险，这就要求我们在遇见可能发生的风险时进行科学合理的处理安排，根据预定的施工方法、方案解决面前突发的具体问题，公路隧道施工全过程风险动态分析与反馈恰恰可以更好地为提高科学决策作为依据，帮助施工设计人员做好风险防范预案，防患于未然。

从高速公路隧道施工的全过程来看，风险系数比较高，在施工中，要设有勘察人员对其工程施工的全过程进行风险分析，在此基础上通过合理的预测采取具体的、有针对性的措施来应对可能发生的风险。公路隧道施工全过程风险动态分析与反馈可以更有效帮助我们及时地调整建筑设计方案，达到规避或者控制风险的目的，把可能风险带来的损失降到最低。

在施工过程中，勘察小队进行风险勘察工作，其分析数据对整个施工工程来说具有很高的价值和意义，能够最大限度地避免事故的发生。其中勘察包含的信息对于交通安全也具有重要的促进作用，为公路交通安全的全面设计也提供了有力依据。

三、公路隧道施工全过程风险动态分析与反馈的设计方法

高速公路隧道的本身特性和其施工过程中可能遇到的各种问题，决定了对于隧道施工全过程风险动态分析的必要性和风险动态反馈的主要内容。风险动态理论分析与反馈即为减少在高速公路隧道施工过程中事故的发生，降低事故带来的损失等一系列施工问题的解决提供了可能。

高速公路隧道的施工位置，一般都是覆岩体，地质环境较为复杂，地质勘查受到极大的限制，加上技术手段等其他方面的限制，隧道的施工建设存在极大的不确定性和高风险性，而且其投资金额巨大，一旦发生事故，则不能挽回。因此在高速公路隧道的建设施工过程中必须要借助于风险动态评估与反馈的方法来控制和减少风险事故的发生，保证隧道的施工建设安全、经济。

其次，工程中的勘察研究方法有多重多样：比如专家现场调查法、层次分析法、事故树法等等，这些方法各有各的特点和优势，都是在实际的施工风险分析中经常用到的。

专家调查法。专家调查法主要是以书面形式广泛地征求各个专家学者对于高速公路隧道施工全过程中出现的各种问题的处理意见，首先拟定出明确的咨询主题，使得涉及该专业的专家可以更加清晰明了的理解所提出的问题，更重要的是要找到在该领域经验丰富的专家学者来解答问题。专家要通过匿名的方式表达自己的观点，提出自己的建议，经过多次反馈，最终获得具有最高准确率的集体判断结果。这种方法具有简单、经济、使用，分析问题透彻深入，具体问题具体分析等优点，缺点是事件的往返时间相对较长，无法进行直接的、快速的、面对面的交流，容易受到专家专业和所处社会环境的制约。

层次分析法。这个方法是比较客观的。能够在运用网络系统理论的基础上结合多方面评论的方式进行分析总结，这个方法最大的特点就是能够深度的分析问题，掌握高速公路隧道施工的具体方案，以隧道施工作为总系统，并按照既定的分析模式进行分解、比较判断、综合分析的思维模式进行风险程度的评估，不因为各个因素对于整体的影响的优点，但是这种方法也具有其局限性，由于其分析与反馈设计方法中定性的成分相对较多，造成了过分依赖经验，主观因素影响较大的缺点。

事故树分析法。事故树分析法本身就是在具有危险系数较高的工程中经常运用到的方法，是从故障树分析法转变而来的，是运用逻辑推理对公路隧道施工过程中各个环节的安全性进行辨识和评价，将发生概率较大、需要分析的事故作为其极大事故，能够具体问题具体分析，能够利用事故发生的本质进行分析，透过本质看现象，最终从根本入手来提出解决问题的具体方案。基本事件的发生概率和事故发生时损失的影响程度可以由统计或详

细的调查方式获得。用事故树分析法去分析公路隧道施工过程中存在哪些危险，能够详细的分析出事故的直接原因与客观原因，还能够深入揭示出发生事故的潜在原因和内在联系，能够使得在整个高速公路施工的过程中将每一个事故进全面的分析，并及时地向施工工人进行普及，最大限度地避免事故的发生。事故分析法能够把发生事故的各种原因进行联系，从而做出准确的判断，以科学的方法掌握安全控制的具体措施，并且还具有具体问题具体分析的优点。

在公路隧道施工工程中，由于事故发生的不稳定性，需要不断地研究出不同的方案，能够有利于隧道施工功能能够顺利展开，使得研究方法自身的优势以及缺陷，但是考虑到高速公路隧道施工过程的复杂性，因此，在实际的施工风险动态分析与反馈中要根据实际的情况选用最合适的设计方法，甚至将几种方法进行综合加工，以达到最好的风险分析效果，确保施工建设能够更加安全，更加经济。

总之，本节研究的内容是一门复杂的综合性学科，由于在当前社会还没有形成一个高度统一的有利于隧道施工的安全设计机制，利用风险分析的具体理论依据的积累还稍显浅薄，需要不断地在隧道施工的工程实践中进行积累和提高，在我国高速公路快速发展的背景下，由于道路工程在我国的大力实施，其安全问题自然成为当下人们关注的焦点，对于在道路隧道工程建设的过程中出现的一系列安全问题，对高速公路隧道的施工过程进行风险动态分析与反馈设计方法的研究我们要更加重视，在高速公路隧道施工安全的问题上，我们任重而道远。

第八节　高速公路施工中的技术环节管理

随着经济的发展，高速公路施工建设项目与日俱增，由于高速公路施工环境复杂，对施工技术及施工工艺要求较高，因此在施工的过程中要根据实际情况进行具体的施工方案和施工技术的确定。文章以安康至平利高速公路施工为例，对施工过程中隧道施工技术与管理进行分析。

一、高速公路隧道施工的风险特点

高速公路隧道施工风险来源于工程项目所在地的地理环境，一般情况下是指水文环境与地质情况。隧道施工的风险带有隐蔽性和随机性，一旦发生事故，后果严重，隧道施工的风险会随着隧道施工的深度而加大，并不是不变化的。隧道施工的风险性与施工现场实际条件联系紧密，对一些地质条件复杂、实际施工过程围岩与设计不符、施工难度大、工程规模大、作业空间小、交通不便利、施工过程中使用的机械设备较多、工艺复杂等特点的高速公路隧道进行施工时，要强化风险管理意识，做好施工前的准备，采取科学的施工方法，严格管理，全程监控，保证工程的安全、质量、进度。文章对安康至平利的高速公路隧道施工过程的技术与管理的这一特征做出分析。

二、隧道施工技术管理解析

项目介绍。安康至平利高速公路是陕西省高速公路网规划中的一条重要线路，是构建陕西省"承东启西，连接南北，覆盖全省，通达四邻是"高速公路网的重要组成部分。

工程特点及重难点分析：

（1）工程特点：本标段桥隧比例大，占合同工程量的80%。地质条件极差，外部环境干扰大，这些因素的制约对工程进度控制和质量保证提出更高要求。

（2）重难点分析：施工地段为山区，交通不便利，施工场地窄小，进行场地布置较难，受受地质和洪水等自然因素影响极大。要进行施工的隧道是全线最长隧道（左线2268m，右线2281m），是合同段的核心工程，地质情况为强风化千枚状板岩，呈片状，基本无自稳能力，而且设计参数与实际严重不符，施工难度极大。

高速公路隧道施工风险管理。在高速公路隧道施工过程中风险管理主要分为风险识别、风险评估、风险应对、风险监控四个层面，文章以安康至平利高速公路隧道施工为例，进行逐一解析。

（1）隧道施工风险识别。在高速公路隧道施工中的风险识别就是对施工目标进行明确的过程，从而预测出可能对项目造成损失的因素，是一种预判。只有对风险进行合理的识别，才能有效地管控，这也是风险评估的前提，风险识别包括风险识别报告的制定、潜在风险因素的识别、估计风险形势严重性、相关资料的采集、参与施工人员的确认以及风险目标的准确定位。例如当前的工程隧道较长，地质条件极差，自然环境恶劣，设计参数与实际不符，肯定会存在塌方和侵限的问题，这就是一种风险的识别。针对这一情况，把各类因素集合在一起，分层解析。

（2）隧道施工风险评估。风险评估就是对隧道施工的风险进行评价与估算，综合分析隧道施工的风险因素影响有多大，同时将各类风险可能造成的损失与情况进行评估，找出关键风险点，从而对整体风险情况进行衡量，保证风险处置合理。风险估算则是估算风险发生的可能时间、风险大小、影响范围、后果的严重性等方面。例如当前的隧道工程面临的风险问题有洞口段浅埋偏压，强风化、极破碎板岩隧道的掘进、洞内极软岩段的支护等，一旦出现事故就会导致停工换拱，对工期影响极大。

（3）隧道施工风险应对。风险应对就是风险预定措施的实施过程。通常来说，风险应对措施包括两方面的内容：①定位于发生风险之前，针对预测风险因素，制定并采取有效应对措施，从而使风险得到减轻或消除，可以采取风险的分解、缓发与规避等措施；②定位于风险发生之后，企业采取相应的财务措施减少损失。当前的工程对这两种措施均有涉猎，较为全面。

规避风险的新工艺和新方法。根据实际情况进行具体分析，制定施工方法和风险管理方案，做好施工前准备。隧道施工中新工艺、新措施的运用：

（1）洞口段浅埋偏压问题的解决。左线出口 ZK11+232-ZK11+110 洞口浅埋段石质松软破碎，且偏压严重，原设计参数已经无法抵御地层应力，如果按照设计参数进行施工，那么极易导致施工过程中的洞口坍塌。为保证洞口段施工安全，采用增加超前导管数量，施行短进尺开挖，然后增加钢支撑对荷载的承受强度，用注浆的方法进行洞壁周围的加固，未定支护断面，为后续正洞开挖创造条件，保证了洞口浅埋段的顺利掘进。

（2）强风化、极破碎板岩隧道快速掘进措施。根据地质超前预报进行分析，及时调整循环进尺，加强支护措施。责任到人，监管到位，奖罚分明，严格控制钻爆、出渣、支护的施工时间，有效调度，使各个施工环节衔接得当。隧道掘进深度不断增加，电力供应、通风排烟难度也在加大，安全风险越来越高，作业环境也越来越差，对掘金速度造成一定影响，因此要强化洞内通风排烟措施，增加送风次数和送风量，实行二次送风，即在洞口段各设置一台 2×110kW 轴流风机（风量 2912m3/min，风压 5000kPa），在隧道 1500m 位置再次增设一台 2×110kW 轴流风机，用于洞内纵深的通风排烟。与此同时要加强对通风排烟工作的管理，成立通风排烟管理小组，加强通风的日常管理，防止因为设备问题和人为因素导致通风排烟不畅引发安全事故，这样一来就能保证爆破后 20min 内隧道中空气质量满足要求。

（3）洞内极软岩段的支护工艺。左右线隧道在 K11+010-K10+750 段的开挖揭示地质为极破碎软岩，开挖的渣体如粉末状，毫无自稳能力。原设计开挖支护方案已经不能满足施工的安全需求，如果不科学的处理将造成大规模塌方甚至冒顶，支护面大面积拱架扭曲，断面侵限，对隧道施工的质量和安全带来极大隐患。针对这一情况，工程有关人员集体讨论，合理分析，决定在超前导管加强注浆稳定开挖面，洞壁用注浆导管代替系统锚杆，增加拱圈地层的自稳能力，同时在每榀拱架的接头部位左右各增加一根锁脚导管，牢牢控制主支护断面的变形极限。正洞在掘进过程中严格遵循"管超前、短进尺、弱爆破、强支护"原则，循环进尺控制范围在 0.6m 之内，加强围岩观测和地表变化，制定应急预案以应对突发事件。

（4）电缆槽施工新工艺。针对当前工程进行电缆槽施工时，创造性地采用了四轮行走整体式模板这一新的工艺，模板固定长度 11.9m。这种行走模板消除了传统的组合钢模板拼接带来的错台、漏浆、线型扭曲等外观质量病害，而且还大大加快了循环的时间，提升电缆槽施工的质量和速度。

（5）探索高填方路基碾压新方法。当前工程地质情况复杂，完全按照规范要求进行路基填筑施工无法保证施工质量。在实际施工过程中，根据自身条件采取了试验对比的施工方法，选择了 100m 的试验段，通过不同分层厚度、不同碾压工艺反复进行试验、比对。最后确定在 30cm 松铺厚度的条件下，以 15t 羊角碾碾压 2 遍 +20t 光面压路机碾压 5 遍的组合碾压工艺，确保了行走速度和振动频率。每三层进行一次压实度的现场检验，采取这样的层厚和碾压工艺，保证了路堤压实度不小于96，路床压实度不小于98，从而最终保证高填方路基的碾压质量。

新方法的总结。此种高速公路隧道施工技术与管理大大提升了工程的质量和进度，经测量核准贯通断面良好，误差控制在允许范围之内，人力与机械配置合理，这是高速公路隧道施工技术取得的又一重大进步。在整个施工过程中，科学的规避了的塌方、岩溶、岩爆和涌水等风险，对出现的问题进行了科学的处理，改善了传统施工方法的弊端，是隧道施工中的经典。

通过安康至平利高速公路隧道施工新方法、新工艺的使用，充分证明了开展高速公路隧道施工要结合实际，注重细节，敢于创新，加强施工技术与管理，消除隧道施工过程中的风险隐患，达到"科学施工、规范管理、创新技术、安全作业、优质高效"的隧道施工目的。

第八章 高速公路隧道维护

第一节 高速公路隧道日常养护

近年来，我国注重交通建设，高速公路的数量也越来越多，但是公路隧道在建设完成后，由于自然条件的变化会出现多种病害，使其使用寿命受到影响。论文分析了高速公路隧道日常养护的内容，包括加大检查力度、及时找出存在的病害、按照病害分类检查，还提出了日常养护的策略，以保证隧道的安全运营。

近年来，我国十分注重交通基础设施建设，对其投资也在不断增加，为公路建设带来机遇的同时，也带来了挑战。隧道是高速公路的咽喉，需要在大规模建设的情况下，加强其养护及管理，以确保隧道的正常运行，并保证行车的舒适性、安全性以及畅通性。

一、隧道检查内容

日常巡查以及清洁维护。高速公路隧道日常巡查内容较多，包括路面、标牌、检修道、反光标志、横通道洞门、洞壁侧墙、隧道排水沟的水箅子等，在巡查工作中，这些内容可以一次性检查完成，需要判断它们的功能性、是否清洁、效果等，因此，这些工作内容较为简单，不用交通导行。隧道车道封闭时，如果这些设施有较多的灰尘，需要马上请专业的作业队伍将灰尘清理干净，确保设施完整、干净。

隧道经常检查项目。对隧道进行检查时，主要检查隧道结构的情况，查看其是否有缺损的地方，这就需要进行全面的检查，包括洞门、路面排水设施、检修道、路面、衬砌、洞口等。检查时，需要带好相关设备，包括钢卷尺、照相机、记号笔、检查记录表、自喷漆、手电、温度计以及自喷漆等，通常需要2个人一起进行检查工作，可以根据需要和具体情况适当增加1~2个人。开始检查工作前，需要先制订具体的检查计划，例如，检查的交通方式是乘坐交通工具还是步行，检查时间，每周检查频率等。检查过程中，需要有重点地进行，例如，对检修道进行检查时，需要将重点放在货车撞击检修道而造成的损害情况，主要集中在混凝土盖板、电缆沟侧壁等部位；检查隧道洞壁时，需要将重点放在查看其是否有显著的纵横裂缝以及混凝土剥落情况，查看路面是否有错台、裂缝以及坑槽。检查洞口以及洞门结构时，需要检查其完整性，并检查洞内以及洞外排水设施的情况，并检查排水的通常性。

由此可以看出，对高速公路隧道进行日常检查和具体处理非常重要，不仅可以保证问题处理的及时性和有效性，还可以最大限度地保证高速公路隧道日常养护的效率和水平，为高速公路隧道的使用安全和稳定性提供有效保障。

二、按照病害分类检查

结构变形检查。检查隧道结构情况，主要是查看检修道、衬砌以及路面等是否存在变形情况，还需要检查其是否有拱起、错台、位移、裂缝、偏移以及拉裂等病害。检查过程中可以进行相应的标示，先初步对病害的相关情况进行判断，如类型、大小、范围以及位置等。例如，衬砌裂缝，若干隧道壁上有清晰可见的衬砌裂缝，则需要明确其范围，如果裂缝沿隧道行车方向分布，并且裂缝范围较大，可以在这些裂缝中选择几条有代表性的裂缝（可以选择在特殊位置的裂缝、最长或最宽的裂缝），将选择的几条裂缝做好标记，并记录其编号以及裂缝的相关情况，如检查时间、裂缝的长度、宽度以及深度。记录的检查内容要详细，同理可对拉裂，错台以及偏移等病害的检查记录进行标注。但是在指标上存在不同，选择的基准点也不一样，例如，错台和拉裂需要标注错台结果相对位移变化数据；隧道结构偏移，需要标注水平、竖向位移以及偏移角度。

隧道水病害的检查。对隧道的水病害进行检查也十分重要，例如，需要检查隧道壁衬砌渗水；是否有坑洞或路面裂缝出现渗水；检查排水沟是否有积水溢出，这些是水病害检查中的重点内容。要明确从哪里开始检查，这就需要先分析水的来源，山体由很多土石结构组成，岩石中有很多孔隙，或大或小、或连通或没有连通，一些孔隙较大，有的破碎甚至会连接成一条暗流通道，一些较为致密，各个封闭独立成为一个单元，这样的结构在暴雨后，会形成一个"容器"，并且是不规则的，其分布、大小以及形状都不同，如果这些容器中的水达到一定程度，超过从隧道结构一些薄弱地方喷出来的压力，或其压力直接使岩层破裂，这些地方就会形成渗水。因此，对隧道结构渗水进行检查，不仅要检查基本情况，如渗水位置、流量、状态等，还需要检查隧道外围山体地表环境和四周环境、隧道外排水沟情况以及隧道内外的排水沟情况，确保其没有堵塞，可以正常流出，还要将其中的水篦子打开，查看排水沟中是否有渗水流出，找出水的来源，进而不断地进行定期跟踪检查，确保排水沟没有渗水情况。

三、高速公路隧道日常养护策略

隧道洞内清洁保养，排水疏通。需要定期对隧道内的设施进行清洁，清洁周期为15d。需要清洁的设施包括反光标志牌、反光防撞桶、电缆沟侧壁轮廓标、隧道内洞壁、紧急停车带等，确保这些标示在隧道内有良好的反光效果，充分发挥作用。如果在没有封闭车道时进行清洁，需要施工人员注意安全，按照相关规定做好防护措施。

清洁隧道结构设施和路面时，要每周使用清扫车清扫路面一次，而主洞紧急停车带、人行横通道、箱式变电站车行横通道、检修道、斜井配电所这些区域的清扫，需要结合实际情况安排清洁，一般每个月需要人工清扫一次。由于工作人员在隧道中作业存在安全隐患，因此，需要按照相关规定和流程进行作业，要注意安全防护工作，将安全放在首位。

隧道内衬砌处理措施。如果隧道结构存在裂缝，且裂缝较小且是非结构裂缝，可以使用预防性小修保养；如果裂缝的宽度不超过 0.5mm，可以使用表面封闭处理法进行处理；土工裂缝宽度超过 0.5mm 时，可以使用低压注浆法进行处理；如果衬砌表面防火涂料剥落，则需要进行修复工作。

综上所述，高速公路隧道的日常养护工作十分重要，为了确保行车的安全性与畅通性，需要注重日常养护问题，并采取有效措施，确保其正常运营。

第二节　高速公路隧道预防性养护技术

首先阐述了高速公路隧道预防性养护的必要性和具体内容。然后从操作空间、养护设备、技术选择、人员素质等方面提出了高速公路隧道预防性养护中的相关问题。最后分类研究了我国高速隧道的预防性养护技术，主要对养护工程技术、养护管理技术和养护信息技术进行了研究。

预防性养护有别于传统养护，告别了被动养护带来的弊端，主动对工程结构、附带设施等进行检测与预判并及时处理，以提高其使用寿命。预防性养护是以预防为主的养护理念和养护技术通过高端的养护设备对工程进行养护的施工方法。

一、高速公路隧道预防性养护的必要性和具体内容

高速公路是连接地区之间经济、文化、政治的枢纽。如果因为养护不周而导致交通问题，将直接影响地区经济的发展，会产生非常严重的损失。隧道预防性养护的具体内容主要是隧道交通噪音的消除、隧道路面养护、隧道病害检查（包括隧道口、边坡、检修道、排水设施等，主要划分为微小病害、B 类、A 类三种病害）、机电设施监控、车流状况、抛撒杂物等。这些都会影响隧道质量以及驾驶安全性。

二、高速公路隧道预防性养护中的问题

操作空间。高速公路隧道空间有限，很多工作并不适合多人操作，对一些养护设备的要求也极为严格。隧道内空间属于半封闭状态，导致施工噪音大，如果不进行有效控制会对养护人员的听觉系统产生伤害。有的操作还会产生灰尘，如果通风不畅就会造成粉尘污

染，从而危害到养护人员的健康。现阶段的传统养护中，对于噪音和粉尘的防护手段比较薄弱。

养护设备。现阶段高速公路隧道的养护设备繁多，养护人员拥有更多的选择空间。由于隧道空间有限，除了对设备体积有一定要求，还要求其工作中产生的噪音要符合标准。要根据隧道的等级来选择对应的设备。

技术选择。对于养护技术的选择，需要养护人员根据实际情况进行判定。有些隧道病害程度不高，如果选择高端技术就意味着投入更多成本。有些病害表现相同，但是存在的安全隐患等级不同，只有对这些情况进行分析总结，才能形成具有针对性的养护策略。技术选择不仅仅要考虑成本，还要考虑技术和病害之间的关系，这就对隧道养护人员的专业技能和知识提出了更高的要求。

人员素质。包括身体素质和思想素质。养护人员要有良好的身体素质，其对于养护工作的重要性思想认识与关键技术的掌握能力都很重要。

三、高速公路隧道预防性养护技术分类

养护工程技术。这方面包括了隧道车流监测技术、病害修复技术、设备维修技术、工程监理技术等。养护工程技术涉及了具体的投入成本，只有进行良好的成本控制，才能保证养护工作持续进行。如隧道车流监测技术有人工监测、设备监测，两者管理成本差距很大。要根据隧道的实际情况来选择监测方式，有些小型隧道可以采用人工定期监测，而对于大型隧道则要进行不间断监测，此时便需要安装远红外等设备进行监测。病害修复技术也存在成本控制，对于裂缝的处理就有大、中、小裂缝的处理方案，而且修复所用的材料成本也有不同，只有采取具有针对性的修复技术，才能确保预防性养护的有效性。

养护工程技术需要按照《公路隧道养护规范》中的要求将公路隧道分级养护。这正是实现成本管控的关键，要针对不同等级的病害使用对应的修复技术。如：大于3000m的一级高速公路对应着四个服务等级，也对应着两个养护等级。如三、四级服务水平的隧道，要进行一级养护，一、二级服务水平隧道的要进行二级养护。对隧道状态也有五个等级评价：即优良状态、轻微破坏状态、一般状态、严重破损、危险状态。分别对应着无异常状况；有异常但非常轻微；破坏非常轻微不影响使用，但是需要专门监控；存在破坏且破坏正在进展中，但速度很慢；存在破坏且已经威胁行驶车辆安全，需要进行专门修复；已经非常危险，出现了威胁行人以及车辆安全的情况，需要立刻关闭交通予以修复。当隧道发生问题后，要依据这些等级和评价标准来具体选择养护方式。如果是一级高速公路隧道，且是四级服务水平，就算是优良状态也要进行严密监控，对出现的问题要及时研究并针对其原因进行修复，确保隧道的正常使用。

养护管理技术。养护管理包括了对所有隧道的信息管理、养护人员的调动、技术的安排、设备的调度与安装等。总而言之，养护管理技术涉及的是资源管理，要确保各种资源

能够得到最佳配置。决定养护管理技术水平的则是管理者综合素养。

从 2009 年开始，我国高速桥梁隧道建设速度逐步加快。各种超长隧道纷纷出现，隧道的宽度也在不断增加，双车道变成三车道，如今已经出现四车道。隧道种类的增多，意味着出现的病害更加复杂，使得病害分级、修复技术、人员配置、设备调度等都成为今后管理技术的重要内容。

养护信息技术。养护信息技术作为一种主要技术，其在高速隧道预防性养护技术中占据重要地位。由于我国高速公路隧道逐步增多，使得养护工作更加复杂。用户信息技术中数据库管理技术尤为重要，数据库管理可以帮助养护人员选择最佳的施工方案，如隧道病害中有水害、衬砌病害、路面病害、滑坡病害等诸多病害形式，各地区不同隧道采取的养护修复方式也有所不同，只有采用数据库对这些施工进行总结，才能找到更为合适的施工方法。

对于高速公路隧道预防性养护，要采用主动的态度进行养护，需要考虑公路的等级、隧道长度、服务水平、隧道评价，选择合理的养护策略。最根本的原则就是性价比最佳原则，确保用最低投入获得最佳的养护效果。国家相关部门和技术部门要对高速公路隧道的各种设施维护实行不同的规范标准：如预防性养护人员岗位标准、养护工作操作标准、养护设备使用标准、技术标准、病害修复标准等，能够让各地区养护人员有规可依。

第三节　高速公路隧道路面无损检测及养护管理技术

随着快速发展的经济社会水平，我国公路交通基础建设的发展十分迅速，在建设、运营及养护中，因高速公路隧道工程施工存在较大难度，特别是特长隧道结构需要比较复杂的施工技术，在不破坏隧道原结构的情况下有效保证对其开展无损检测及养护管理具有十分重要的作用。

随着近年来迅速发展的高速公路基础设施建设，日益增加了隧道数量及里程。发生的衬砌漏水、开裂、裂损及侵蚀等危害严重影响了隧道的正常使用，使隧道缩短使用寿命，造成了较大的经济损失，对人们生命及行车安全构成了一定的安全隐患。所以，隧道无损检测、养护管理等技术的重要性日益突出。

一、无损检测技术

无损检测技术在公路隧道检测中因不会破坏隧道结构而得到广泛应用，对隧道内部岩石情况采用物理方法分析测量，岩石厚度采用红外线折射原理进行测量，再对隧道利用声波原理检测破碎或松动等情况是否存在。

大地雷达检测。该检测技术主要是利用表层上的发射器将电磁波发射，从媒介中穿过时，因材料存在的不均匀性和导电性方面的差异，造成振幅发生一定程度的变化。此外，信号传至终端点时，天线将形成反射的介电性接收，由此可见，反射、频率及导电率因素对于电磁波向隧道的穿透深度具有一定影响。在隧道表层通过发射天线的移动，电磁波发生变化的反射和传播时间，可对深度不同衬砌材料组成、厚度变化、施工材料性质改变及围岩等方面存在的异常和缺陷进行检测。但该检测技术也存在局限性，如材料性质对检测深度具有影响，增大的水和黏土量将增大电磁波变化，若存在钢筋加强的衬砌将对缺陷检测造成影响，雷达发射器加强高频率，频率增大及缩短波长都对穿透深度造成一定影响。

红外线现场照相技术检测。该检测技术采用红外线热像仪拍摄隧道内部岩石表面温度辐射，仪器内配有记录装置，可对捕获的信息实时记录。若岩石内结构发生破损对工程质量造成影响，检测将发生表面温度变化等情况，隧道内岩石结构状况可由技术人员结合检测记录计算分析和对比获得。该检测技术应在内部温度低时应用，由于岩石热胀冷缩，岩石在较高温度时的挤压将缩小裂缝，对检测结果造成一定影响。测量中应将仪器在自动装置上固定，由隧道一端开始全面扫描至另一端，对隧道检测结果进行记录。

多普分析测量。该测量技术采用六种覆盖较小的频谱范围特种滤光镜拍照隧道表面，六种滤光镜在同位置内最少拍照一次，再采用多谱投影机分析拍摄胶片，根据彩色背景看黑白照片获得细小灰色阴影，重合不同胶片可见细小不同的光色，进而分析出墙体表面湿块及存在的病害。

二、高速公路隧道路面养护管理技术

隧道维修管理方式。因受到自然条件等因素影响，在使用中将明显缩短隧道使用寿命，结构物在安全性和持久性方面存在差异，影响后期养护管理。养护管理应对可能存在的病害尽可能掌握，及时分析原因和损伤状况，采取有效维修措施。在检修隧道长度、流量及设计速度等方面应提高重视程度，使隧道工程安全性得到保证。

隧道养护方式。国内隧道养护中根据区域划分对隧道的养护是目前最大的问题，造成同一隧道不同位置存在不一致的养护标准，对隧道正常使用及使用寿命造成不利影响。为加强隧道养护管理，在多工种综合作业中通过对各部门施工时段情况进行综合平行作业，对集中指挥的要求较高。为保证各项工作同步，应建立指挥机构统一养护管理隧道。全面负责管理养护，对养护方案拟定，做好衔接各工种工作，提前将计划交至养护管理中心，管理中心避免造成相互影响，与监控及巡检部门信息相结合完善确定维修方案。并在天窗期前向有关人员通知，提前准备好养护工作，保证工作效率。隧道应遵循"勤检测、常保养、少维修"原则进行养护，根据检测周期的缩短，及时掌控隧道病害情况，达到早发现病害早采取维修措施的目标。

在养护隧道过程中，可结合隧道特点，建立维修管理体制，根据养护管理原则，对作业模式进行调整以符合实际需要，进而使隧道维护效率提高。通过对主导体、机构、电气等设备维修方面设置综合协调管理机构，并将养护区域设定在进口出口位置，通过对隧道进行经常性检查，使管理结构提高管理效率。此外还应结合实际对相应章程进行制定，使管理标准得到确定，养护管理制度得到完善。

隧道养护工作依赖于技术人员及维修设备，应采用新技术及科学的维修设备，使人们降低参与度，机械化作业程序和安全性进一步提高，公路隧道养护实现标准化、制度化。针对养护维修及隧道维护车辆等设备可综合作业，进而使工作效率提高。

加强养护安全管理。一是制定的规章制度应科学完善。施工企业负责人应仔细研究隧道养护施工管理的有关法律法规，根据标准严格管束养护人员，使事故发生率降低；二是责任机制应严格落实。隧道养护企业应结合安全管理实际有效利用责任制度，分工合理，分层落实，确保在发生事故第一时间将责任人锁定，使问题处理效率明显提高。三是制定的奖惩制度应科学。为使养护人员工作积极性得到充分调动，应制定相应的奖惩措施，使现场安全管理水平明显改善。四是在施工中应对养护人员不定期开展安全教育培训，及时普及隧道养护安全知识及相关规定，使养护人员不断提高安全意识，在培训中加强学习安全理念方面的内容，使养护人员提高安全意识。

综上所述，公路隧道对于交通工程的发展具有重要意义，为加强隧道安全施工及养护，隧道应利用最新的无损探测及先进养护技术和维修设备加强管理，进而使隧道延长使用寿命，为促进经济社会发展发挥一定的作用。

第四节　高速公路隧道渗漏水养护

隧道渗漏水养护是对于维持隧道的使用环境和控制管理费增加的重要课题。另外，漏水造成衬砌结构的损害，也引起隧道紧急补修的问题．渗漏水养护措施作为确保高速公路工程施工质量的一项重要技术，我们很有必要做一番探讨。本节在讲述了影响整个公路隧道洞口工程顺利施工基本原因的基础上，提出了公路隧道防水工程施工的相关施工技术方法，从而提高整体施工水平，推动公路工程持续发展。

在公路隧道建设项目里，隧道的防水工程是其中最弱的一环，其防水工程的优劣对于公路隧道的整体质量和车辆行驶安全、隧道使用寿命会产生最直接影响。如果高速公路隧道漏水，那么混凝土的持久性就会降低，随之隧道内各种设施的性能也跟着降低，隧道环境也逐步恶化；而且对于寒冷区域，隧道漏水容易让隧道的路面结冰，隧道顶部有冰柱出现，隧道的正常运行受到很大影响与阻碍。因此，如何建成不漏水防水的隧道，成了隧道施工人员的疑难杂症。目前，那些维修保护经费较高的隧道，一般都要求施工方对隧道实施防水措施。可是现有资料显示，目前为止，我国在隧道防水方面的书籍和研究是相当匮乏的；因为不同的专业隧道，它的防水级别划分又不清晰，同时也缺少比较有说服力和充分的理论事实依据。我国在关于隧道防水的理论依据上、防水方法的优化办法、整体防水与部分防水相结合、渗漏水养护的经济性与合理性等多个方面，都需要更加长足的努力和探讨。

一、高速公路隧道渗漏水养护的作用

预防地下水的渗透和侵蚀。在高速公路工程的施工和使用的过程中，会经常受到地下水的危害。尤其是地下水的渗透和侵蚀危害，可以使高速公路工程发生严重的损害，损害比较轻的就是对高速公路工程内部设备的正常使用以及行车的安全和稳定等产生影响，损害比较严重的话则可能会造成工程结构的损坏，进而危害社会公共安全，而高速公路工程施工质量控制中渗漏水养护的应用，可以有效防止高速公路工程的施工和使用的过程中地下水的产生，从而具有预防地下水的渗透和侵蚀的作用。

确保高速公路结构的不渗不漏。高速公路渗漏水养护的应用作为高速公路工程施工的一个核心环节，为了有效提高高速公路工程的防水效果，一般对高速公路工程施工的环境要求比较高，考虑到高速公路的运行时间比较长，其安全稳定性能容易受渗水和漏水现象的影响，一旦发生渗漏现象就会给高速公路的安全运营留下极大的隐患，所以将渗漏水养护应用于高速公路工程的施工中可以起到确保高速公路结构不渗不漏的作用。

降低工程的施工成本。防水工作是高速公路工程施工中非常重要的一环，因为渗漏水养护的应用在很大程度上会对高速公路工程构造的安全性、稳定性以及耐久性等产生重要影响，为了有效确保高速公路工程在施工和运营过程中的工程质量，防水施工将是工程施工中的施工成本投入的重要一环，所以在高速公路工程施工的过程中采用科学有效的，而且经济划算的渗漏水养护手段可以在充分保证高速公路工程质量的前提条件下，有效降低工程的施工成本。

二、渗漏水养护的施工原则

结合大量的高速公路工程施工实践，总结渗漏水养护施工需要遵循如下几个方面的原则：①由于高速公路工程的施工具有排水型以及全封闭型的施工特点，所以依据工程结构的特点和用途，渗漏水养护的施工原则要遵循以防为主、多道设防、综合治理以及防水与排水相结合的原则；②为了能有效防止在施工的混凝土结构中产生裂缝，提高混凝土结构自防水的可靠性，所以高速公路工程的防水施工中在使用钢筋混凝土做围护结构时还要充分保证混凝土结构的自防水性能，在渗漏水养护的施工中还应遵循永久防水、不渗不漏和治标治本的原则；③对于接缝渗漏水养护的施工，为了能有效预防因受混凝土收缩所产生的压力作用，而使施工缝分布疏密不均的现象发生；所以在渗漏水养护的施工中还应遵循加强变形缝以及施工缝和等其他按缝部位的防水施工；④在防水施工材料的选择上，还要遵循选择那些防水性能和耐酸碱性能高的，而且物理力学性能以及耐老化性能比较好的防水材料作为防水施工材料的原则。

三、高速公路隧道的渗漏水养护设计

设计原则与标准。根据《高速公路设计规范》的准则，隧道防水设计应秉承"以防为主、刚柔并济、多重防线、综合整治、因地制宜"的原则，也就是说：要根本上采用混凝土结构选渗漏水养护，把变形缝渗漏水养护、后浇带渗漏水养护以及施工缝渗漏水养护等接缝渗漏水养护作为重点，然后强化各种结构断面接口的防水措施。然后标准要求就是：高速公路隧道防水级别为二级，结构不能出现漏水情况，结构表面许有少量湿渍，但总的湿渍面积不能大于总防水面积的 2‰，一个湿渍的最大面积小于或等于 0.2m²，任意 100m² 的防水面积上的湿渍不能超过 3 处，平均渗水量小于或等于 0.05L，任意 100m² 防水面积渗水量则要小于等于 0.15L。

渗漏水养护形式。高速公路隧道的防水形式可分为半包防水和全包防水两种。半包防水运用"防排结合"的理念对地下水实施限量排放，以此达到防水的效果；而全包防水则是用完全封闭的防水层将地下水阻挡在二衬结构的外层。人们早期修建高速公路隧道时由于经济实力限制，基本采纳半包防水形式的"防排结合"理念。可是，由于高速公路都是建在经济相对发达人口相对密集的地区，那么只要有地下水排放，地区的地下水资源、生态文明环境以及周围环境都会被殃及，运营过程中相关费用也将不断攀升，所以，随着经济发展，逐渐开始普及全包渗漏水养护。从理论上来讲，全封闭式的防水层比防排结合更能达到隧道防水的综合目的。可是在技术不够成熟的条件下，在实际操作中，防水层很容易就被破坏掉，结果整个全包防水崩溃和达不到预期效果。就这一缺点，有些城市开辟出在全包式的基础上实行分区防水的全新防水理念，即：把整个隧道分成 n 个防水小区，辅助防水板的热风密实焊接技术来进行分区。一般分区应设在施工缝的地方，这样不仅可以起到防水的效果，还可以保护防水板，从而提高施工缝对地下水的防范承受力。

渗漏水养护措施。那么全包式防水措施在高速公路隧道中的实施主要是由以下三道防线构成的：

（1）初期支护和背后填充注浆。初期支护是由防渗喷射混凝土、钢拱架以及钢筋网三部分合作完成。防渗喷射混凝土的防水等级一般要不低于 P6，再加上里面的钢筋网以及钢拱架在和喷射混凝土共同承受着周围的压力，从而极大程度的阻碍了喷射混凝土抗拉区的裂缝发展趋势，三合一加强整体抗渗能力。而背后填充注浆能在围岩产生裂隙的时候及时填充注浆浆液，提高和延长围岩的防水能力和使用时期；同时又能填补喷射混凝土和围岩之间的隙缝来弥补初期喷射技术上的漏洞。我们觉得水泥浆是比较好的注浆浆液，然后在地下水的压力较大的地段还可以用双液浆作为注浆浆液。

（2）全包柔性防水层。在初支和二次衬砌间的柔性防水层，在具有防水功效的同时，还能改变初支和二次衬砌间的传递性质，舒缓喷射混凝土和二次模注混凝土两种混凝土的排斥性，使二次衬砌发生裂缝的情况得到保障。目前国内的柔性防水层主要采用聚氯乙烯和乙烯-醋酸乙烯共聚物两种类型的防水板，一般采用无钉铺设和热熔焊接两种手段。同时还要防止和注意防水板在施工过程中被破坏，则需要在防水层与初期支护这两者之间再加一道无纺布缓冲层。

（3）二次衬砌结构自防水

作为整个防水体系的最后一道也是最重要的一道防线，二次衬砌结构自防水的衬砌结构为防水钢筋混凝土。对于像施工缝和变形缝等这样结构的特殊部位，我们有如下两个方案：中埋式止水带防水方案和止水条加注浆管再加止水条防水方案。然后对于二次衬砌拱部混凝土出现的灌不满等问题，我们设计将注浆管预埋在衬砌背后，在它的背后空洞进行注浆回填补充的工作。

高速公路工程防水施工的质量作为评价整个高速公路工程质量的一项重要指标，保证高速公路工程防水施工的质量是保证高速公路工程质量的重要前提。因此，在高速公路工程的施工过程中要根据施工工程的实际情况，按照科学的防水施工方案进行施工对保证高速公路工程在施工和运营时的安全和稳定具有非常重要的意义。

第五节　高速公路隧道病害的成因与治理

经济的快速发展必然要求交通运输条件与之相协调，全国高速公路交通规划网的落实已促使高速公路进入全面建设与运营阶段。在浙江山区，高等级公路隧道无论在数量上还是在长度上均呈线性增长趋势，如猫狸岭隧道（3595m）、苍岭隧道（7570m）、括苍山隧道（8100m）等。随着高速公路隧道的投入与运营，由于地质、设计、施工等各方面的原因，部分隧道产生了不同程度的病害，威胁线路的安全运营，给经济带来负面影响。病害不仅降低了隧道衬砌的承载能力以及使用性能，还会诱发其他的病害如渗漏水、设备腐蚀破坏等，严重缩短隧道的正常使用寿命。

本节结合浙江省高速公路隧道病害的系统调查研究，对高速公路隧道病害的危害以及产生的原因进行了分析，并针对渗漏水介绍有效的病害治理方法，希望对公路隧道病害的预防与维护治理有所借鉴。

一、病害的种类及其成因危害

通过对浙江省高速公路隧道病害的 94 份专家问卷调查回收整理，目前浙江省高速公路隧道病害最直观的表现主要为渗漏水、衬砌结构的腐蚀与裂损、衬砌背后松动或不密实及空洞、路面破损及隧道内空气污染等。下面简单分析这几种病害的危害及成因。

渗漏水。经验表明，渗漏水与隧道内其他的病害几乎有着直接或间接的联系，如隧道结构裂损病害提供地下水的渗流的通道，而地下水长期的渗流和侵蚀又加剧隧道结构和设备的腐蚀或破坏，导致洞内通风、照明等设备失效，并且渗漏水的长期影响会降低衬砌结构的强度，反过来加重结构裂损程度，严重时会导致衬砌结构掉块等现象；同时渗漏水无法及时通过排水系统排出而引起路面积水，行车经过会产生眩光或车辆打滑，危及行车安全，影响社会经济秩序的正常发展，或造成经济财产损失及人员伤亡。

渗漏水产生的原因很多，主要有防排水材料质量差或选用不当，施工中防排水的细部处理不当或围岩不稳定，衬砌开裂破坏防水层等。另外在国内，对高速公路隧道病害的研究时间比较短，使得对隧道渗漏水病害的危害性认识不足，从而导致在隧道设计上可能存在重结构以及轻防水的倾向，造成隧道防排水设计上存在诸多的漏洞，也是隧道结构渗漏水病害产生的重要原因。

衬砌结构的裂损与腐蚀。隧道衬砌是承受隧道周围地层压力、防止围岩产生变形塌落的隧道工程主体结构部分。隧道衬砌裂损和腐蚀为地下水的渗漏留下了隐患，同时可破坏隧道结构的稳定性，降低衬砌结构的安全可靠性，一旦衬砌裂缝或腐蚀严重，则会极大可能的影响隧道的正常使用，从而危及行车安全。

造成衬砌结构裂损或腐蚀的原因在地质方面如围岩膨胀性或存在腐蚀性介质，地层沿隧道纵向分布或力学性态的不均匀性以及松动压力、形变压力的作用；在设计方面如衬砌厚度设计不合理；运营过程中车辆行驶造成的循环荷载作用。

同时与施工也有着很大的关系，如隧道开挖的掘进方式、水灰比、拱背回填，欠挖导致衬砌厚度降低；选用混凝土材料质量欠佳等；又如拆模过早导致混凝土未达到设计强度就开始受力都将可能导致衬砌结构裂损。

衬砌背后松动及空洞。公路隧道施工中，由施工工艺、施工方法、施工质量、混凝土收缩等多方面的问题，可以导致衬砌背后产生松动或空洞。如施工中衬砌厚度不足、设计厚度与实际厚度存在差异，或者对施工塌方处理不彻底等。一般来说，这些问题可以引起比较严重的衬砌空洞问题。对某些隧道现场采用地质雷达检测表明，隧道衬砌拱顶、拱腰、边墙等区域 10% ~ 50% 存在不同程度的空洞。如果衬砌背后出现空洞或松动区时，围岩的应力状态会发生改变，也会导致衬砌容易出现开裂等现象；同时空洞或松动容易形成积水空间，使地下水顺着裂缝进入衬砌内，引起渗漏、钢筋锈蚀等病害。另外空洞或松动会引起隧道和围岩之间不能形成一个整体，从而无法充分发挥围岩的抗力作用，在垂直荷载作用下两侧边墙向外扩张导致拱顶拉应力增加，使拱顶出现纵向裂缝，使得围岩失去应有的支护而松弛、变形，导致失稳、脱落，严重时会发生突发性崩塌。

路面破损。隧道基底病害以及渗漏水现象容易引起路面的开裂甚至起拱、造成路面下沉、甚至翻浆冒泥，导致线路在几何形态上发生变化，制约车辆行驶速度，致使可能车辆发生交通事故。

导致路面病害的原因主要有以下几个方面。首先是施工因素，在施工过程中如果对道路的接触基面处理不恰当，很容易造成道床与结构底板间出现施工裂缝，在运营过程中由于其他各方面因素的综合影响，极可能造成道床与结构底板之间剥离开来。加之在车辆的循环荷载作用以及地下水的流动会导致道床出现错动而产生横向的断裂，从而造成路面破损，出现翻浆冒泥的现象。其次是水文地质因素，由于地下水流动致使道床混凝土中的氢氧化钙等化学物质被带走，降低了混凝土的强度；在长期作用下，致使混凝土出现裂缝，地下水的渗透作用及腐蚀作用严重降低道床混凝土及钢筋的强度，从而更容易导致路面的破损。同时浙江处于软弱土层地区，地下水的流动容易带走道床下软土砂质，使得道床与土体不能形成统一的整体，降低了路基的承载能力。在车辆行驶的循环荷载反复作用下，更容易造成道床的断裂，逐渐导致路面破损。

隧道内空气污染。国内外的研究表明，运营隧道空气中的主要有害物质一般包括 NO、CO、CO_2、SO_2、瓦斯、H_2S、碳氢化合物和悬浮颗粒等。在隧道运营过程中，此类有害物质主要存在于交通车辆行驶排放出的尾气，电气设备的运作释放出的气体之中。由于公路隧道只有两端与外界相通，可以近似为一个封闭或半封闭的系统，有害气体无法快速的消散而容易积累在隧道内，当达到一定浓度，容易产生不良影响。为了使隧道能够正常的运营，延长隧道的使用期限。隧道管理部门会对隧道例行维修与养护，一旦隧道内有害气体浓度过高，则会危害养护人员的生命安全，导致人急性中毒；其次倘若隧道内发生交通车辆碰撞或火灾事故，由于隧道内 CO、SO_2、瓦斯等易燃气体的存在，会快速增大火势，甚至引发爆炸，严重影响交通正常持续，对社会产生消极影响。另外会降低隧道内的能见度，妨碍行车安全和维修工作的正常运行。

二、病害的治理

隧道病害最直观的表现形式为隧道渗漏水、衬砌开裂、路面下沉或翻浆冒泥等，对其进行整治处理是非常复杂的系统工程，既涵盖设计施工，也涉及营运管理。

对公路隧道病害的整治主要以渗漏水的治理为主，隧道治水措施以排为主，排、堵相结合，进行综合治理，排与堵相互协调配合，形成完整的公路隧道渗漏水治理体系。渗漏水治理方案的制定应先进行渗漏水现状调查和产生原因分析，同时结合隧道环境条件与施工要求，选择合适的治理方法、施工工艺及施工设备仪器，力求在权衡经济费用的同时达到预期目标。

渗漏量小的病害的治理。当隧道病害水压不大，孔洞或裂缝较小时可采用直接堵塞法，该方法即采用凝结速度快，高强微膨胀，抗渗性好，对基层粘结性好的直接堵漏材料进行直接堵塞。如凯利特堵漏宝，LW 和 HW 型水溶性聚氨酯，SN—915 防水护面剂以及 BW—96 型遇水膨胀止水条等。直接封堵的施工工艺分为以下 5 个步骤：首先，检查隧道内渗漏水的裂缝情况，找出适宜该方法治理的病害。其次，沿病害裂缝凿 "V" 槽，通常宽 8cm，深 8 聪明左右。第三，对槽进行清理，并用封堵材料进行封堵，厚度约 4～6cm。

第四，为了加强修补面的防渗能力，应用水泥砂浆将槽压实并磨平。最后，按照材料性能的要求进行养护。

渗漏量较大的病害的治理。对于水压较大、孔洞较大且渗漏量大的孔洞或裂缝可以采用注浆堵漏法治理。通常注浆材料要具有凝结时间可控、固结后的强度高、良好抗渗性、高强粘结力以及耐久能力、并能抗腐蚀和无毒无污染等特性。

注浆法按工艺可分为单液注浆和双液注浆。单液注浆即是采用压浆系统的压力泵加压将注浆材料直接压入漏水裂缝中，但是该类方法不能控制防渗材料的凝结时间。双液注浆顾名思义则是采用两个压力泵将两种材料溶液压入混合器中，混合后再压入渗漏裂缝。双液注浆通过两种材料的不同比例来控制混合材料的凝结时间，从而具有高效的防渗修补能力。对于围岩或衬砌背后注浆，通常采用以无机材料为主的浆液如水泥浆或水泥 - 水玻璃浆等，对于衬砌背后空洞较大的病害可以用砂浆，而对于隧道衬砌渗漏严重情况下常采用水泥 - 水玻璃浆液。也可以采用有机材料进行注浆，类似材料有呋喃树脂类、丙烯酸盐类、丙烯酰胺类等，该类有机材料主要用于衬砌混凝土内的孔隙及裂缝的修补。

大范围面渗漏病害的治理。一般来说在增设附加的防水层的同时采用刮、刷、以及喷的工艺来解决的大范围的面渗漏水病害。此时采用的材料应该具有凝固时间较短，有一定的膨胀性能，抗渗性要强，另外能够很好地与衬砌牢固的粘结在一起。目前隧道中比较常用的抹面防水材料有三大类，第一类为无机材料，如高效抗渗的无机双快水泥、掺有防水材料的砂浆以及能够渗透进混凝土中的无机渗透材料；第二类为有机材料，如聚氨酯涂料或者具有防水性能的沥青材料；第三类为有机与无机的混合材料，如聚合物水泥砂浆等。

另外，可采用防水板导水，此方法可适用于大量渗漏水呈面状渗漏的情况。但是不足之处在于该方法要求隧道内净空断面富余。此法由于预制构件，从而施工简单，防水效果也比较好，同时亦可作为防护板防止隧道顶部衬砌混凝土剥落。

公路隧道隧道病害的防治，是一个综合性的问题。由于目前病害监控体系还不是很完善，加之隧道病害的发生机理比较复杂，对于隧道病害的研究和处治还处于比较初级的阶段。本节仅是简单地介绍了隧道病害的成因与危害，以及目前比较常用且有效的病害治理方法，希望对隧道养护及今后的研究有所借鉴。

第六节　隧道工程机电设备智能监控及维护管理

我国公路建设的现代化进程中，发展山区高等级公路已成为必然趋势，其中将会遇到公路隧道的机电监控问题，特别是长及特长隧道的机电监控问题。公路隧道机电监控涉及内容较多，为此，本节主要对隧道工程机电设备智能监控系统的概况、构成及维护管理进行了分析与探讨。

一、隧道工程机电设备智能监控系统

机电设备的智能监控系统一般包括计算机技术、现代信息处理技术、集成电子技术、智能自动化技术、现代通信技术、管理与决策支持技术和控制与系统技术等，该系统通过信息的搜集、传送、加工以及使用，充分地将资源整合并加以应用。隧道工程的安全性主要受地质因素和管理因素的影响，机电设备智能监控系统可以实时确定隧道管理是否到位，发生地质灾害时，可以通过智能监控确定隧道的安全性，只要隧道出现异常情况，智能监控系统可以启动应急模式，进行防灾、救援和事故处理指挥，从而减少损失。

二、隧道工程机电设备智能监控系统的构成

根据隧道管理的需求，隧道机电设备智能监控系统包括多个部分，这多个部分同时工作以提高隧道的安全性。

（一）综合监控系统

综合监控系统涵盖了多个组成部分，有火灾自动报警和联动子系统、监控子系统、电力监控子系统与隧道紧急对讲电话等，这些系统通过隧道职能中心互相构成网络一起工作，极大地提高了隧道安全性。（1）综合监控中心平台。综合监控中心的局域网一般都是采用标准以太网，同时，鉴于双网热备、冗余、开放、易扩展的优势，目前基本都使用双网，这样可以使监控系统趋于稳定状态，即使产生了单点故障，也不能造成别的设备的非正常运转。（2）设备监控子系统。设备监控子系统通常由现场总线、控制器及其温湿度探测器构成，呈分散式。其系统直接接入局域网，可以采集环境和机电设备的信息。（3）火灾自动报警子系统。火灾自动报警子系统包括消防专用电话总机、火灾报警主机、联动控制器、隧道紧急电话主机、光电式感烟探测器、感温光纤探测器、信号线缆、手动报警按钮等设备。他会对设备内的情况进行实时监控，发生火灾时，系统将首先确认火灾的发生，然后及时发出警报，向各部门通知，再通过广播让大家得知火灾消息，及时进行人员疏散，并且联动控制排水系统和诱导发布系统、车道灯控系统以及电气照明系统等。他有抑制火灾的扩大，减少财产损失及人员伤亡的优点。（4）电力监控系统电力。监控系统虽多为分散安装，但其管理模式又较为集中，通过站级管理层、网络通信层和间隔设备层多个部分来实现监控系统的高效运行。此系统依托网络平台保证测控单元与交直流电用电系统监控安全运行，并使得间隔设备和站级管理层设备连了起来。

（二）智能交通系统

智能交通系统包括中心监控平台、高清视频事件检测子系统、交通诱导发布子系统、警用无线通信子系统、违法抓拍子系统等一系列的部件。

高清视频事件检测子系统；交通诱导信息发布子系统隧道车道灯控制子系统；警用无线通信子系统；隧道超速违法抓拍和禁行子系统。

三、隧道工程机电设备的维护管理

（一）隧道工程机电设备维护管理的必要性

首先，机电设备是否能正常运转，关系着高速路上的一切事宜，包括收费、监控系统、通讯和稽查等。其次，对设备不达标的维护管理会缩短设备的使用期限。同时也会增加维修费用，增加了经济支出。此外随着公路建设的发展，其管理面临着巨大的压力，而隧道作为其重中之重，其内部机电设备的正常运行是交通畅通的基础。因此，要想使得隧道工程机电设备得到更好的养护，就必须要有科学、规范的管理。

（二）隧道工程机电设备维护管理常见问题

效率低。我国隧道工程机电设备的维护管理主要采用分散式运作模式，因为受隧道特殊的地理位置和企业传统管理体制的限制，所以大多数高速公路的管理效率都比较低。通过实践证明了在高速公路运行初期采用分散式运作模式有利于机电设备的维护管理，但随着公路的发展壮大，这种运作模式的缺点逐渐凸显，其需要庞大的人力资源支撑，这就增加了成本和人员的浪费，降低了经济效益。

缺乏隧道工程机电工程养护系统评价标准。目前，在隧道工程完工后，很多单位只重视路面工程。同时很多单位急于交工，不注重隧道的安全生产工作，导致很多设备不能被及时养护而出现故障，从而影响到施工进度与安全。因此，为了保证隧道施工工作的安全，建立一套合理的机电设备维护管理效果评价体系是很重要的。

漠视安全环境问题。隧道工程在施工时可能会出现对实际情况考虑不周而留下安全隐患的情况，日常机电设备的使用中存在操作失误的情况，这些都会影响机电设备的安全运行。

（三）如何更好地进行隧道工程机电设备的维护管理

实现资源共享。为了减少管理成本，机电设备维护管理部门可以根据长远目标，结合自身相关优势，选择适合自身发展的维护管理模式，组建统一的维护组织，将人员配置、职责划分、运作流程以及信息化管理等工作做好，以实现资源共享，更好地进行机电设备维护管理工作。

建立合理的养护系统评价标准。此评价体系既要能反映各项指标，也要能让有关人员和部门接受。通过这个评价体系，能够让机电设备在安全的状态下高效运行，不断地增加经济收益，带动行业的全面发展。

综上所述，随着隧道工程开展的不断深入，机电设备监控和维护管理工作变得更加重要。通过建立隧道工程机电设备智能监控系统，以及分析隧道工程机电设备智能监控系统的构成，可全面了解隧道工程机电设备维护管理工作中的几点常见问题，只有在此基础上，才能更好地进行隧道工程机电设备的维护管理工作，为日后相关工作提供可靠保障。

第七节　公路隧道中机电系统维护管理

随着中国城市基础设施的投资不断地发展，尤其是高速公路从平原不断延伸，穿越越来越多的隧道，隧道照明、监测等机电系统操作应该符合我国公路隧道维修技术规格标准，达到规范规定的要求，而且还应为社会发展和整个经济发展做贡献。本节从隧道机电系统管理的安全出发，从施工现场和紧急情况两个方面面对安全预防管理进行了全面的阐述，旨在为不断提高机电系统维修管理工作。

随着中国城市基础设施的投资不断地发展，相应的安全管理将成为越来越重要。建立现场维修团队，维修人员进行车辆技术检验，充分利用强大的技术力量。在设备维修质量、维护管理过程中，通过双方合作的缩短时间去处理问题，降低企业的经营风险，间接地控制运作成本，提高维修质量，树立了良好的形象，为我国交通事业多做贡献。

一、安全预防管理

任何安全事故都离不开物的不安全和人的不安全行为，这是无数次安全事故的经验总结，尤其是在一个人决策系统的控制中，更需要提高员工的安全意识。例如在 2002 年以前，安徽省高速公路管理机构隧道照明配电采用其他单位维护进行保养和维修。为了节省维修费用，维修单位使用竹梯为维护工具，经常发生维修人员从梯子上滑下等的事故。现在要求维修单位自行进行隧道机电系统维护，买高空作业车，不再使用脚手架和竹子的辅助工具的阶梯，提高了安全系数，同时也提升了维修人员安全和机电设备维修质量。定期维护人员等隧道机电系统电工电气安全技术培训，不断提醒他们做到"四个不损害"，机械和电子系统等新产品和新技术，工作日常事务讨论具体安全工作，安全检查每月，每周都要进行，组织学习安全生产法，安全法律法规。及时组织人员业务技能业务培训，如摄像机、UPS 电源、PLC 等机电设备性能知识培训，以提高机械和电气系统的维护的精度和运行的可靠性，提高安全营运的机械和电气设备的性能。安全生产配备必要的工具、劳动防护用品等等，不间断进行安全教育。严格按照国家标准进行维修，购买合格的维修设备，高空作业车配备了报警和对讲系统。选购高品质、高品质的机械和电气系统维护材料作为隧道维修配件。这样材料的质量可靠，减轻机电系统设备故障发生时，会降低设备维护频率、间接提高隧道的安全管理维护效率。在 2002 年前，据不完全统计，每 8 个月将是维护和更换大约一半的整个隧道灯具光源。由于维护一个二线品牌光源的收购单位配件，高速公路管理局购买品牌产品，有明显的变化，三年灯具光源不改变。

二、安全现场管理

人员管理。在任何工作中，人作为一个主要因素，起到不可替代的重要作用。因此，在隧道维修工作中第一个要求时要配备足够的维修人员。除了两个维修人员外，同时配备专业设备维修人员，一个人签署检查工作人员，布置正确的过往车辆降低隔离桥墩施工标志，这样在维修施工时通过隧道巡逻发现异常情况。降低危险性。行车道维护的过程中，由于许多汽车赶时间和成封闭的建筑面积等因素，在维修走路的时候，注意安全，避免可能发生的交通事故。

规范施工牌摆放。在维修工作时，应当提供隧道维修信息、安全行车信息，和施工建筑面积。相对于高速公路路面养护及施工、机电设施维护隧道所需的材料少，时间短，维护快速等特点。所以应该参考并严格按照公路养护小修的规范要求施工顺序摆放各种标记符号，按照标准摆放施工前后的警告标志、限速的标志和禁止的标志，通过引导标志使车辆远离施工，其中施工标志到施工部位不得少于 300 米的距离。

按规范进行系统维护。严格按照机电系统维护要求和安全标准施工机械和电气系统维护。不是在夜晚，还是风、雨、雪、雾、坏天气都进行维护工作。维修人员在的统一安全标志范围内，身穿黄色衣服和头盔。依照本法规定和地方修理车辆线开车、停车。严格按照电气安全规范，电气安全工作分销系统维护，同时，必须有两人以上进行工作，一人操作，一人照顾。

三、安全紧急处理

优化维护方案。机电系统在隧道维修，目的是为了提供快速车辆畅通安全通道的环境和条件。高速公路在施工过程中，应采取措施以确保交通相一致。然而，在实际隧道机电系统维护，在任何时间和地点可能是影响车辆交通安全与突发事件。因此，在隧道机电系统维护，设法避免发生这种事故，尽量减少对维修和交通影响的过程，尽可能地将影响降到最低，这是我们的义务，也是我们的责任。这就要求我们和维护分支协调，合理安排机电设备维修保养计划，隧道洞路面养护期间，保证隧道洞的交通条件。

选择合理时间。这就要求我们在隧道机电系统维护尽量安排在晚上工作或在晚上，特别是影响了整个隧道照明系统的配电系统维护。对高的山隧道机电系统的操作影响减少到最低，避免了可能的各类安全事故。

紧急预案处理。这就要求我们在隧道精于机械和电气系统维护，假如对方的道路交通事故，通过了紧急操作，我们必须立即终止在隧道机电系统维护，并通知相关部门采取的措施，以确保交通情况而有所差异。当我们走路的时候，发现异常，确保安全及维修的车辆在交通安全隧道洞。及时、快速拆除隧道施工的牌子，停车维修、修复交通隧道条件前，通知地方监控中心等部门进行分解援救车辆。

在安全管理隧道机电系统中，应当见仁见智，以实际的隧道环境为依据，在不同的隧道以及不同的环境中采取不同的方案，同时不同的人员也会对方案有不同的理解。文章主要对隧道机电系统在日常中的维修养护进行了论述，以此同广大同人进行交流，共同推进隧道几点维护管理工作的发展。

第八节　高速公路收费机电系统维护与管理

近年来，山西省高速公路事业发展迅速，高速公路网基本形成。为了更好地将高速事业做精做细，首要任务就是将信息机电系统精细化，完善高速公路信息机电系统的标准化管理和优质服务。信息机电系统包括收费、监控、通信、供配电、隧道机电和治超联网的机电设备。业务范围包括高速公路管理系统有关信息和机电设备的日常保养和维修。信息系统是高速公路运营数据的采集、汇总、统计和信息传递的平台，可为决策层提供决策依据，为管理层提供管理数据，为工作层提供数据采集、记录运营数据的手段。主要就收费机电设备的日常维护和管理进行了分析。

一、高速公路收费机电系统维护管理现状

我公司自成立以来，围绕提高运行服务质量和运行管理综合效益，"以精细化促进行业规范化"，不断实践和完善具有高速公路行业特色的管理服务体系，积极探索、选择了符合公司实际的管理方式，逐渐形成了一整套高速公路机电维修、信息服务的科学管理办法。

收费机电系统管理与维护模式。目前，我公司高速公路机电设备维护管理的机构设置为三级维护管理模式，即公司机电抢修队、管理处机电工程师、收费站机电负责人（或机电员）。为了管理规范，公司对各部门的维护内容进行了细化，并对各部门配置了相应的维护设施，日常机电设备维护和保养主要以收费站机电人员负责，无法修复的上报管理处，由各管理处机电与收费站机电共同负责，抢修队对需维护的内容进行监督与考核，负责实施公司大的机电系统改造项目。

机电设备维护人员的综合业务素质。目前，高速公路的机电设备维护、管理人员都是经过考试摸底、统一的专业培训、层层选拔竞选出来的，在培训过程中，他们都掌握了最基本的业务知识，通过实践，也积累了丰富的实战经验。但随着高速公路日趋发展的形势

来看，对机电设备维护人员、管理人员的素质要求越来越高，同时，对人才的需求也越来越大。高速公路人才处于紧缺状态，这就要求相关的管理部门重视机电人才的引进与培养，并使高速公路机电设备维护管理工作人员的素质都得到提升。

建立了备品备件管理。收费机电设备 24 h 处于工作状态，日复一日，年复一年，机电设备无休止的工作，日渐老化，维修率随之提升，这要求各单位建立备品备件管理。备品备件要求库存充足、设备齐全，从而缓解机电设备的负担，延长机电设备的寿命。

二、高速公路收费机电系统维护管理的要点

严格按照管理模式管理，规范流程。为了保证收费工作的正常运行，保证收费系统故障能在最短时间内得到解决，在收费机电系统维护方面严格按照公司三级维护制度及流程要求进行。第一级为收费站跟班维护，主要进行简单维修和日维护；第二级为管理处机电工程师组织站维护人员进行较全面的周维护和根据需要对收费系统进行难度较大的维修和养护，为了提高机电工作人员的效率，管理处进行维护的同时，还要进行对站机电维护人员的稽查进行检查；第三级为公司抢修队，解决各种机电的疑难杂症，加大对机电人员维护项目的稽查与监督力度。

了解设备性能，做好基础维护工作。作为一名机电设备的维护管理人员，必须详细了解设备的用途、设备所处的环境等，对设备有一个全面的了解，使设备能充分发挥出各项作用，方便在设备出现故障时，快速、准确地找出问题所在。机电设备在实际使用中，会受外部环境的影响，这严重影响着设备的使用寿命，要求我们创造一个良好的设备使用环境，保证设备的正常工作，延长设备的使用寿命。此外，还要做好日常维护和定期预防性维护工作，贵在坚持。

具备全局性统筹管理意识。管理处管辖路段长、设备分布广、运行环境恶劣、维护人员相对较少、备品备件不能及时补充等问题造成一些设备无法及时维修。针对这一问题，管理处建立了收费站设备台账，各站建立了设备档案，了解各站收费设备的运行情况，尽量做到每次维护都能全面进行。备品备件采用了公司领用和自主采购制作两种方式，比如针对自动栏杆损坏严重、使用量较大的问题，我们采购同规格铝型材，在连结处进行加固，在实际使用中，其性能比较稳定，在某种情况下效果好于标准栏杆。

问题反映要及时，预防性维护很重要。在维护中发现，很多故障维修很困难，常错过最佳的维修时间，且设备故障原因是多种多样的，有些故障出现前期会出现一些不稳定的迹象，比如车道工控机硬盘损坏，往往会先出现不稳定、死机的现象，重新启动后又可正常工作。如果能及时发现问题并采取措施，就能避免硬盘损坏，进而避免数据丢失，但这种现象很难在周维护过程中发现。因此，我们要求收费站每月都要写出维护和维修总结，并通过学习增强自身分析判断问题的能力，遇到故障后不是只简单地写出维修经过，还要写出详细的故障分析，尽量从中总结出最好的维修方案和做法，达到彻底解决的目的。

与其他部门的合作沟通要及时。应完善收费办、站、路政中队以及维修厂家的相互协作，比如，当收费设备受损，需要路政收费协作共同完成定损、维修、赔付等工作，但因各部门合作沟通不及时，往往造成设备不能及时恢复。应针对收费设备遭到恶意受损维修流程，由站跟班维护员填写设备故障报案卡通知路政中队和收费办，路政中队和收费办机电工程师赶赴现场进行事故鉴定，路政负责追回损失，收费办机电工程师按设备维修流程进行设备维修。

专业知识是工作水平提高的前提。扎实的专业知识是提高工作水平的坚实基础，我们在学校学习专业知识时，可能感觉到枯燥无味，但在工作以后，会发现专业知识是多么的重要。从事机电工作后，机械原理、机械制图、电气知识这些是必须精通的，因为在日常工作中会处处用到。但要想提高工作效率和工作质量，只精通这些知识是远远不够的，要通过不断学习和实践，掌握更多的机电设备维修知识。只有这样，才能成为一名合格的机电员。

总而言之，收费机电设备的维护与管理是一项烦琐、细致的工作，在机电设备的运行维护管理中，存在许多课题没有彻底解决，需要我们继续努力探索，总结经验和汲取教训，这就要求维护人员要有高度的专业性和责任感。在日新月异的高速公路发展中，我们要充分认识到自身的责任和不足，不断学习，提高自身素质，为高速公路发展事业做出贡献。

第九节　高速公路隧道衬砌施工与维护技术

大量工程实例表明，在高速公路隧道工程施工中应用相应的衬砌施工技术和维护技术，是提高高速公路施工隧道高层施工质量的关键，同时也是保证施工人员及施工机械设备安全的主要途径，但我国对此方面的研究还有待进一步深入。因此，本节基于工程实例，对高速公路隧道衬砌施工技术和维护技术做了如下分析：

一、工程概述

秀松高速公路谭山2号隧道工程左线起讫桩号 ZK29+360 ～ ZK30+452，长 1092m，右线 YK29+350 ～ YK30+440，长 1090m。隧道左右线秀山段分别位于 R=2550m、2600m 的右偏圆曲线上，松桃段分别位于 R=1350m、1500m 的右偏圆曲线上。左线纵坡为 1.567% ～ -0.5% 的人字坡，右线纵坡为 1.56% ～ -0.5% 的人字坡，隧道最大埋深约 217m。秀山段采用环框式洞门，松桃段采用削竹式洞门。隧道内共设置2处人行横洞、1处车行横洞和2处紧急停车带。由于秀山段洞口距谭山1号隧道较近，在两洞之间设遮光棚，以减少运营期的行车安全隐患。

二、隧道衬砌施工方案

就该高速公路隧道工程而言，隧道左线Ⅳ级围岩占88.5%，Ⅴ级围岩占11.5%；右线Ⅳ级围岩占89.1%，Ⅴ级围岩占11.9%。因此，施工单位根据该建筑工程具体施工情况，拟定了如下隧道衬砌施工方案：边墙和拱部衬砌施工方案。在施工前，对该隧道工程路段的地质情况和水文情况做了深入的调查和研究，根据探测和分析的结果，及时开展二次衬砌施工，洞身采用液压式衬砌台车进行一次衬砌施工，分节的长度为12m。拱顶埋压浆管，并对混凝土的密实度进行详细检测，符合标准要求后，再进行下一道工序施工。混凝土选择集中生产的方式进行生产，通过专用混凝土运输车进行运输，通过泵送的方法入模。

仰拱及回填方案，在此阶段施工中贯彻仰拱先行的原则，采用仰拱栈桥进行全幅施工，确保施工质量，人工配合机械清底，填充必须在仰拱完成后施做。

三、高速公路隧道衬砌施工技术

当高速公路隧道衬砌施工方案确定以后，并且施工测量完成以后，即可开始隧道衬砌施工。在具体施工过程中，为有效保证施工质量，要把握三个施工要点，才能满足隧道施工的具体需求。

（一）明洞衬砌施工

在该高速公路隧道工程施工中，采用12m长的钢模液压衬砌台车进行施工，混凝土集中搅拌，并采用混凝土搅拌运输车进行运输，通过泵送入模、人工插入式振捣器配合附着式振捣器机械能振捣。

对钢筋的质量要求：当钢筋进场以后，及时由项目部门实验室对原材料进行抽检，并进行全方位验收，验收合格以后才能使用。凡运输到现场的钢筋，都要堆放规定的钢筋棚当中，并在钢筋棚当中进行加工，根据相应的施工规范和图纸现场进行绑扎，避免发生漏绑的现象，要全部采用双面焊进行焊接，搭接长度要控制在5d（d为钢筋的直径）以上。在相同截面中接头的数量不能超过总接头的50%，接头部位要交错布置，交错间距不能小于50cm。为保衬砌的稳定，提高洞身衬砌质量，还需要在钢筋和模板之间设置相应的混凝土垫块，垫块和钢筋扎紧，并相互错开。

对混凝土衬砌的质量要求：混凝土表面要达到设计要求的密实度，混凝土成形后，表面蜂窝、麻面、气泡的面积不能超过总面积的0.5%，同时结构轮廓线要尽量顺直美观，保证混凝土的颜色均匀一致，施工缝平顺。

衬砌台车质量控制要求：就该高速公路隧道工程而言，衬砌台车安装时允许8～10mm的误差，高程误差为±1cm，并采用全站仪和水准仪交叉相映的方式进行施工放样，衬砌混凝土浇筑前，则要采用全站仪检测台对衬砌的具体位置和断面尺寸进行全方位检测。

（二）衬砌防排水

在隧道两侧路缘带设 30×30cm 矩形排水沟，及时排除路面积水，同时在路面底部设置 50×50 的中心排水沟，在洞中每隔 50m 就设置一处检查井。Ⅳ级围岩和Ⅴ级围岩段都按照 10m 一道设计，Ⅲ级围岩则按照 15m 一道设计。同时，要初期支护和二次模筑混凝土之间设置相应的防水层，防水层则有 1.2mm 厚的 EVA 防水板以及 300g/m² 的无纺土工布共同合成。在二次衬砌施工缝设置背贴式止水带和橡胶遇水膨胀止水条施工，为调高防水质量要尽量采用防水混凝土，且防水等级不能低于在 S8。

（三）二次衬砌

1. 仰拱、填充

就该高速公路隧道工程衬砌而言，在仰拱衬砌中采用了 C30 防水混凝土，在填充层采用 C15 片石混凝土。凡存在仰拱的地段则需要采用仰拱先行的方法进行施工，并采用全幅浇筑的方法一次性完成浇筑，以起到防止塌方的效果，为后期施工营造安全的环境。为有效保证施工进度，在混凝土浇筑时要利用仰拱栈桥的方式，避免车辆的通行发生碰撞。

在该阶段混凝土浇筑前，要清理基底，及时排水，同时现场工程监理人员要对混凝土浇筑质量进行全面检测，当泵送入模以后，通过振捣器捣实。填充必须在仰拱砼达到强度后进行，支立侧模，一次浇注到位。

2. 洞身衬砌

二次衬砌施工工艺流程：监控量测确定施作二衬时间→施工准备→台车移位→台车定位→施作止水带→隐蔽检查→灌筑混凝土→车脱模退出→养护。

第一步，测量放样。对边墙基础结构和尺寸进行全方位检查，确保衬砌施工的各项技术指标都能达到预期规定的要求。

第二步，处理基面施工缝。当边墙基础、拱墙、防水层铺设、防水结构等项目施工完成以后，要进行"三级检查"，即自检、监理检查、充气试验，检查合格以后清理焊渣和杂物等。

第三步，预留预埋，严格按照设计图纸进行预埋件的安装和预留孔洞的设置。严禁漏埋、漏留。预留预埋应符合设计要求。

第四步，衬砌钢筋。选择比较干燥的场地，经过一系列硬化处理后作为钢筋加工和处理的场地，针对不同钢种、不同登记、不同牌号、不同生产厂家的钢筋要分类堆放。钢筋储存要距离地面 0.5m，避免地面潮气对钢筋造成腐蚀。钢筋在下料时，切口端要和钢筋轴线垂直，凡是参加钢筋加工的人员，必须持有焊工上岗操作证书。在具体加工过程中，要将钢筋表面的油漆、漆皮、油污等清除干净。钢筋矫直伸长率为：Ⅰ级钢筋要控制在 2% 以下，Ⅱ级钢筋要控制在 1% 以下。仰拱钢筋在加工和绑扎时，要预留出边墙、拱部钢筋的搭接长度，在钢筋绑扎和焊接时，要尽量避免戳破防水层。

第五步，衬砌混凝土。所有工程材料、成品或半成品必须经工地中心试验室检验合格后方可使用。混凝土的强度等级和防水等级必须满足设计要求。在进行混凝土搅拌前，要对粗细骨料的含水率进行测定，为调整混凝土配合提供真实有效的数据。在具体搅拌过程中，要先投入细骨料、水泥、矿物掺合料等，并进行充分搅拌后，再加入适量的水，当砂浆充分搅拌以后，再加入粗骨料，每个搅拌阶段的时间，不能少于 30s，总搅拌时间要控制在 2 ～ 3min 之间。

在混凝土运输过程中要尽量保持混凝土的匀质性，避免发生分层、离析的现象，以满足坍落度的要求。在具体浇筑过程中，要遵循从下到上的原则，凡倾落度不能超过 2m，在混凝土浇筑过程中，要对模板、支架、钢筋的情况进行全面检查，一旦发现变形和位移，要立即采取相应的加固措施。在具体浇筑过程中，要遵循连续浇筑的原则，如果中间发生间歇，则间歇的时间必须小于前层混凝土初凝的时间，以保证混凝土成形质量。

在振捣时，每点振捣的时间，要控制在 20 ～ 30s，以保证混凝土振捣的效果。尽量采用插入式振捣器进行振捣，每次振捣器移动的距离要小于振捣器半径的 1.5 倍，凡插入下层混凝土内的深度要控制在 50 ～ 100mm，避免对钢筋、模板、预埋件等造成损坏。

当混凝土浇筑完成后，要进行系统合理的养护，脱模完成后，采用涂刷养护剂的方式，在混凝土表面形成一层保护膜，进行洒水养护，且养护的时间不能低于 14 天。

第六步，拆模。在进行混凝土拆模时，混凝土的强度要达到设计强度的 90% 以上，且其表面及棱角不因拆模而受损时，方可拆除，拆除模板时，不得影响混凝土的养护工作。

四、隧道衬砌维护技术

当高速公路隧道衬砌施工完成以后，为有效避免发生渗水和漏水现象，要及时采取相应的维护技术，最常用的衬砌维护技术为组合式橡塑盲沟维护技术，具有耐久性强、成本地、维护系效果好等优势。衬砌施工的维护原理为：橡胶垫上具有间隔纵向凸条，同时在纵向凸条间隔区域中设有透水软管，能有效提高隧道衬砌抗渗和防渗的目的。通过铁丝把排水管紧贴在混凝土，并用锚钉进行固定，防止弹簧管发生松动脱落。弹簧排水管的间距要控制在 10cm 左右，并根据具体情况及时调整。在具体施工时，要根据高速公路隧道工程的坡度每隔 1m 把锚钉固定在混凝土表面，对各个接头进行密封处理，最大限度上提升防渗和防漏的效果，以提高隧道工程施工质量。

第十节　高速公路隧道消防技术措施及维护管理

高速公路隧道由于出入口数量较少，结构复杂，同时空间狭小，若是出现火灾，会造成严重的后果。本节探究了隧道消防技术使用要点，并分析了隧道消防系统的维护方法。

现在我国高速公路网正不断完善，同时交通量也在不断提升，若高速公路隧道发生火险、火灾事故，会直接威胁到人们的生命财产安全，同时也会导致交通中断，造成高速公路隧道不能正常运行。高速公路隧道在发生火险、火灾事故之后，需要马上采取控火消防措施，通过火灾应急救援的实施来控制好火情，避免其进一步的蔓延。所以定期检查消防设施，消除其隐患，同时对消防设备进行有效的维护是非常有必要的。

一、隧道消防技术使用要点

由于高速公路隧道本身的特性，在确定隧道内消防设置方法时，可以考虑使用主动防火以及被动防火两种方法。其中主动防火的重点在于从源头上防止火灾出现，并在火灾出现之后及时进行扑救，涉及内部空间布局、消防设备布置以及火灾探测系统等。被动防火指的是利用防火板材和防火涂料，使用各种高耐火性能的防火材料以提升隧道结构安全，确保灾后隧道只需要实施大致的维修，其整体使用性能不会受到影响。

消防灭火系统的设置。高速公路隧道在出现火灾险情后，需要通过消防设施来扑救火灾，以使火情得到控制。针对隧道内火灾的特殊情况，需要针对普通货物以及汽车燃油火灾选择相应的灭火设施，另外还需要针对火灾情况选择具体的灭火方法，以保证灭火的效率。现阶段，高速公路隧道中可以配备的消防灭火系统有泡沫灭火器、干粉灭火器、普通消火栓以及水成膜泡沫灭火设备，也可以根据具体情况配备防摩托车以及消防车。

通过调查可以得知，高速公路隧道在出现火灾之后，司乘人员往往会选择消防灭火设施进行自救，然而只有少部分人群接受过安全技能训练，可以熟练的应用各类消防设施，所以很多群众在遇到突发事件之后不能打开应用灭火器材。所以高速公路隧道中不仅要使用规消防系统，同时隧道内左侧以及右侧的检修道也需要安放砂桶，砂桶中需要有小铁锹和若干袋砂土，这样在发生火灾之后，司乘人员可以马上利用这些简易灭火设备进行灭后，避免火灾事故蔓延。

隧道外消防供水系统的布置方法。隧道外消防供水装置包括下山水管、消防水源以及消防高位水池这三部分。下山水管。在布置下山水管时，需要减少弯曲布置，保证管道的平直，并尽可能地减少管道长度，并在布置使选择较为平坦的地区，以降低管道支墩的使用量。在布置之前还需要了解房屋和各个电力设施的所在地，避开这些区域，从而减少不必要的损失。消防水源。可以选取隧道周边的水源，若是其周围水源很少，则可以通过打机井技术来抽取深层水源。若是高速公路隧道周围存在河流，则可以使用拦水坝，也就是将混凝土或者是石块堆砌于河流上，以对水坝实施拦截。在使用拦水坝时，需要结合防洪需求。该类方法适用于南方常年有水同时冬天不冻的环境下；渗水井适用于隧道的周围，要点是在河流附近挖掘一个大小适当的水沟，要求水量以及水深均符合潜水泵的规定，并通过石头堆出一个大小适当的深水井。在对渗水井的井壁进行抹灰处理时，应留有一些孔隙，如此河水以及地下水才可以渗入，同时在做好砌筑作业之后，将小石子填充到渗水井的井壁外，从而达到过滤的目的。若是高速公路隧道周围有可以直接取水的地方，比如说水库等，则可以直接在此处进行取水。直接取水方式由于和隧道间有一定的距离，能够使潜水泵的优势得到充分发挥；最后可以考虑取用隧道涌水。消防高位水池。通常高速公路隧道种所放置的一次性灭火设备应有 289.8 立方米的用水量。为此需要根据相关规定，建造 300 立方米的矩形水池，同时将 0.5 m 厚的土覆盖于池顶上。消防高位水池需要符合隧道之中最不利路段的消火栓所需求的最小出水动压。

隧道洞口区域的消防系统。在隧道洞口区域，消防系统总共包含三部分，也就是洞口消防管道、水泵接合器以及室外消火栓装置。其中室外消火栓装置应当布置于隧道的左右线洞口外行车方向的右边，同样有利于消防车取水；水泵接合器需要布置于隧道的左右线洞口外行车方向的右边，从而在火灾发生后，消防车可以更快地为消防管网进行补水。隧道外所布置的消防管道应当选择热镀锌钢管，同时隧道出入洞口的位置需要把钢管布置连接成环状，并基于施工现场的情况最大可能的选择埋地方式铺设管道。需要意识到，在横穿道路时应当对管理进行更好的管理，以使管道具有更强的防腐能力。

隧道内消防系统的布置要点。根据相关规定，隧道中要求每隔五个消防装置即放一个检修阀，检修阀应当保持在开启状态；隧道当中，纵断的最高部位应当使用排气阀，并将排泥阀以及排泥湿井放在纵断的最低处。另外顺着隧道行车方向，需要在其右侧壁隔适当的距离来布置消防设备洞室。一般消防设备洞室的具体位置应当基于照明自控以及扬声器的实际位置加以确定，但是这一位置需要控制在 50 米以内。消防设备洞室中需要配备消防设备箱，同时其中要具有多种灭火设备，比如说水成膜泡沫、室内消火栓以及干粉灭火器等。此时需控制好室内消火栓的距离，通常需不超过 50 米，同时还需要配备水枪、消火栓以及衬胶水带等。

二、隧道消防系统的维护要点

火灾报警设施的维护。在对火灾报警设施进行检修时，要求对火灾报警控制装置、点型感烟以及感温探测器等部件每季度实施一次表面清洁工作。此时还需要检查检修线缆的连接情况，以及带有防水效果设备的防水情况；另外各年度还需要对各种消防装置的报警回路进行随机抽检试验。

消火栓及灭火器的维护。在对消火栓进行检查时，需要确定其无腐蚀或者是漏水问题，软管、水带均没有损伤，并且室外消火栓还应当实施水压试验以及防水试验。消火栓的检查频率需要维持在每季度一次；每季度需要对灭火器进行一次检查，主要核实其有效性和具体的数量，并判断其是否发生腐蚀问题，确保灭火器箱体和各个标识的完整性，确保检查阀门没有受腐蚀以及漏水问题，同时对其实施无功操作试验以及导通试验；在对泡沫消火栓进行检查时，重点需放在其防渣情况以及具体使用状况，并对消火栓实施水压以及防水试验检查，这些检查均需要维持一年一次。寒冷地区还需要对消防管道实施防冻检修，并注重阀门保温装置的安防。

水喷雾灭火设施的维护。应在各个季度对水喷雾灭火设施各组件工作情况进行检查，尤其需要检查报警设备、管路压力以及设备的外表，以确保水喷雾灭火设施的各项功能均可以正常运行。每年需要对雨淋阀本体之中的密封圈进行一次检修清洗，并确保阀瓣断头以及锁紧销完好无损，对控制阀以及密封膜进行妥善的情况，同时开展管网耐压试验。

其他检测维修要点。

在检查水泵时，应当每个季度对水泵运转情况实施检查，确保其在运转过程中不会发生过热、异常响动以及振动问题，检查水泵的外观是否出现破损以及受污染情况，轴承部位加油结构以及排气情况是否良好。在检查维护给水管时，需要每季度对其实施一次检查，确保其不会发生漏水问题，同时闸阀可以灵活操作；每年需要对给水管的支架实施一次检修，检查其是否发生松动以及受腐蚀情况。气体灭火设施需要每年对气溶胶进行检查，同时和火灾报警控制设备共同进行联动试验。消防车需要每个季度实施一次保养，确保其中的灭火设备可以正常运行。需要每季度对消防水池实施检查，确保水位处于正常位置，并且液位检测设备可以正常运行，泄水孔可以保持通畅。需要每年清理消防水池。

总之，我国高速公路网正不断地完善，公路隧道的数量也在不断地增大，再加上公路隧道的特殊形式，造成隧道应急救援难度非常高。所以隧道消防设施的有效性、完整性对于缓解火灾，消灭险情是非常重要的。所以在隧道消防设施上，相关部门需要投入更多的人力以及物力，做好设施的保养工作，以大大提升隧道内行车的安全性。

第十一节　高速公路隧道远程维护系统研究

高速公路隧道机电设备维护工作存在种类多样、技术复杂、现场维护员与售后技术人员沟通困难等问题。文章针对这些难题，开发了一套高速公路隧道远程维护系统，通过移动智能终端APP（Application）与PLC建立通信，同时利用4G网络与服务器端建立远程通信，实现对隧道的远程维护。该系统的应用可以大大提高机电设备的维护效率，降低了维护周期及成本，进一步保障了隧道的运营安全。

隧道是高速公路的重要组成部分。当隧道内发生事故时，其相对封闭的空间不利于救援疏散工作的开展，因此，隧道内的行车安全显得尤为重要。高速公路隧道一般按公路隧道交通工程及附属设施配置等级标准设置监控、供配电、照明、通风、消防等机电设施。完善的机电设施可以为隧道的运营管理提供可靠保障。隧道机电设备种类多样，这为隧道的日常维护工作带来了极大的挑战。调研发现隧道维护一般存在以下几个问题：隧道维护员一般难以掌握各种设备的维护技术；隧道维护员与售后技术人员的沟通不畅，售后技术人员不能直观地了解现场情况，无法及时给予技术支持；隧道机电设备出现问题后，大部分采取的措施是等待相关售后技术人员到现场分析并解决问题，导致维护周期较长且费用昂贵。在此期间，隧道的运营安全也存在一定的风险。

随着移动智能终端以及无线通信技术的快速发展，为该问题的解决提供了契机。无线通信技术可以在现场维护员与售后技术人员之间构建一个实时沟通渠道。PLC（可编程逻辑控制器，Programmable Logic Controller）作为区域控制设备接入了隧道内监控、照明、通风、消防等多个系统的设备。本系统以此为突破口，通过移动智能终端 APP（Application）与 PLC 建立通信，同时利用 4G 网络与服务器端建立远程通信，从而实现隧道的远程维护。

一、系统方案及关键技术

本系统由 PLC、无线路由器、移动智能终端、服务器、维护管理平台组成。PLC 负责隧道内各机电系统的接入，如交通控制系统、环境监测系统、火灾报警系统、电力监控系统、隧道照明系统、隧道通风系统等。PLC 编程定义各设备的控制字、反馈字地址，并按制定的设备通信协议，将数据写入或读出。无线路由器主要负责 PLC 与移动智能终端的WIFI 连接。移动智能终端负责与 PLC 通信，发送控制指令和读取数据，将数据存储在数据库中。同时负责将数据及现场视频传输至远端服务器。服务器负责接收 PLC 上传的数据，进行存储及管理。维护管理平台使得售后技术人员通过 WEB 访问实现与隧道维护员的实时沟通、操控现场设备、分析数据，达到远程解决隧道维护问题的目的。

PLC 技术。PLC 通过数字输入 / 输出模块、模拟量输入 / 输出模块、网络通信模块、串口通信模块等接入隧道照明、通风、消防、监控系统（环境监测、道路交通控制、车辆检测器、电光标志、火灾探测及报警等设备）。PLC 程序开发中应设置维护模式，对连接的设备进行自检测，判断设备的运行状态。

移动智能终端与 PLC 通信。隧道 PLC 控制柜内一般设置有工业以太网交换机，接入高速公路监控专网，为内部专用网络。将无线路由器接入到工业以太网交换机，配置好无线网络，从而建立移动智能终端与 PLC 的连接通道。移动智能终端与 PLC 的通信还需建立 FINS 连接。

移动智能终端与服务器通信。移动智能终端需要数据中心的服务器建立连接，实现远程技术服务人员与现场维护人员的实时通信。远程技术服务人员可以远程控制 / 调试现场设备，也可通过读回的数据及现场视频分析故障原因，同时通过短消息 / 语音与现场维护人员实时沟通。

隧道远程维护软件平台。隧道远程维护软件平台实现隧道维护的事件管理、记录查询及生成各类统计报表等功能。

二、移动智能终端与 PLC 的 FINS 连接

FINS（Factory Interface Network Service）是欧姆龙 PLC 的通信命令体系的名称。每个 PLC 的 CPU 单元都拥有唯一网络号、节点号以及单元号，与以太网通信不同。FINS 通信可以通过这种方式实现不同网络地址设备间寻址。PLC 的以太网单元能够实现 IP 地址和 FINS 节点地址之间自动转换、IP 地址表和复合地址表三种转换方式。FINS 通信服务是一种基于 UDP/IP 或 TCP/IP 的通信方式。

在以太网 FINS 通信中，各种数据信息是以 UDP/IP 包或者 TCP/IP 包的方式在以太网上发送和接收的。由图 2 可以看出，设备在应用层使用 FINS 节点地址，而在 Internet 层使用 IP 地址。传输层为 FINS 通信提供通信端口，定义了本地 UDP 或 TCP 端口号，默认端口号为 9 600。

移动智能终端与 PLC 的 FINS 连接步骤：（1）设置 PLC 的网络号、节点号和单元号，确认 PLC 模块上节点号和单元号的拨码与软件设置一致；（2）连接无线路由器，移动智能终端连接无线网络；（3）通过移动智能终端 APP 设置目标 IP 地址、端口号等；（4）发送握手信号，并接收响应信号，判断是否连接；（5）发送 FINS 指令，并处理响应数据。

三、移动智能终端 APP

移动智能终端作为本系统的关键设备，起到承上启下作用。移动智能终端既要实现与 PLC 的通信，又要实现与远端服务器的通信。因此，移动智能终端 APP 的开发也是本系统关键技术之一。

网络通信功能。配置目标 PLC 网络号、端口号、节点号和单元号等参数通过 WIFI 无线网络实现与目标 PLC 的通信；配置服务器端的网络号、端口号等参数通过 4G 网络实现远端服务器的通信。

隧道设备维护功能。移动智能终端除了连接 PLC 及远端服务器，还可以通过 APP 的隧道设备维护界面读取 PLC 连接的各类设备运行状态，并实现设备控制、实时视频、故障信息查询等功能。

移动智能终端 APP 实现的主要功能包括：（1）通过 FINS 指令与 PLC 建立在线连接，便于访问操作；（2）可直接通过 APP 测试设备；（3）可将测试数据或故障数据远程上传至后台服务中心；（4）可录制现场视频或照片，上传至后台服务中心；（5）在后台服务中心通过手机 APP 直接监视现场的测试情况。

四、隧道远程维护软件平台

隧道远程维护软件平台主要实现功能有：（1）可查询路网隧道及设备信息；（2）可

与多个现场建立在线连接，进行实时现场维护；（3）通过移动智能终端建立与现场PLC通信，实时读取数据和监控视频，便于技术服务人员分析设备故障；（4）对未响应的维护请求进行登记，便于查询和重新建立在线维护连接；（5）可调取历史维护信息进行查看；（6）实时记录维护动态并进行归档；（7）根据业务人员需求生成各类维护报表等。

本节针对高速公路隧道维护难、周期长、安全影响大等问题，提出了一种高速公路隧道远程维护系统解决方案。通过研究解决了移动智能终端与PLC、远端服务器通信，隧道远程维护软件平台等多项关键技术。该系统的实现可以提高隧道维护效率，缩短维护周期，减少维护费用，从而为高速公路隧道的运营安全提供有效保障。因此，本系统随着高速公路隧道的不断增多，维护工作量不断增长，将具备越来越好的应用前景。

第九章 高速公路隧道施工安全管理的实践应用研究

第一节 PLC技术在高速公路隧道监控中的应用

联系各地区经济，方便人们日常出行的高速公路的建设对人们的生活产生了巨大的不可替代的作用。受高速项目和项目建设地区的地理位置影响，目前广泛地使用隧道建设以节省高速公路造价成本，获得经济效益。越来越多的先进的隧道技术被应用于建筑行业，这极大地提高了项目施工的速度，增加了高速公路项目的效益，也促使隧道理论日益成熟。隧道的施工规模越来越大，因此，人们对隧道安全性的要求也越来越高。本节从控制隧道的安全出发，着重从各个角度分析PLC监控技术在高速公路疏导监控管理中的应用。

一、PLC监控技术的简述

随高速公路项目规模的发展，在高速公路隧道监控管理中，容易由于地域条件限制造成管理人员人工管理的漏洞。因此，不受地域环境和恶劣条件影响的PLC高速公路监控技术应运而生。它以广泛的应用范围、现代化技术手段实现了对交通的疏导的有效监控、降低了事故发生的频率，从而受到了人们的推崇使用，使原有交通过程中的安全隐患得到很好的控制，极大地提高了对高速公路中隧道的管理能力，减少了交通事故的损失，从而保障了人民的生命和财产的安全。

PLC被称为可编程逻辑控制器（Programmable Logic Controller，PLC），是以微处理器为核心的数字化操作的电子系统设备。它的内部存储程序使用一类可编程内存，执行逻辑操作、顺序控制、定时、计数和算术运算以及其他面向用户的操作指令，并控制各种类型的机械或生产过程通过数字或模拟输入和输出，用于工业应用，是专为在工业现场应用而设计的。PLC充分利用了微处理器的优点，克服了传统的继电接触控制接线复杂、可靠性低、功耗高、通用性和灵活性差的缺点，并随着电气专业人员的技术与习惯，操作维护人员不需要特殊的计算机编程语言知识，也可以进行操作，它简单的指令建立在继电器梯形图的基础上，使用户编程图像更加的直观、操作方便更易上手、而对程序进行调试和纠错也非常方便。当工程施工人员在购置所需 PLC 时，只需按照说明书，做极少量的布线工作和简单的用户编程工作，即可灵活方便地将 PLC 应用于工程实践中。目前高速公路隧道的制导与监测主要采用 PLC 技术，大大降低了事故发生频率。能有效保障行车安全，提高经济效益，实现社会效益。接下来将从 PLC 控制系统在高速公路隧道工程中应用和 PLC 监控系统的组成两个方面对 PLC 技术做详细阐述。

二、PLC 高速公路监控技术运用现状

PLC 技术以其灵活、简单易操作的特点在高速公路监控系统中得到了广泛应用。即使在各种复杂的隧道和不断变化的行车中，仍能有效地对公路进行实时监控。在高速公路隧道的监控中实现了对交通、隧道照明以及隧道风机和隧道高位水池水泵的控制。具体的控制方法是在隧道内设置控制车道的指示灯、限速指示器、隧道照明系统，在隧道外设置交通信号灯等，通过 PLC 技术实现对这些交通（限速信息、交通指示信息）和灯光信息进行控制。隧道交通指示信号灯的设立使得人们可以根据隧道的实际情况对隧道进行通行管理（可控制继电器和串行接口来实现对信号灯和速度的调整），从而更好地实现了对驾驶员行车路线的控制，又很大程度地保证了车辆通行和人员的行驶安全。而对于灯光的控制则是为了满足人们行驶的需要，防止因为驾驶人员突然进入昏暗的环境因为光照强度的改变发生交通事故，阻塞隧道交通。PLC 在灯光强度控制上主要通过程序中的输入模块对隧道内外的光线强度进行数据采集，并通过程序的设定对隧道内灯光进行调整，控制隧道内外灯光强度差，为驾驶人员提供更为舒适的照明环境。

隧道内的空气质量会影响驾驶人员的驾驶水平，对隧道内的通风情况进行控制关系到驾驶人员的生命安全。隧道内一般会设置风速仪来对通风情况进行检测，在高海拔地区还需设置一氧化碳检测仪，以保证隧道内的空气质量，为驾驶人员提供安全的驾驶环境。PLC 实现对隧道风机的控制同样需要设置输入模块对隧道内的空气质量进行数据收集，并通过调节风机的开关风向来改善隧道内的空气，从而保障行车安全，保护驾驶人员。

为防止隧道发生火灾危害人们生命，必须设置消防设施，其中最重要的就是隧道内的高位水池的建设。而当水泵出现问题，不能满足消防需要时，往往会为人们带来巨大伤害。因此，必须对隧道内的水泵进行定期检测。而 PLC 的应用实现了对水泵定期检修和调换的控制。当水泵发生问题时，会自动发出报警信号，方便维护人员及时地进行维修处理，从而提高隧道内水泵的管理水平和隧道的安全，为驾驶人员的生命安全上了一份保险。隧道一直以来都是事故高发区，而由于其地理位置和环境等原因，管理人员并不能像其他交通工程一样对其进行管理。因此，在隧道监控管理中运用 PLC 技术即实现了对隧道的高效管理，又节省了大量人力，为检测维修人员带来的方便。

三、PLC 高速公路监控系统的组成

要实现 PLC 技术对高速公路监控的有效管理，必须设立好、编制好程序，明白 PLC 的工作机理。

在隧道监控系统的设置中，首先应根据实际的行车道数量、路线长度的需要来设计交通灯的数量、距离，一般情况下每 200 m 的位置可在每个车道上设置一套车道指示灯，然后根据隧道通风口的设置选择合适的位置设置风速仪、照明系统、一氧化碳检测仪等设备，在隧道口设置交通信号灯和限速指示灯及灯光强度的数据收集设备。同时，为保证隧道的正常运营，需设置备用电源，以便在单个供电站发生故障时，隧道监控系统也能得到电源正常工作。

在各项设备设计完成后，需将设备与总控制系统进行连接。常采用传输效率高、抗干扰能力强的 PBOFIBUS 作为总线进行设备与系统的连接。而为了保障系统和设备之间指令的传输，必须对 PBOFIBUS 进行保护，使其不受火灾的影响，在火灾发生时可以及时的传输命令，进行火灾消防，降低火灾危害。还应进行 PBOFIBUS 防腐和防水保护，以防漏电事故的发生。

在编写程序前，必须确定控制的项目，并在程序中设立独立的模块，编写相应的逻辑指令。为防止因程序混乱引起系统崩溃的情况，需在每个程序设计时使用独立的符号地址，使程序可以区分工作区间。这样才能实现主系统对各个模块分系统的控制，更好地工作，并在模块建立完成，分好区之后进行系统间数据交互的设计。由于高速公路上车辆状况是在不停变化的，系统采集到的信息数据也在不停地变化更新，因此，进行数据的读写设计时必须保证系统的灵活性，保证数据的实时更新，同时为了便于分析各个设备的逻辑关系，方便对读写数据的及时调整，在程序编写过程中应注意设置中间变量，以免将来对数据程序改写和调整时出现大的麻烦。PLC 技术在进行程序编写时一般是基于 step7 编程软件进行编写设计的。因此，在对限速指示器、风速仪、一氧化碳检测仪以及能见度检测仪等设备进行程序代码的编写时，需要采用 ASCII 的格式来编写，这样才能保证高速公路隧道内的数据得到准确地采集，保证数据的正确性和程序的正常工作。只有这样，管理人员才能下达正确的指令，程序才能对高速公路的隧道进行有效监控。在高速公路隧道中运用 PLC 技术实现对监控系统的有效地控制，需要我们的施工、维修人员具备一定的逻辑编程能力，也需要设计人员根据高速公路隧道内的实际情况和实际需要进行合理地设计。只有这样，高速公路隧道内的事故发生频率才能得到降低，驾驶人员的生命才能得到保障，才能发挥高速公路对我国经济发展的促进作用，更加方便人们的出行。

高速公路隧道监控系统的科学化、系统化设置是保证高速公路隧道得到有效管理和驾驶人员生命财产安全的重中之重。隧道监控系统设计的优化性、简易性对监控系统行业相关企业的竞争力具有决定作用，优化隧道监控管理对高速公路发展、建设的未来都具有不

可替代的重要作用。因此，在隧道监控系统设计中，采用工业化的技术手段、加强计算机程序的应用将必然会促进隧道行车安全的进步。加强 PLC 技术在高速公路隧道监控系统的应用和普及势必会提管理、维修单位人员的整体专业素养。

通过在隧道监控系统中应用 PLC 技术，对隧道内各个系统项目进行有效的监控，为驾驶人员的行车安全提供了保障，使得隧道内交通事故逐年递减，同时减少了社会对隧道行车安全问题的争论，避免了消极的社会效应，对隧道建设的发展具有推动作用。

第二节　监控系统在高速公路隧道工程中的应用

随着我国高等级公路隧道的建成，高速公路隧道数量日益增多，在目前高速公路管理中，监控系统的安装既是满足高速公路隧道安全管理要求的必要措施，同时也是提高高速公路隧道管理质量的有效手段。本节主要从高速公路隧道施工中积极应用监控系统的重要意义以及实际应用等方面进行了重点的阐述。

随着社会的发展和智能化、网络化技术的普及，高速公路隧道中运用智能监控系统的作用越来越大。据调查显示，截至 2016 年年底，全国高速公路的通车里程已经突破 13 万公里。随着高速公路的快速发展，安全事故成为阻碍发展的一大重要因素，特别是在高速公路中的隧道区域，更是事故的高发段，因此，为保证行车安全设置高速公路隧道监控系统具有十分重要的意义。

一、高速公路隧道施工中积极应用监控系统的重要意义

高速公路是现代基础建设设施中的重要组成部分，对于人们的日常生活、社会的经济发展具有积极的影响和作用。高速公路在实际运行的过程中，涉及了较大的车流量，同时车辆的行车速度较快，如果不采用一些先进的监控管理措施，在一些气候条件状况的环境下，将会出现一些交通堵塞的情况，甚至发生交通安全事故，损害人们的生命财产安全。隧道施工，是高速公路建设的重要内容，需要积极采用切实有效的方式和手段加以控制和管理，保证和提升高速公路的整体建设效果。在开展高速公路隧道施工建设工作的过程中，积极使用监控系统进行实时的监测，将能够有效改善隧道内部的环境达到保护环境，同时对于有效提升隧道自身的通行能力，具有积极的作用和意义。

使用监控系统，还能够有效监督高速公路隧道施工的质量，有效延长隧道的使用期限。现阶段监控系统在高速公路隧道施工过程中的应用，具有较高的开放性和智能化效果，能够使用良好的监控联动模式，针对保障行车安全、提升行车效率、构建行车环境方面具有重要的意义和作用。

二、高速公路隧道施工中监控系统的实际应用

在开展高速公路隧道施工工作的过程中，积极使用监控系统，能在很大程度上提升高速公路的施工质量，逐渐构建起和谐的高速公路行车环境。在使用监控系统的过程中，需要充分全面地了解到其主要内容。高速公路隧道施工中使用的监控系统，包含的系统内容较多，所能体现出的功能也是不同的。

高速公路隧道计算机控制系统。现代信息技术、计算机技术的不断创新和进步，为高速公路隧道监控系统的良好应用提供了前提条件。计算机控制系统是高速公路隧道控制系统的核心，能全面有效的控制和管理好高速公路隧道的检测信号和控制信号，同时还能积极开展各个子系统的联动控制工作。高速公路隧道计算机控制系统在实际应用的过程中，首先传感器能够对于隧道内的施工信息、环境状况因素等方面进行全面检测，其次，在传感器的作用下，能够将收集检测到的全部信息，有效传输到计算机之中，通过计算机计算出相应的控制量，并开展相应的输出工作，至此，计算机控制系统能全面控制好高速公路隧道之中交通环境、施工环境的各项情况。计算机控制系统在应用的时候，主要是采用了集中管理、分散控制的方式，也就是说将控制系统总体划分为了两个方面：

隧道区域控制系统。该系统的应用，主要是针对隧道之中的小区段信息进行有效的收集和控制，这其中收集到的信息主要是该区段设备所检测到的信息，同时还能够开展相应的预处理工作，传输、接收计算机的控制命令，并且还配有相应的显示屏，用来全面反映设备操作过程中各个设备的具体状态。

中心计算机控制系统。该子系统在发挥作用的过程中，能保持着连续不间断工作的工作状态，从而全面充分的监控整个高速公路隧道的施工情况。中心计算机控制系统能全面收集和检测相应的信息，并通过相应的分析工作，自动控制好高速公路隧道施工过程中的动态情况。

高速公路隧道监控系统的运行情况。将监控系统运用在高速公路隧道施工过程之中，能够起到良好的监测效果。首先，需要选择好具体的监控量测内容，这其中分为了直接指导工程施工的必测项目和为了达到科学研究目的的选测项目两方面。在必测项目之中，得到的各项数据能够直接投入到隧道施工之中、判断承载结构是否稳定，同时选测的项目同样能够形成具体量化的数据，为后期研究提供良好的前提。以某段高速公路隧道施工情况为例，该高速公路在开展隧道施工建设工作的过程中，积极使用了监控系统进行全面控制和监管，有效收集了施工过程中的全部信息，将其反映在中心控制计算机之中，观察人员能够透过液晶显示屏进行观察，指导相应的施工工作，最终取得了良好的施工效果。

三、高速公路隧道监控系统的发展

在信息科技和网络技术日益发达的背景下，智能化监控将成为高速公路隧道监控系统

发展的主流趋势。通过创建统一的管理平台，采用分级管理措施，能够实时管理和协调系统中全部的控制主机、设备。

智能化发展。利用计算机信息技术、无线通信技术、电子控制技术和无线传感技术，能够有效提高隧道监控智能化水平，改变传统隧道监控中的单一化管理模式，为隧道安全监控提供更便捷、高效的操作界面，以实现高速公路隧道的高精度监控。

一体化发展。高速公路隧道监控系统的功能更倾向于集成化，管理人员通过一体化平台和网络视频监控系统，可以全面安全监管隧道内的情况。采取这种方式，不仅监控范围更广，监控力度更大，监控落实也会更到位。

人性化服务。人性化服务是高速公路运营发展的方向。在隧道监控系统管理方面，也应坚持人性化。例如，提高系统安全监管能力，能够实现对隧道内配电参数检测、火灾报警、照明和通风的远程管理，提供更加人性化的系统操作界面等。

综上所述，在高速公路管理中，为了防止超速行为并能够掌握高速公路的通行状况，在高速公路重要节点以及隧道中安装监控系统，是保证高速公路正常运行的关键措施。从当前高速公路的实际管理来看，监控系统的运用起到了重要的促进作用，对提高高速公路管理质量，满足高速公路安全性要求意义重大。

第三节　桥梁隧道施工中灌浆技术的应用

我国幅员辽阔，而且各地区地形差异显著，所以针对不同的地区必须要结合当地实际情况选择不同的技术和方案进行施工。对于山地、重丘陵等地区，桥梁隧道的应用非常广泛。而灌浆技术作为桥梁隧道施工中应用最为广泛的技术之一，在很大程度上影响着桥梁隧道的施工效率和质量，因此本节对灌浆技术进行探究。

一、灌浆技术简介

灌浆技术就是在注浆的过程中，通过液压、气压的方式将固化的浆液在高压影响下灌入至裂缝中，从而有效提升地基的化学和物理性能。利用灌浆技术对项目工程的地基进行加固，可在高压下将水泥浆液以及其他固化浆液灌入至缝隙中转变为浆柱体。浆柱体成型后，会与地基紧密结合在一起，从而形成复合地基。在复合地基当中，浆柱体与其原来的基础地基彼此作用和影响，在一定程度上有效增强了地基承载力，同时地基抗沉降性能也会有所提升，在此基础上，地基将得到强化。应用灌浆技术于公路施工中，主要考虑到以下方面：①灌浆技术有效防止桥梁和隧道出现渗透问题。对于桥梁隧道工程而言，在地基中利用灌浆技术形成复合地基，会促进工程密实度的提升，并且孔隙率会不断降低，从而提高抗渗透能力，最终实现增强整个桥梁隧道工程质量的目的。另外，应用灌浆技术还可以对已经出现的孔洞进行填堵。在桥梁隧道施工的过程中经常会产生孔洞问题，所以在施工期间利用灌浆技术进行填堵，可以有效防止水流的渗透，从而提升桥梁隧道的质量；②除了上述作用外，应用灌浆技术还可以对工程进行加固。采用此技术在一定程度上可提高地基的化学、物理性能，促进混凝土质量增强，进而实现对桥梁隧道的加固。最后一点，应用灌浆技术可以解决桥梁隧道中的偏斜问题，将倾斜度调节至规定标准。

二、灌浆技术工艺条件控制

在桥梁隧道施工过程中，可供选择的灌浆技术种类繁多，施工单位应该结合工程的实际情况和施工人员的专业水平进行最优选择。无论应用哪种灌浆技术，在施工期间都必须要有效控制好灌浆参数，否则将会对灌浆作业的质量造成严重的影响，在控制灌浆参数时需要从以下几个方面着手。

（1）在采用灌浆技术时，要准确掌控灌浆期间的压力。因为灌浆技术的成功应用需要靠压力来实现，压力的大小会在很大程度上影响灌浆技术的效果。但是在灌浆期间，受诸多条件的影响，压力会发生变化，如地质条件、灌浆方法、应用材料等。所以，在对灌浆压力进行掌控时，需要切实考虑到施工现场的环境和技术、材料等。正常情况下，如果在浅层区域进行灌浆则压力较小，在渗透的过程中渗透系数比较大。所以在进行灌浆作业时，要严格控制好对灌浆压力造成影响的一系列因素。

（2）在灌浆期间极易发生扩散，所以必须要对扩散半径进行严格控制。进行灌浆时，如果浆液在扩散过程中半径过大，则会导致浆液对大面积区域覆盖，从而导致灌浆作业的施工效率和质量受到严重的影响，整个工程的施工都会受到阻碍。造成灌浆半径不断扩大的原因包括：灌浆的压力、时间等，因此在施工过程中，工作人员要严格观察灌浆的压力大小和具体的时间，并按照现实情况做出相应的调整，从而有效确保灌浆半径的扩散在规定标准内。

（3）在完成全部灌浆工作后需要一段时间使浆液凝固，要准确掌控好具体凝固时间。因为浆液本身有一定的凝固点，所以在结束灌浆作业后要利用浆液的这一特性，在施工期间按照项目工程的特点和现实情况，利用膨胀剂等具有催化作用的产品来控制浆液具体的凝固时间和强度。在对凝固时间进行把控时，必须要保证计算数据的精准，同时还需要尽可能划定出较小的控制时间范围，使得凝固时间可以达到工程的实际需要。

三、灌浆技术在桥梁隧道施工中的应用

桥梁施工。在桥梁施工中应用灌浆技术，首先需要对桥梁出现裂缝的具体位置进行确定。在桥梁工程中，采用灌浆技术填补裂缝极具现实性且十分可靠。对于出现裂缝的问题部位，首先在该区域做好标记，同时分析产生裂缝的具体原因，按照裂缝产生的原因采用

最适宜的灌浆技术和施工材料。结合应用的灌浆技术和材料，制订出相应的施工方案。其次，在设计好相关方案后，还需要进行一系列灌浆前的准备工作。准备工作中需要注意的内容包括以下方面：①要全面细致地检查灌浆作业需要应用的机器设备，确保设备没有任何故障、使用性能良好；②需要对灌浆材料进行严格的检查，确保施工材料的品质达到规定标准和要求；③在正式施工前需要进行试验，对灌浆在扩散时的半径和孔距加以确定，并根据试验结果对水泥浆液配合比进行调整；④在完成全部准备工作后，需要对施工方案加以调整和完善，确保在进行灌浆作业时应用的机器设备符合工程的实际需求。除裂缝处治外，灌浆技术广泛应用于桥梁桩基溶洞、桩底持力层不足、桥头搭板下沉等工程的处理，在实际施工时需要结合问题类型对灌浆作业的施工工艺、配合比、外加剂等加以考虑，确保灌浆施工质量以及处治效果。

隧道施工。对于隧道工程而言，灌浆技术一般多应用于其表层发生砌石松动或支柱体不稳固等位置。在处理此类问题时，首先要确定产生问题的具体位置，然后结合该区域的现实情况选取适合的注浆材料。其次，需要设计规划灌浆方案同时选择施工工艺。另外，在进行隧道施工的过程中，选取灌浆材料和配比的要求都比较高，主要是因为在进行隧道作业时必须使浆液在短时间内凝固，使得支柱体的承载力不断增大，所以对浆液和配比的要求较高。

灌浆技术广泛应用于隧道的围岩加固、初支及二衬的裂缝处理、地表沉降处理、洞内渗水处理、仰拱加固、塌方处治等。在施工过程中，需要注意以下几个方面：①针对隧道的衬砌部位，灌浆前要先确定好作业的顺序和工艺。如果是围岩，则要在回填后再灌浆，从而有效确保灌浆固结效果。另外，如果在灌浆期间出现帷幕灌浆的情况，则需要先进行回填，然后再继续开始帷幕灌浆。在此期间，必须要设立防渗帷幕，建设帷幕需要按照先水平再垂直的顺序。在灌浆施工期间，不可盲目追求效率而改变设计好的作业顺序，这样会在很大程度上为施工作业带来安全隐患，不利于整个灌浆工程；②在隧道工程的施工过程中某些情况下会采用钢板完成衬砌，在应用钢板时必须要在结束混凝土浇筑的基础上进行作业。对于灌浆施工而言，其作业顺序十分关键，必须严格按照规定的作业顺序进行操作。

四、注意事项

对于桥梁隧道工程而言，在施工期间涉及的工艺技术十分复杂，所以需要对此类问题进行妥善的处理，选择合适的施工方案和施工技术，从而保证隧道工程的质量，提高施工效率。对于施工方案应进行严格的甄选，甚至可能会出现同一地点采用不同类型的灌浆技术的情况，为此，一般需要遵循先采用低压力注浆，然后再采用高压力注浆的操作顺序。

灌浆技术实施过程很重要，要求桥梁和隧道断裂处或孔洞处要清理干净，防止杂土或废弃物阻碍浆液与原本建筑材料的黏结。要考虑原有桥梁和隧道的建筑材质，据此进行固定浆液的搭配，然后要考虑电气设备的压力控制范围，杂土建筑材料较多的桥梁和隧道承重能力在 120kPa 以内，细砂或散土的承重压力在 100kPa 以上，流水沉积泥沙的承重压力在 60 ~ 100kPa 范围内，根据不同的材料设置不同的设备压力范围才能有效进行固定浆液的填充。进行封口处理前要确保断裂处或孔洞中的浆液已经压实，避免工程完成后出现二次断裂或孔洞问题。封口处修理平整后要切实做好工程保护，设置障碍物进行断裂口或孔洞口的保护，必要时可安排相关人员进行巡查。

灌浆技术实施过程容易受到自然因素或人为因素的影响而出现质量问题，因此要采取相关措施进行质量控制：①要对执行灌浆技术工艺的人员进行技术培训，确保相关人员能够熟练运用灌浆技术；②进行断裂处或孔洞口灌浆时要有专业技术人员现场核查，保证压力范围与建筑材料适应能力相符合，必要时可进行试灌，防止发生压力过高的情况；③将固定浆液打入断裂处或孔洞内并搅浆后进行压实测试，保证所打浆液内无气体空隙；④进行整个隧道或桥梁的检查，判断是否完成了对所有断裂处或空洞的修缮。

对于桥梁隧道施工而言，利用灌浆法可以达到较好的施工效果，但在具体应用的过程中需要面对很多问题。因此，施工单位在对桥梁隧道工程进行施工时，需要结合现实情况和外界各种因素选择最佳灌浆技术，并且在实际操作期间应该遵照相关施工标准，从而有效确保灌浆作业的质量。

第四节　隧道施工技术中浅埋暗挖法的应用

随着我国经济的不断发展，城市化建设进程也在不断加快，隧道施工规模也在不断扩大。为了在不断扩大隧道施工规模的同时保证隧道施工的质量，需要在施工技术方面进行努力，找到适合我国隧道施工的技术，并且了解技术的实施过程。目前，在我国隧道施工中广泛应用的是浅埋暗挖法，浅埋暗挖法主要的应用部位是离地表很近的地下层，这样在进行隧道施工时，可以对地表层有更强的支持。但目前在应用这项技术时，还存在着一些问题。比如在进行浅埋暗挖法时需要注意隧道的围岩情况以及地表沉降的情况等。在应用浅埋暗挖法时，需要在内部施工时进行支持，并在初期打牢基础。本人根据浅埋暗挖法在我国实际施工中的应用情况进行了更深一步的分析。

一、浅埋暗挖法概述

浅埋暗挖法的基本原理。浅埋暗挖法在隧道施工过程中可以起到很好的加固作用，但由于浅埋暗挖法是在地下层面实施，因此，在施工过后需要对整个隧道进行支持措施，使整个隧道更加牢固。防止隧道围岩因为荷载过大而变形。另外，在隧道施工过程中使用浅埋暗挖法时，还需要对隧道进行复合式衬砌。复合式衬砌要在隧道围岩的两侧进行，而且不止一次进行。当第一次衬砌稳定之后，还要进行第二次的衬砌。第二次的衬砌主要是起到防水的作用，在进行第二次衬砌时，会在隧道设置防水层，来使隧道具有防水的特性。以上的措施都是在有水的地层进行的，而在无水的地层当中，可以使用水泥砂浆等混合物来进行加固。

浅埋暗挖法隧道施工的特点。隧道施工中应用浅埋暗挖法具有以下特点：浅埋暗挖法在进行施工时，破坏性严重，会在一定程度上影响周边的环境以及交通，一旦由于天气原因，很可能会出现积水的状况。其次在施工前，为了避免施工对周围的环境造成严重影响，应对其进行合理的分析，制定比较科学合理的施工方案，结合整个工程建设的实际特点，进行隧道施工。另外还要注意，对于排水和注浆方面要严格按照工程的进程进行。

根据隧道施工的实际情况以及当地相关资料的分析，严格根据当地情况来进行方案设计。在进行方案设计时还要考虑许多方面的因素，比如施工安全因素，在考虑施工安全因素时，不仅要考虑到隧道环境所带来的影响因素，还要考虑到人为因素。另外，在进行施工方案设计时，要有专业的工程师，对方案进行详细的分析。明确方案的可行度，如果设计方案中有不符合实际情况的地方，要及时进行调整。

二、浅埋暗挖法应用于隧道施工的相关规定

浅埋暗挖法应用于隧道施工时，需要遵循以下几点规定：

（1）必须要遵守规范注浆，快速开挖等原则，保证工程在顺利实施的同时，还能够保证工程的质量。

（2）需要架设钢架网构，并且要进行两次衬砌。第一次衬砌的作用主要是保护围岩，第二次衬砌，除了起到保护作用，还起到防水的作用。在第二次衬砌时，还要用防水涂料做成防水层，来达到防水的效果。

（3）如果遇到类似V字形的围岩，要明确需要将水泥浆注入岩层当中，用以加固岩层，并且要在岩层相对稳定后才能进行下一步的工作。

（4）整个挖掘过程需要保持无水环境，如果在挖掘过程中出现有地下水的情况，要及时根据当地情况做好排水措施。

（5）为了降低对隧道当中围岩的破坏，在进行隧道挖掘时，需要将隧道的挖掘形状设计成圆形。

（6）在进行衬砌的过程中，需要注意必须要等第一次衬砌的效果符合工程要求之后再进行第二次衬砌。

（7）在对隧道进行挖掘之前，需要对隧道周围的环境进行实地考察和勘测，根据当地的实际情况来制定工程方案以及准备工程所需的材料等，做好工程的准备工作。

三、浅埋暗挖法在隧道施工中的应用

小导管超前加固。在隧道施工中运用浅埋暗挖法首先要进行小导管超前加固，为了方便小导管能够顺利地进入地下层面，需要将小导管的前端设置成锥形。其次在小导管的直径和长度方面也要严格把控。除了小导管，注浆管也需要进行严格的要求，注浆管之间的距离要掌控好，倾斜角度也要进行规范，由于浅埋暗挖法在我国隧道施工过程中已经得到了广泛的应用，因此在小导管的规格方面以及注浆管需要注意的问题方面都有了相对精准的执行数据，因此，在工程实施过程中，要严格按照规定数据进行操作。例如，在将小导管插到地下层面时，需要在导管前方打钻孔。将导管插入地下的目的是将浆液送到地下，因此在小导管插入地下后需要将水玻璃浆液灌注到小导管中。并根据当地的土壤状况来调配浆液的凝胶速率和胶液强度。

制作和安装钢筋格栅。在隧道工程的施工过程中，会应用到钢筋格栅，在隧道施工当中，钢筋格栅的制作和安装非常重要，影响到整个隧道施工的质量问题。在制作钢筋格栅时，要将钢筋按照使用要求焊接成专为隧道施工使用的形状，首先把钢筋原料制作成相应的设计形状。焊接结束后会形成钢筋格栅的基本骨架，骨架之间还需要进行固定连接，合格后，运送到施工现场进行使用。在制作和安装钢筋格栅时有以下几点注意事项：

（1）制作时，要确保用料的尺寸非常精准，并且要使弯制之后的钢筋保持弧形的圆顺。

（2）在进行焊接时，要严格按照设计图纸的要求进行焊接，以防出现钢筋格栅的焊接位置上出现问题，影响整个工程的质量。在焊接完毕后，要对焊接现场进行及时的清扫。

（3）在将钢筋格栅之间进行连接时，需要用钢筋板上的孔眼进行连接。因此要确保孔眼的位置必须准确。

（4）在对钢筋格栅进行拼接的过程中，要确保钢筋格栅的平整性。

（5）在对钢筋格栅进行安装时，要在与隧道垂直的平面内进行安装。因此，实际操作的垂直面与理论上的垂直面之间的误差不能太大，保证整个工程的质量。

（6）在将单独的钢筋格栅安装完毕之后，还需要将钢筋格栅焊接成网状的结构，使整个钢筋格栅的结构更加稳定。

喷射混凝土施工。喷射混凝土施工是在安装完钢筋格栅后进行的。在进行喷射混凝土施工之前，需要将其所用到的原材料和用量进行整合和规范。喷射混凝土施工的原材料中，除了常见的水泥和砂土之外，还有一些外掺料和添加剂等物质，对于这些物质的用量要进行严格的把控，严格按照标准的配制比例来进行配制。另外，在进行喷射混凝土施工之前需要对相关的设备进行检查，在喷射过程中，为了防止出现流淌等现象，要对喷射过程中机器的喷头进行垂直处理，使喷头与被喷面保持垂直关系，同时还要控制喷头的出水量。

喷射混凝土施工要反复几次进行，需要注意的是，在进行下一次喷射时，需要等上一次喷射完全凝固后进行。

随着我国隧道施工的不断扩大以及隧道施工自身具有的独特性质，在隧道内进行施工时，要格外注意选取适合隧道工程的技术。降低隧道施工过程中的安全风险。在我国浅埋暗挖法已经得到了广泛的应用，虽然浅埋暗挖法可以保证整合隧道施工的质量问题，但同时，还需要对每一步的操作进行严格的控制，使其更加完善。

参考文献

[1] 丁志伟，曹春荣.分析高速公路隧道施工技术 [J].建材发展导向，2016，11（10）：31-32.

[2] 郑俊杰，包德勇，龚彦峰，资谊.铁路隧道下穿既有高速公路隧道施工控制技术研究 [J].铁道工程学报，2015，11（08）：80-84.

[3] 王祥秋，杨林德，高文华.高速公路隧道施工安全信息化监控技术 [J].中国安全科学学报，2015，11（08）：112-115.

[4] 吴铭芳.高速公路隧道常见渗漏水病害及治理方案研究 [J].珠江水运，2015（11）：183.

[5] 张玉，李小青，申志军.运营岩溶隧道结构水压长期监控及其特征分析 [J].公路，2016（3）：91.

[6] 李玉文，唐协，张兆杰.公路隧道病害与防治对策 [J].西南公路，2015（7）：255.

[7] 丁浩.公路隧道养护标准化探讨 [J].公路，2016（9）：242.

[8] 贾波.高速公路隧道防排水施工技术 [J].交通世界，2017（24）：100-101.

[9] 吕栋梁.高速公路隧道防排水施工技术研究 [J].四川建材，2018，44（06）：99-100.

[10] 王少清.高速公路隧道施工技术及控制要点分析 [J].居业，2019（4）：111-112.

[11] 刘鹏舟.平凉至天水高速公路关山隧道工程施工风险管理研究 [D].西安: 长安大学，2018.

[12] 唐前松，韩伟威，陈强.对高速公路隧道施工安全管理水平多级可拓评价研究 [J].公路与汽运，2014（6）：199-203.

[13] 苏秦，何跃华.对高速公路施工技术及养护的探讨 [J].中国新技术新产品，2015（1）：83.

[14] 李少方.高速公路隧道施工技术与质量控制 [J].黑龙江交通科技，2015（02）：162.

[15] 张大钊，吴红莉.高速公路机电系统检测技术探讨 [J].中国新通信，2018，20（2）：236-237.

[16] 李卓.浅谈高速公路机电系统的维护与管理 [J].中国新技术新产品，2016（10）：162-163.

[17] 李洁玮，陈忠.关于隧道机电系统设计问题分析与对策探讨 [J].科技创新与应用，

2016（20）：265.

[18] 曹德林 . 浅谈隧道机电检测技术 [J]. 北方交通，2018（2）：92-94.

[19] 孙钦凯 . 高速公路隧道工程中的机电系统施工分析 [J]. 中国新技术新产品，2017（8）：84-85.

[20] 金玉明 . 高速公路机电工程运行管理和维护研究 [J]. 内燃机与配件，2017（17）：96-97.

[21] 张月莹，余琳 . 高速公路机电系统检测技术应用研究 [J]. 公路交通技术，2016，32（3）：112-116.

[22] 吴松 . 高速公路机电控制中的 PLC 技术 [J]. 低碳世界，2018（5）：237-238.

[23] 李卓 . 浅谈高速公路机电系统的维护与管理 [J]. 中国新技术新产品，2016（10）：162-163.

[24] 唐晓梦 . 对深圳地区高速公路机电系统代理维护模式构建及管理的思考 [J]. 湖南交通科技，2015，41（4）：68-71，97.

[25] 许铭生 . 长隧道机电一体化与安全 [J]. 通讯世界，2016（1）：200-201.